鲍鹏山

文学博士、学者、作家。上海开放大学教授。中国孔子基金会学术委员、团中央"青年之声"国学教育联盟副主席。2015—2016年曲阜祭孔大典中央电视台直播间特邀解说嘉宾。在央视"百家讲坛"主讲《鲍鹏山新说〈水浒〉》《孔子是怎样炼成的》。《光明日报》《中国周刊》《儒风大家》《美文》《中学生阅读》等专栏作家。出版著作三十余部,代表作有《风流去》《孔子传》《孔子如来》《江湖不远》《鲍鹏山新批〈水浒传〉》《中国人的心灵》《白居易与〈庄子〉》《〈论语〉导读》《先秦诸子八大家》《教育六问》、诗集《致命倾诉》等。作品被选入全国统编高中语文教材及各省市自编的各类大学、中学语文教材。《风流去》《中国人的心灵》被列入全国重点高中历史与语文课外必读书目。2013年创办公益浦江学堂,2014年创办花时间读书社。

作品典藏系列

鲍鹏山思想史

孔子三来·之一

孔子原来

鲍鹏山 著

中国青年出版社

总序

唯文字可以完成抗拒

大三时吧,在图书馆读到一本叫《一年有半·续一年有半》的书,是日本中江兆民写的,因为他被查出患了绝症,只能活一年半了,于是,下决心,用这最后的一年半时间,写本书,书名就叫《一年有半》。一年半以后,人没死,就接着写,书名就叫《续一年有半》。书里面有一句话,大意是:男子汉,大丈夫,来到世上,要留下一个大大的脚印。

大学毕业,去青海工作,宿舍隔壁是学校的档案室。一天,经过档案室门口,看见档案员,一个四十多岁的女员工,在里面整理档案,拐进去和她说说话。看到有一份档案放在一边,注明销毁。我问为什么,她说:死去的职工,按照档案管理规定,多少年后(注:我记不得她当时说的是几年了)就销毁档案。我惊讶：那就是说，关于他的一切记录都销毁了？以后就没有人知道他曾经在这里工作过了？

她说：是。

怎么可以这样？怎么可以这样抹杀他？！

档案员平平淡淡地说：都这样呀！每个人都这样呀。

古辞有"市朝人易，千岁墓平"，《古诗十九首》有"古墓犁为田，松柏摧为薪"。

一切物理性的东西，最终都归于虚无。

庄子有一个词：物化。物化的意思，就是，凡是物，都会化。

陶渊明说"纵浪大化中，不喜亦不惧"，其实，他是惧的。他写了那么多诗文，为什么？因为他怕他湮没了。

司马迁写《报任安书》，其实根本不是要跟任安说什么，他是要告诉后人：他这样参透生死的人为什么选择接受"最下腐刑极矣"的惩罚，苟延残喘以著太史公书。他念念不忘孔子的话："君子疾没世而名不称焉。"

曹丕收集"建安七子"的文字，撰其遗文，都为一集，让它们传留下去。他是一个温暖的人。

他自己，做了皇帝了，还要"通夜不瞑"以写作，以至三十多岁就满头白发一脸憔悴。"盖文章经国之大业，不朽之盛事"，"寄身于翰墨，见意于篇籍，不假良史之辞，不托飞驰之势，而声名自传于后"。他也是一个焦虑恐惧之人。他也恐惧被抹杀——

"年寿有时而尽，荣乐止乎其身，二者必至之常期，未若文章之无穷。"

是的，他说得对，写作，可以抗拒抹杀。是无须其他方式，唯文字即可以完成的抗拒。

说到底，写作，是要为渺小的个体生命留下证据。

龚自珍《题红禅室诗尾》："不是无端悲怨深，直将阅历写成吟。可能十万珍珠字，买尽千秋儿女心？"

千秋之后，因文心通。

龚自珍说，可能。这"可能"，到底是能，还是不能？

写作，也就是为了留下一种可能。

有了可能，就不会心如死灰。

鲍鹏山

2018年10月22日

沪上，偏安斋

目录

001 —— 总序：唯文字可以完成抗拒
001 —— 原版序：去除文化自卑者的积习成见　牟钟鉴

009 —— 引言：孔子过时了吗？
045 —— 孔子是私生子吗？
053 —— 孔子不知自己的生父吗？
060 —— 孔子生前处处碰壁吗？
075 —— 孔子是个官迷吗？
088 —— 孔子鼓吹忠君吗？
101 —— 孔子是道德主义者吗？
108 —— 孔子鼓吹绝对的孝道吗？
114 —— 孔子占卜吗？
122 —— 孔子陋于知人心吗？
131 —— 孔子从来不攻击别人吗？
139 —— 孔子杀了少正卯吗？

150 —— 孔子提倡"三纲五常"吗?

160 —— 孔子提倡愚民吗?

171 —— 孔子反对革命吗?

182 —— 孔子帮助统治阶级镇压人民吗?

192 —— 孔子维护等级社会吗?

210 —— 孔子该对奴隶人格负责吗?

224 —— 孔子主张暴力杀戮吗?

238 —— 孔子的"亲亲互隐"是腐败温床吗?

247 —— 孔子歧视女性吗?

269 —— 孔子是权势者捧起来的吗?

277 —— 孔子是人还是神?

附录1

286 —— 主要参考文献

附录2

294 —— 孔子时代各国形势图

295 —— 孔子生平年表

297 —— 孔子七十七弟子一览表

300 —— 原版后记

304 —— "孔子三来"系列后记

去除文化自卑者的积习成见

原版序

牟钟鉴

《孔子原来——被误解的孔子》一书作者鲍鹏山教授之前与我从未谋面,却神交已久。中国孔子基金会主办、李路先生主编的《儒风大家》的每一期我都看。其中专栏作家之一是鲍教授,他的文章我很喜欢:一是自问自答,有强烈的问题意识和针对性;二是言之有据,持之成理,学术根基深厚;三是一扫长期以来的反孔偏见和无知,返本开新,彰显孔子本来风貌,又有时代高度;四是所写的孔子是可崇敬的圣人气象,又是有血有肉的、有缺点又能涵养自省的人,在平凡中蕴积着伟大;五是文章短小精粹,文字简明而又风趣,使人爱看,一看到底,常使我回过头来咀嚼,品其滋味,受益颇多。慢慢地,我成了鲍鹏山专栏的一名热心读者。

前不久,李路先生与我电话联系,说

鲍教授的专栏之文要汇集成书,将由中国青年出版社出版,作者希望我为此书作序。我对作者缺乏全面了解,只知道他写过一系列弘扬中华文化的著作,在社会上有广泛影响而未及阅读,因此写序是有困难的,但我还是答应下来了。一是我喜爱他的专栏文章,应当写一点读后感,以表达我的钦佩之意;二是围绕着如何看孔子这个大题目,我可与作者相呼应,共同为孔子在人们心目中的回归呐喊,为中华文化的伟大复兴添砖加瓦;三是愿意推动此书用于普及,相信它的出版将在青年人中产生广泛的影响,促使新一代中国人较快实现文化自觉。

作者在开篇"孔子过时了吗"中,谈了三个重要问题。

一是回溯了近现代史上两次批孔,"第一次,是20世纪初'新文化运动'的'打倒孔家店'",把中国的落后"归罪于孔子"。"第二次是20世纪70年代初的'批林批孔'",这是"文革"十年浩劫中的一劫。它的负面影响至今在民众甚至一些学者中仍然存在,这"是文化自卑自我歧视的典型特征"。

二是回答了"为什么两千年以后的人,还要读两千年以前的书"?因为孔子所思考的问题,如仁、义、礼、智、信、忠、孝、诚、和、让等,是永恒不变的价值观。孔子在中国历史上的崇高地位无可取代,"第一,孔子是这些基本价值观最原始最经典最权威的阐释者,是'为天地立心,为生民立命,为往圣继绝学,为万世开太平'的人物";"第二,孔子是人格魅力最强烈者",他是"民族凝聚力"的文化代表,"国家幅员辽阔"(我再加一句"民族及其文化众多"),却能够"使人民有向心力,并保持几千年文明的延续,这几乎是一个奇迹。这个奇迹的主要成因,必须算在孔子身上"。费孝通先生也曾阐明,中华民族的格局是多元一体,最牢固的文化纽带则是孔子儒学。

三是进一步阐明了传统文化与现代化的关系,肯定孔子孟子思想中都包含现代元素,如"民主、平等、自由、科学、人权、权力制衡",《世界人权宣言》中就有儒家"良心"的观念。还有"天下为公"的"大同"理想引导了辛亥革命,也是今天建设人类命运共同体的目标。作者认为,"我们今天的落后,不是孔子缺了什么,而是我们这些后人缺了什么",我们不能要求"孔子为两千多年后的我们设计好制度"。这些话应使我们深刻反省,我们这一代人传承了孔子的伟大智慧了么?我们把孔子的智慧创造性运用到建设富强、民主、文明、和谐的当代中国了吗?我们做不好今天的事情却去指责创造了古代文明的圣贤,那不是承认自己是先贤的不肖后人了嘛!不!我们是炎黄的子孙、龙的传人,我们要做孔子的好学生,努力养成仁智勇兼备的君子人格,践行"修己以安人"的人生宗旨,把中华民族伟大复兴的历史使命勇敢承担起来。

本书用二十三个问号,提出并回答问题,我选择其中最重要的五个问题作一简介。

其一,"孔子鼓吹忠君吗?"

作者准确把握了孔子讲"忠"的本义。作者指出:"首先,'忠'这个字,在《论语》里,并不包含后世那所谓愚忠的意思。"他用了十六则引文,其中有曾子说的"为人谋而不忠乎?",有孔子回答鲁定公时说的"君使臣以礼,臣事君以忠",和孔子说的"大臣者,以道事君,不可则止"。然后作者概括"忠"的内涵:"一是指对朋友或一般人际交往之间的诚信和尽责;一是指在政府机关任职时忠于职守。"作者针对被误解较多的孔子所说"君君臣臣,父父子子",指出有两种合理的解释,"一种按照字面来说,国君做得像国君的样子,臣子做得像臣子的样子;父亲做得像父亲的样子,儿子做得像儿子的样子";还有一种理解,视这八个字为前因后果的关系,即:"国君首先做得像国君的样子,然后才有资格要求臣子做得像臣子的样子,国君做好在前,臣子做好在后;父亲首先尽到做父亲的责任,然后才能有资格得到子女将来的孝顺。"孔子一向强调"强者的道德",因为强者影响大,"君子之德风,小人之德草,草上之风,必偃"。我以为,作者的第二种解释更符合孔子本意并有深度。

其二,"孔子鼓吹绝对的孝道吗?"

孔孟之道提倡的伦理中,"忠"与"孝"是最受文化激进者诟病的,往往被误解为愚忠、愚孝,历史上也确实存在着忠孝被绝对化的问题。孔子及其弟子认为"孝弟也者其为仁之本与",孝是儒家伦理的出发点,其真义不可不辨明。作者批判了《二十四孝》中王祥卧冰求鲤、郭巨埋儿奉母、庾黔娄尝粪忧心,认为属于"极端的孝道","一定为孔子所反对","用极端的手段去实行道德,本身即为不道德,并且会引起更大的不道德",因为它不近情理,使人恐怖,恰恰伤害了父母的慈心。孔子曾说:"事父母几谏,见志不从,又敬不违,劳而不怨。"作者引《孝经·谏争章》"父有争子,则身不陷于不义。故当不义,则子不可以不争于父,臣不可以不争于君",可见孔子的孝道包含"几谏",即温和地向父母提出批评建议,而愚孝的问题就出在无条件服从的"极端"

二字上。推而广之，一切真善美的理念，只要走向极端，都会转化为假恶丑。

其三，"孔子提倡'三纲五常'吗？"

用"三纲五常"来概括儒家的礼教，已经成为历史上最流行的话语，它也是近代新文化运动以来批孔的重要话题。作者首先对"五常"与"三纲"做了切割，指出："五常"，无论是指五种人伦社会关系（君臣、父子、夫妻、兄弟、朋友），还是指五种基本道德规范（仁义礼智信），"都是无法批判或无从批判"；而"三纲"（君为臣纲、父为子纲、夫为妻纲），应该"受到严厉批判并且确实罪有应得"，它"乃是确立尊卑、上下、主奴关系的，是中国国民奴性的根源之一，也是压迫中国人使其不能振作精神的枷锁"。但是，"三纲"与孔子无关，实际出自汉代纬书《含文嘉》。对此，至今已有学者对"三纲"与"五常"的异源异质作出了说明，而作者更进了一步，指出韩非是"三纲"论的源头。他引《韩非子·忠孝》"臣事君，子事父，妻事夫，三者顺则天下治，三者逆则天下乱，此天下之常道也"，指明孔子与韩非在三者关系上有三大区别：孔子依于礼，韩非依于势；孔子讲平等，韩非讲压服；孔子讲条件，韩非讲无条件。作者最后说："我的结论是：'三纲'思想中黑暗的部分来自于法家，而与孔子无关。"我认同作者的结论，曾用通俗的话语将"三纲"与"五常""八德"（孝悌忠信礼义廉耻）的当代取舍表述为："'三纲'不能留，'五常'不能丢，'八德'都要有"，这就要区别儒学中的常道与变道，存其常道而革其变道。

其四，"孔子提倡愚民吗？"

批判孔子愚民的主要根据是孔子说过："民可使由之，不可使知之。"要正确理解这句话，必须考虑当时的社会条件，即民众无文化，不能要求他们做长远打算，他们难有士大夫的先见之明。作者引《史记》"民可以乐成，不可与虑始"，意谓民众须由贤者加以引导，大家先把创新事业办好，百姓自然乐享其成。"可"与"不可"，不是应该不应该，而是能够不能够。作者说："开化民智是他（孔子）的终身之志，也是他的终身事业，最后成为他的终生功绩。"孔子是伟大的教育家，他"有教无类""诲人不倦"，学生中各阶层出身都有，他不仅办学，而且游学，开创了民间教育的传统，强调富民之后必须教民。作者引《论语》"子曰：'道之以政，齐之以刑，民免而无耻；道之以德，齐之以礼，有耻且格'"，指出："孔子的政治主张，不仅不是愚民，恰恰是唤起人民自身的道德自觉，提升人民自我的价值判断能力，这样的政治，才是合乎正义的政治。"我认为作者的文本阐释是合乎实际的、公允的，具有较强说服力。

其五，"孔子歧视女性吗？"

说孔子歧视妇女的人抓住的证据是"子曰：'唯女子与小人为难养也，近之则不孙（逊），远之则怨'"，于是孔子"几乎成了全体女性的公敌"。但钱穆却认为"此章女子小人指家中仆妾言"，女子并非指向全体女性。还有的学者将此处女子解释成"像小人一样的女人"。作者认为，孔子这里所说"女子"确是特指，绝不是歧视全体妇女，他强调，"作为女子，一旦成为母亲，她还受到'孝道'这一几乎中国文化中的绝对价值的保护"，孔子又以《诗经》为教，其第一篇《关雎》便是歌颂夫妻之德，男女平等，琴瑟和鸣。这里，我还可以补充《易传》所说作为鲍教授这个观点的佐证："天行健，君子以自强不息"，"地势坤，君子以厚德载物"，"坤道其顺乎，承天而时行"，"乾道成男，坤道成女"，"男女构精，万物化生"。《易传》将阴阳、乾坤、男女并举，两种力量相推，才有宇宙与人类生生不息的生命。孔子读《易》，"韦编三绝"，他高度认同《周易》的阴阳之道，视父母、夫妇之间的关系为互补相生的关系，都是崇高的，并没有后来男尊女卑的意识。我认为合乎情理的解释是钱穆先生将"女子"指向家中仆妾，其与主人的关系是微妙的，太亲近了便不客气，太疏远了便遭埋怨。现在许多城里家中雇佣保姆，彼此经常发生摩擦，与孔子说的类似。我们虽不必赞扬孔子这句话，也无须夸大其词，不应把歧视妇女的帽子戴在孔子头上。

此外，鲍教授书里的精彩之笔还很多，我这里无法一一展开。如说"恕，是孔子思想中核心的核心"，恕道讲"己所不欲勿施于人"，就是尊重他者，当前世界最缺的就是一个"恕"字。又如说孔子是"民族之父"。是的，孔子是中华民族之父，因为他确立了民族发展的人本主义精神方向，我称孔子为中华民族的精神导师，孔子应当获得这样的定位。

当然，此书是一家之言，并非完美无缺，有许多观点可以展开争鸣。如书中引"君子喻于义，小人喻于利"，作者认为，这里的君子是指地位高的人，小人是指下层人。我则认为，义利之辨应是君子与小人道德高下之别。这可以讨论。我这篇序只是个人读后感，仅供作者与读者参考。

从总体上说，这是一本难得的好书，能去除文化自卑者在长期反传统思潮熏染下形成的积习成见,为人们走近真实孔子提供崭新的视域和观念,中国青年出版社决定出版发行,必将受到社会的欢迎。

2018 年冬于北京

引言
孔子过时了吗？

孔子到底是怎样一个人？他的思想是不是已经过时？这其实不仅仅是知识问题，更是价值问题，是孔子对当代中国和未来中国的价值问题。

近代以来，孔子曾经遭遇两场大批判：第一次，是20世纪初"新文化运动"的"打倒孔家店"。自1840年鸦片战争以后，一直到1917年，近八十年时间里，我们所有的对外战争几乎都是失败的。这一连串的失败重创了一个曾经感觉良好的民族，迫使其进行文化反思并合乎逻辑地做严厉的文化自我批判甚至自我否定。其思路是这样的：

为什么在新世界面前，我们总是失败？因为西方实行的是民主政治，倡导的是个人自由，信奉的是科学，而我们的政体是君主专制政体，个人没有自由，国家没有科学；

为什么我们没有民主、自由和科学？因为我们的文化里没有民主、自由和科学；

为什么我们的文化里没有民主、自由和科学？于是，把一切问题都上溯到孔子，归罪于孔子。

第二次对孔子的大批判，是20世纪70年代初的"批林批孔"，这次运动式的批孔，既是当时一以贯之的"反封建"历史使命的逻辑展开，更是特定时期特殊的政治需要。

其实，传统文化或旧文化中，被新文化运动先贤们揭橥和痛詈为导致民族落后、愚昧的很多东西，比如"吃人的礼教""奴隶道德""三纲五常""愚民"等等，不仅不是孔子思想，甚至是孔子非常警惕和严厉抵制的。"孔家店"里摆的，并不都是孔子的东西，孔子实际上是为文化史上的这些黑暗部分背了黑锅而已。

新文化运动被称作"打倒孔家店"运动，但，北京大学教授王东在《五四精神新论》一书中说："从五四新文化运动的各种代表人物来看，无论是最主要的五位代表人物——蔡元培、陈独秀、胡适、李大钊、鲁迅，还是略逊一等的一般代表人物——刘半农、周作人、易白沙、吴虞等人，甚至包括思想最激进、最极端的钱玄同，任何一位五四运动代表人物都没有提出过'打倒孔家店'的口号。"[1] 如今能找到关于"孔家店"最早的记录，是1921年6月16日胡适在给《吴虞文录》写的序中说吴虞是"四川省只手打孔家店"的

---

[1] 王东：《五四精神新论》第1章《"打倒孔家店"是五四口号、五四精神吗》第2节《"打倒孔家店"并非五四口号》，北京：中国青年出版社，2009年，第8页。

老英雄。"打"与"打倒",一字之缺,差别极大。具体是在什么时候,"打孔家店"演变成了"打倒孔家店",此事已难考证。王东教授认为,把"打倒孔家店"看作是五四新文化运动的纲领性口号,是一种夸大和曲解,如果要为这个升级版的口号寻找一个起源的话,那就是源于陈伯达等人的加工改造。即便说"打倒孔家店",其实后面还有一句,叫"救出孔夫子"。1948年,张申府在《论纪念孔诞》中重申他的"打倒孔家店,救出孔夫子"。[1]章立凡先生2004年11月18日在《南方周末》发表《翻开尘封的历史——记张申府先生》一文,文内有曰:"申府先生虽是'五四'的先进,但并不否定传统。他一生求索于旧学新知之间,中西贯通,天人合一,出入无碍,他指出:'仁与科学法,是我认为人类最可宝贵的东西。仁出于东,科学法出于西。'[2]他曾向我谈起:'三十年代初我曾在《大公报》发表过一篇文章,题目大约是《纪念孔诞》,提出"打倒孔家店,救出孔夫子。"'"

这些先贤们毕竟不同于今天很多起哄的人,他们其实是认真地读过经典读过《论语》的,知道孔子并不保守更不反动。他们批判孔子,也只是把孔子当成一个"文化箭垛",而选择孔子作为"文化箭垛"并为全民族认可,恰恰说明孔子在中国传统文化中的核心地位。李大钊在《自然的伦理观与孔子》一文中说:"余之掊击孔子,非掊击孔子之本身,乃掊击孔子为历代君主所雕塑

---

[1]《论纪念孔诞》,《张申府文集》第2卷,河北人民出版社,2005年,第632页。原刊1948年10月15日《大公报》。
[2] 张申府:《所思》,北京:生活·读书·新知三联书店,1986年,第94页。

之偶像权威也；非掊击孔子，乃掊击专制政治之灵魂也。"[1] 这可以说是那时批评孔子者共同的文化批判目标和策略。他们批判的目标是专制政治，选定孔子只是他们的一种批判策略。

林存光在《五四新文化运动与孔子观念的根本转折》中说："新文化运动的'反孔'斗士们虽然对孔教批评多于肯定，但殊为难能可贵的是，他们对孔子本人和孔教的价值评判实际上大都能够采取一种历史的、一分为二的评判态度和立场，而并非如一般人印象中误解的那样，是不加区别地一概全盘予以否定或简单地予以蔑弃。因此，就新文化运动的'反孔'斗士们对孔子本人的真实态度而言，可一言以蔽之，即坚决反对膜拜孔子的偶像，而对作为一代哲人或伟人的孔子本人又是崇敬的。而且，有意思的是，反孔斗士们大都是直言不讳地一再声明并不反对孔子本人，吴虞如此，李大钊如此，胡适如此，陈独秀亦如此。"[2]

今天，在经过对"文革"的否定之后，在国家战略上重视文化软实力，重提传统文化并在全世界开设数百个"孔子学院"的时候，关于——孔子过时了，他的思想已经落后，不仅不能助力于我们的进步甚至成了我们走向未来的障碍——这类议论仍然不绝于耳，用直接而不经论证的方法宣称这一点的，不仅有普通的民众，一些学有所长的学者也往往如此。这是近代以来文化创伤仍然没有愈合的标志，是文化自卑自我歧视的典型特征，更是一代学人在

---

[1] 《李大钊文集》（上），北京：人民出版社，1988年，第264页。原载《甲寅》日刊，1917年2月4日。

[2] 林存光：《五四新文化运动与孔子观念的根本转折》，中国孔子基金会主办：《孔子研究》2004年第3期，第101—127页。

否定孔子否定中国传统文化的教育背景下，自身知识缺陷的表现。

早在1921年，梁漱溟在《东西文化及其哲学》自序中，就伤感地写道："今天的中国，西学有人提倡，佛学有人提倡，只有谈到孔子羞涩不能出口。"[1]以至于"孔子的道理成了不敢见人的东西"。[2]近百年过去了，今天不也这样吗？基督教天主教教堂在中国广大农村星罗棋布，名山大川佛教寺庙香火旺盛，信上帝的，信佛祖的，熙熙攘攘，众声喧哗，一派繁荣。唯独孔子，连一尊塑像都不得树立，学者专家，言必称"过时"；普罗大众，斥之为祸患。一国文化之祖，文明之核，信仰之宗，凝聚之本，糟蹋至此，孔子之不幸欤？华夏之不幸欤？！

如果说新文化运动中的"打孔家店"，是一种文化策略，是为了和保守派论战，有其文化诉求，更有建设新文化的重大目标，这种目标赋予了他们"批孔"的正当性和价值；今天那些说"孔子过时"的，则往往出于对孔子的无知，对传统文化价值和文化功能的无知，对文化实现其功能的途径和方法的无知。而且，持有这类看法的人，很多也并非出于严肃的学术研究，他们的表述往往是情绪化的。这种情绪化的言论，散布在空气中，其实不需要非常认真对待，更不需要经过非常学术的论证就能破除。但是，在大众传媒时代，一种未经论证的鼓噪，恰恰可以影响公众的判断，影响时代的走向，形成巨大的现实力量。因此，对这个问题，还不得不辩。

1　梁漱溟：《东西文化及其哲学·自序》，北京：商务印书馆，1999年，第221页。
2　梁漱溟：《东西文化及其哲学》第5章《世界未来之文化与我们今日应持的态度·我们现在应持的态度》，第208页。

一

"孔子过时"论中,最经不起逻辑推敲的典型表述是:为什么两千年以后的人,还要读两千年以前的书?思考问题解决问题还要尊重和听取两千年以前一个人的意见?

我们当然可以马上发现这种观点的简陋和毫无文化素养,欠缺最低限度的学术品格和逻辑训练。确实,持有这种观点的人,往往并非学有专长有过学术训练的学者,而是那些网络上的鼓噪者和现实中的信口胡说者,但是,由于国民整体的文化能力和思维水平不高,这种简陋的观点在庞大的群体中偏偏有着非同寻常的迷惑性和广泛的影响,以至于我不得不在这样一篇最低限度学术性的文章中来正视它。当然,面对这样简陋的观点,要在文化理论层面上展开讨论,会显得滑稽。其实,对这样的观点,我们只要反问对方一句就可以了:既然我们不需要尊重两千多年前的一个人的思想,那么,一千年前呢?一百年前呢?一年前呢?您给画出一个时间点?如此,我们就可以发现,照这种逻辑,被过时的,就不仅仅是孔子,而是所有在我们今天之前的人;不仅仅是两千多年前,甚至可以是两年前、两天前的所有人。

文化的核心要素,就是时间性或历史性。没有时间或历史要素,一种东西不可能成为文化,它可以是知识,可以是技术,但不会是文化。比如,计算机技术只有经过较长时间的延伸,才能形成计算机文化。一种新创的礼仪只有经过一段较长时间使用才会成为风俗并因此形成自己的文化影响。一群人只有经历过共同的历史才能形成文化并因此成为民族。所以，否定文化的时间和历史属性，就是否定文化本身；评价一种文化仅仅因为其时间久远就会过时，则是否定一切文化。

何况，一个人、一本书、一种文化、一种观念是否过时，时间本来就不是需要考虑的因素。因为决定一种思想观念离我们远近的，不是时间，也不是空间，而是——它所涉及和讨论的问题本身。它所讨论和思考的问题，如果是人类的核心问题，是永恒困扰我们的问题，或者，还是我们今天关心纠结的问题，它就离我们近。反之，哪怕是我们今天的隔壁邻居，如果他的某种观点与我们了不相关，我们也可以置之不理。

司马迁《史记·孔子世家》云："自天子王侯，中国言六艺者，折中于夫子。"[1] 司马迁说出了一个历史文化事实：孔子以后，中国人的政治、道德等等价值观，都以孔子为评判的标准，以孔子为最终的裁决，以孔子为最终的是非善恶美丑的依据。历史上，确实也有人提出过为什么一定要"以孔子之是非为是非"的问题，李贽《藏书·世纪列传总目前论》："咸以孔子之是非为是非，固未尝有是非耳。"[2] 但是，其实这里有两个误解：

第一，李贽误解了"孔子之是非"。我们说"以孔子之是非为是非"者，是那些"天不变，道亦不变"[3] 的基本价值观。这种价值观，是人同此心心同此理的，孔子弘扬的，也是这样的价值观。

---

1 [汉] 司马迁：《史记》卷四七《孔子世家》，北京：中华书局，1982年，第1947页。
2 [明] 李贽：《藏书》（上）《世纪列传总目前论》，北京：中华书局，1959年，第7页。
3 [汉] 班固：《汉书》卷五六《董仲舒传》，北京：中华书局，1962年，第2519页。

比如做人的"仁义礼智信",怎么可以改变,怎么可以不以之为是非?谁能唐突人伦,说做人可以不仁不义?至于不同时代不同区域的建立在相同价值观基础上的不同审美风尚、生活生产方式及作风,日常生活中的具体人、事、物的是非判断,以及不涉他人的个人选择,当然可以人言人殊,孔子又何尝管过这些,又如何能够管得着这些?

何为人同此心心同此理之基本价值观?何为可以人言人殊之是非?举个例子:对美的追求就是基本价值观,而何者为美则可以人言人殊。比如,西方新娘穿白色婚纱,东方新娘穿红色嫁衣,你能说东西方价值观不同吗?他们只是用不同的方式(颜色)追求相同的价值观——美。

第二,我们误解了李贽:说到底,李贽又何曾脱离孔子的价值观立论过?李贽又何能悖逆孔子的价值观做人?李贽的思想,不过是特殊时代的一些特殊诉求而已。在资本主义萌芽之时,李贽鼓吹的好货好色固然是时代风尚,但是,孔子又何尝否定好货好色;李贽又何尝说好货好色可以不顾人伦不仁不义不忠不孝?!

二

可能有人会说,既然我们不能违背的,是基本的人伦物理,那么,信这个"理"就是了,为什么还需要树立一个人?

说这种话的,是不懂得文化的功能,尤其是不懂文化发挥功能的方式或文化功能的呈现方式。

很简单,人类的信仰需要有个载体,需要一位代表,需要一个权威。在崇尚个人意志自由的西方,他们也需要礼拜上帝。孔子也好，上帝也罢，他们就是文化借以发挥自己功能的方式。

需要说明的是，西方人对上帝的膜拜，其全副身心以赴，远远超过了中国人对孔子的崇拜。但是，有意思的是，他们并没有因此而奴性十足。奴性来自于对现实强权的服从，而不可能滋生于对信仰的向慕。恰恰相反，对上帝的崇拜赋予了人们对于现实暴政的反抗勇气，正如对孔孟之道的坚守，赋予了中国古代士人反抗强权的勇气。对暴政的反抗，就是对上帝的服从；对孔子弘扬的道义的坚持，也必然会发生对现实暴政的反抗。孔子给予中国人的，上帝给予西方人的，不但不是奴性，恰恰是反抗的勇气、反抗的理据，甚至是反抗的权力。

有人可能接着会问：那为什么一定是孔子？今天不可以换一个人吗？回答是：

第一，孔子是这些基本价值观最原始、最经典、最权威的阐释者，是"为天地立心，为生民立命，为往圣继绝学，为万世开太平"[1]的人物。这种人物，不可能江山代出，也不可能随意随时更换，更换不仅会发生民族信仰的崩塌，甚至会导致现实社会的撕裂，政治的崩盘。

第二，孔子是人格魅力最强烈者。生前，他的人格魅力就已经获得空前的膜拜；死后，他的魅力更是辐射两千多年。在两千多年里，无论朝廷，还是民间，他都得到独一无二的认可，已经变成一个文化符号。简言之，孔子无与伦比的地位，既来源于他本

---

[1] ［宋］张载著，章锡琛点校：《张载集·张子语录》（中），北京：中华书局，1978年，第320页。

人无与伦比的境界,也是历史形成的,无可替代的。否定他,实际上就是否定一个民族两千年的文化认同,否定现实社会中的人心向慕。

德国哲学家卡尔·雅斯贝尔斯(Karl Jaspers, 1883–1969)在《大哲学家》中也谈到了这个问题:

> 这四位大师(孔子、佛陀、苏格拉底、耶稣——引者注)早在科学批判法产生之前便在整个传统中占据了极高的地位……一个不足挂齿的小人物是不可能在别人的想象中变得如此光焰万丈,也不会有高贵的灵魂让人感受的。这些想象的根源,其本身也必定是不同凡响的。
>
> 人们可以看到,这些哲学家至少在活着的时候就已经产生影响了。这种影响力最初是由活生生的人那里产生的,并非来自想象。并且我们在体验这一无可置疑的影响力时,自己的身心也会深深受到震撼。这一渗透到我们内心的影响力,对于我们来讲至今仍然是这样一个事实,即它不是理性所能证明的,而是一个在心灵上令人信服的暗示。这些伟人依然依稀可见,因为他们仍在发挥着自己的影响力。

当然,有人还是会说,孔子之时,像孔子这样的人很多,历史选中孔子作为文化代表,是由于某种偶然性。雅斯贝尔斯对此也做出了回答:

> 难道偶然性能使虚无变为永恒吗?在政治事件中,也许

会有所不同，因为在这一领域，一个偶然的人会由于意外的境遇而实际上起到关键性的作用，在一定时期内赢得相对来讲相当大的外在权力，但他依旧没有产生真正意义上的重大影响。至于影响到人们心灵深处，并且是比较持久的，这些人显然是做不到的……为什么单单是苏格拉底、佛陀、孔子、耶稣，而不是别的什么人产生如此巨大的影响呢？……这些伟人们并不拥有世俗的权力，不具备民众领袖以及诡辩师的魔力，但他们却在灵魂上征服了民众……他们伟大的人格正显示出，他们从未停止过自己的影响力。[1]

我所尊敬的鲁迅先生，曾经有一个不算很认真的论断："孔夫子之在中国，是权势者们捧起来的。"[2]这话没错，只是我有两点补充：

第一，捧孔子的，不光有统治者，还有历代的被统治者。在被统治者那里，孔子是他们的护佑者，是他们的代言人，只有孔子的思想，才可以对压迫他们的统治者施加影响和约束，而孔子思想正是普通民众起诉统治者甚至推翻残暴统治者的最高道义依据。从这个角度说，孔子实际上是被全社会所认可、所需要，从而被全社会共同捧出来的，他是社会各阶层的最大公约数。

第二，被捧者一定先要具备被捧的真实事迹和价值，正如雅

---

1 以上均引自［德］卡尔·雅思贝尔斯著，李雪涛等译《大哲学家》（修订版），北京：社会科学文献出版社，2010年，第191–192页。
2 《鲁迅全集》卷六《且介亭杂文二集·在现代中国的孔夫子》，北京：人民出版社，2005年，第327页。

斯贝尔斯所说："塑造的前提是要为他们的真实性所感动。"[1] 孔子，是感动全中国、感动两千年的那个人。

那么，孔子感动中国人的真实性在哪里？在他一生的行事里，在他一生弘扬的价值里。道、德、仁、义、礼、智、信、廉、耻、节、忠、孝、诚、勇、和、温、良、恭、俭、让、宽、敏、惠等概念，中国人对这每一个字都很熟悉。每一个字都能在《论语》中找到。每一个字背后蕴含的深刻思想，都有孔子对人类生存之道的思考：什么样的社会才是理想的社会？什么样的政治才是理想的政治？什么样的人才是理想的人？如何赋予个体的人以信仰和良知？从而赋予人类社会以价值和尊严？人应当追求怎样的合乎道德、合乎人性的生存之道？什么样的人生才是有价值的人生？

这些价值观，深受中国人崇尚、追求，并代代相传。它们是一把把标尺，既用来对外判断政治、估量社会、评判他人，也用来对内衡量自己，衡量自己的人生，还是长期以来，中国人引以为自豪的自身文明特色和民族的自立之本。

康有为曾说："中国之国魂者何？曰孔子之教而已。"[2] "中国一切文明，皆与孔教相系相因。"[3] "孔子之道，其本在仁，其理在公，其法在平……其用在与时进化。"[4]

1　[德]卡尔·雅思贝尔斯著，李雪涛等译：《大哲学家》（修订版），第192页。
2　[清]康有为撰，姜义华、张荣华编校：《康有为全集》第10卷《〈中国学会报〉题词》，北京：中国人民大学出版社，2007年，第17页。
3　[清]康有为撰，姜义华、张荣华编校：《康有为全集》第9卷《孔教会序》，第345页。
4　[清]康有为撰，姜义华、张荣华编校：《康有为全集》第6卷《春秋笔削大义微言考·自序》，第3页。

直到今天,最能代表中国文化,代表中华民族气质,体现中华民族形象而能获得世界认可的,仍然是孔子。

三

还有一种貌似很学术的观点认为,孔子之所以过时了,是因为他的思想已经不能再适应社会的需要,已经不能再为我们提供价值,甚至成为我们现代化的障碍。

其实,这样的观点不仅是简陋可笑的,甚至是粗暴的。

人类生存有两个基础,一个是物质基础,还有一个是价值基础。没有物质基础,人类不能生存;没有价值基础,人类不能共存。但正如荀子所说,人类"力不若牛,走不若马,而牛马为用,何也?曰:'人能群,彼不能群也'"。[1]所以,不能共存,最终还是不能生存。今天的世界,人类的力量已经足以战胜一切动物,但是,人类彼此之间,也足以消灭对方。人类最大的危险,是同类相残。人类拥有的核武器,已经足以毁灭整个地球,种族屠杀也在时时发生。拯救之道,是必须有共同的价值观。

卡尔·雅斯贝尔斯有一个很著名的命题——"轴心时代",他在1949年出版的《历史的起源与目标》中说,公元前800年至公元前200年之间,尤其是公元前600年至公元前300年间,是人类文明的"轴心时代",是人类文明精神的重大突破时期。在

---

[1] [清]王先谦撰,沈啸寰、王星贤点校:《荀子集解·王制篇》,北京:中华书局,1988年,第164页。

轴心时代里，各种文明都出现了伟大的精神导师——古希腊有苏格拉底、柏拉图、亚里士多德，以色列有犹太教的先知们，古印度有释迦牟尼，中国有孔子、老子……他们提出的思想原则塑造了不同的文化传统，也一直影响着人类的生活。[1]

雅斯贝尔斯认为这种突破是"终极关怀的觉醒"，这种觉醒体现为人类开始用理智的方法、道德的方式来面对这个世界。它们是对原始文化的超越和突破。这些轴心时代所产生的文化一直延续到今天。每当人类社会面临危机或新的飞跃时，总是回到轴心时代去寻找灵感和思路，"轴心时代"成了所有时代的出发点。

雅斯贝尔斯的"终极关怀的觉醒"，我以为主要表现为：

第一，认识论出现——人类试图从整体上把握世界，而不是零敲碎打、个别地孤立地认识世界。同时，人类开始严肃地思考人类和世界的关系，即司马迁所说的"究天人之际"[2]。

第二，伦理学展开——人类开始有了自觉，开始认识自我，认识人我关系。

第三，世界观觉醒——人类开始认识到人是有道德使命的，即，人不仅是一种道德的存在，从而区别于一般动物；而且，人还负有建设道德世界的责任。

第四，历史观诞生——人类有了明确的时间意识，开始关注人类自身的历史，意识到人类是一个文化的存在，并且有着文化

---

1 ［德］卡尔·雅斯贝尔斯著，魏楚雄、俞新天译：《历史的起源与目标》，北京：华夏出版社，1989年，第7-9页。
2 ［汉］班固：《汉书》卷六二《司马迁传》，第2735页。

的使命和宿命,即司马迁所说的"通古今之变"[1]。

这四点,实际上是人类从愚昧走向文明的基本标志,是人类精神觉醒的标志,是人类文明的起点。

其实,比雅斯贝尔斯早两千多年,中国汉朝的历史学家司马谈(?—公元前110年),就已经对这个"轴心时代"里中国的学术、思想、精神和信仰世界做出了整体性的研究。他的《论六家要旨》把"轴心时代"中国的学术分为六家:阴阳家、儒家、墨家、名家、法家、道德家。[2]后来班固又扩充为"九流十家",即:儒、道、阴阳、法、名、墨、纵横、杂、农、小说家,其中"小说家"尚不入流,故称为九流。[3]其实,九流十家,尚不全面,至少还有影响很大的如兵家、医家。

这些流派,产生人物众多,熠熠生辉者,如老子、孔子、墨子、孙子、孟子、庄子、商鞅、荀子、韩非子……而他们创立、论证、赋予价值的概念,如:道、德、仁、义、礼、智、信、勇、法、术、势、王道、仁政、兼爱、尚贤、大同、小康等等,都蕴含着深刻的思想。这些思想是对整个人类文明和人类道德使命的思考,这些思考变成了文明的成果积淀下来,这些积淀最后成为人类生存的价值观和价值基础,并且,形成了独特的民族文化。

不可否认的是,人类至今的基本价值观与"轴心时代"相比并无变化,上述仁义礼智信等价值观,仍然是我们做人的准则。价

---

1 [汉]班固:《汉书》卷六二《司马迁传》,第2735页。
2 [汉]司马迁:《史记》卷一百三十《太史公自序》,第3288-3292页。
3 [汉]班固:《汉书》卷三十《艺文志》,第1728-1746页。

值的普适性乃是价值的题中应有之义,否定价值的普适性就是否定价值本身。人类固然有自涉性的价值观可以人言人殊、各自为政,但是,凡是涉他性的价值观,必须大家共同遵守。比如,我们可以自我选择过单身生活,也可以选择结婚;可以选择要孩子,也可以选择"丁克";可以选择月月光,也可以选择天天存钱。这些自涉性的价值观可以讨论,可以特殊,可以特色;但是,"做一个好人"就不可以讨论,总不能说在道德上允许人"不做一个好人"或"做一个坏人"。至少,一个好人,一个坏人,我们不能说他们在道德上是等值的,否则"道德"本身就被取消了,就会出现孔子所担心的"民免而无耻"[1]的状况。而且"好人"的基本标准也是不可讨论的,比如仁义礼智信,总不能说不仁不义之人也可以是好人。"好人"可以是单身的可以是已婚的,可以是儿孙满堂的可以是"丁克"的,但是,好人一定有普适性的标准在。

此普适性,既指时间,也指空间。

从时间上讲,两千多年前的孔子时代的好人,如果活到今天,一定还是好人;今天的坏蛋,穿越到两千多年前去,照样是坏蛋。有人会说,四十多年前,"投机倒把"就是坏人,今天同样的行为就不再是坏人——错了,问题的本质是:四十多年前,坏的不是"投机倒把"的那个人,而是那个把"投机倒把"者视为坏人的制度。所以,我们改革开放,不是消灭"投机倒把"的人,而是改掉了那个坏的制度。当然,也会存在在某个历史时期属于"坏"的行为,

---

[1]《论语·为政》。本书所引《论语》章句,皆出自拙著《论语导读》,北京:中国青年出版社,2017年。凡引《论语》处,除标注篇名外,不另出注。

到另一个历史时期,就不再被看成"坏"的,甚至会被看成是"好"的,但这仍然只是表面现象,其"好""坏"的评价标准仍然没有变化。很多所谓的不同时代的价值观不同,实际情况恰恰是:价值观没变,只是对某一事物或行为的价值评价变了。

从空间上讲,一个中国的好人,到了美国,一定还是好人;一个美国的坏蛋,到了中国,一定也被判定为坏蛋。这样的普适性标准,应该说,在"轴心时代"就已经被确认,而"轴心时代"之所以成为所有时代的轴心,就是因为它为后来的时代提供了核心价值或价值核心。因此,不但孔子没有过时,苏格拉底、柏拉图都没有过时。你可以不信佛教,但你不能否定佛教中那些导人向善的价值观;你可以不信上帝,但你不能否定《圣经》中教人有爱的价值观。

同样,你可以诋毁孔子,但你能否定仁义吗?你能倡导不仁不义吗?做人要仁义,正是孔子对我们的道德期待。仁义这样的概念,不仅其基本内涵是孔子赋予的,并且,这种价值观深入人心,也是由于孔子的弘扬。既然不能否定仁义的价值观,否定孔子还有什么内涵呢?

孔子也好,苏格拉底也罢,释迦牟尼也好,耶稣也罢,他们之所以不会过时或者至少至今没有过时,是因为他们倡导和论证的价值观没有过时。尼采曾经宣布上帝死了,但是,我们看到的是,基督教在西方世界仍然是信仰的核心,精神世界的主宰,无论是证人在法院作证,还是总统就职宣誓,都要手按《圣经》,而日常生活伦理以及个人的自我精神世界,更是以《圣经》为标准和皈依,以至于美国每个家庭平均拥有 6.5 本《圣经》。可见,上帝没有死,尼采却疯了。事实上，尼采本人，其立论的基础，思考的出发点，不仍然体现了西方世界的基本价值观吗？孙悟空的十万八千里筋斗云翻不出如来佛的手心，我们几千年的跋涉，为什么走不出孔子、苏格拉底、佛陀、耶稣？很简单，我们生活的价值基础，是他们奠定的。说得直接一点，我们就是被他们塑造的；说得学术一点，我们就是被他们"文化"的。

四

还有一种观点认为，孔子的基本道德伦理观固然仍然是我们的法则，但是，作为制度层面的文化，孔子的思想已经过时，因为孔子的思想与现代基本政治理念，比如民主、自由、科学是相悖的。

这种说法比起上述两种说法，有着极大的迷惑性。但问题是，如果照着这样的思路和逻辑，则《圣经》为代表的基督教文化，苏格拉底为代表的古希腊文化，都很难在制度层面上符合上述论者的观点。谁也无法相信，没有后人的创造性转化，古希腊文明和基督教文明可以自发地发育成现代政治制度；同样，如果没有古希腊文明和基督教文明的强大价值支撑，西方人可以凭空建构现代政治制度。

其实，当我们面对今天无论文化和物质都发达的西方，我们在他们的文化中所发现的我们缺少的民主、科学和自由，其实也不是西方古代文化现成既有的，而是靠近现代西方人前赴后继抛头颅洒热血斗争来的。把西方的现代化看成是西方古代文化的自然成果，漠视西方一代代人的奋斗，尤其是漠视西方知识分子一代代的启蒙包括付出生命和血的代价，把他们看成是享受祖先文化成果的"文化富二代"，以此抱怨中国传统文化缺乏这样的现成既有成果，并把责任推给两千多年前的孔子，怨恨孔子不是苏格拉底不是耶稣，这不仅是认知上的自轻自贱，还是德性上的自暴自弃。

如果我们把现代制度层面的文化理解为这样几个关键词：民主、平等、自由、科学、人权、权力制衡，则孔子包括孟子思想中的这些现代元素，如果说不比苏格拉底、耶稣他们更多，至少也不比他们少。孔子思想中的自由意识和民主精神，一点也不亚于苏格拉底和耶稣。而私淑孔子的孟子，其思想中的"民为贵，社稷次之，君为轻"[1]，不仅国君，连国家体制都要依民意而定，几乎可以直通现代民主制度。他的"君有大过则谏，反复之而不听，则易位"[2]，与今天西方的议会弹劾制度即使还不一样，但有什么违忤吗？

甚至有人把孔子的思想和《世界人权宣言》对立起来。其实，《世界人权宣言》并非仅仅是西方文化的产物。中国文化，尤其是孔子代表的儒家文化，不仅体现在了宣言中，甚至是该宣言能够出炉的重要原因。卢建平、王坚、赵骏的《中国代表张彭春与〈世界人权宣言〉》一文，有如下记载（引文有省略）：

> 联合国人权委员会由十八名代表组成，每一名代表都是

---

[1] 杨伯峻：《孟子译注·尽心章句下》，北京：中华书局，1960年，第304页。
[2] 杨伯峻：《孟子译注·万章章句下》，第232页。

其政府的代表。首届成员代表了以下国家：澳大利亚、比利时、白俄罗斯、智利、中国、埃及、法国、印度、伊朗、黎巴嫩、巴拿马、菲律宾共和国、乌克兰、英国、美国、苏联、乌拉圭和南斯拉夫。美国代表艾琳娜·罗斯福（即当时美国第一夫人）出任人权委员会主席，张彭春（当时是以教授兼外交官的身份出任的）作为中国代表任副主席……

张彭春说："宣言应该既反映出托马斯·阿奎那的思想，也应该反映出孔子的思想。"……

在修改讨论的过程中，张彭春提议增加"良心"（Conscience）一词，因为在儒家的伦理中，"人"具有崇高的价值，"人"代表了互惠的意思，如《论语》中就有"己所不欲，勿施于人"的名言。张彭春把"仁"翻译成"Conscience"，被认为是对儒家最重要的伦理思想所做的极为西化的翻译。这种翻译可以说是张彭春将儒家文化融入世界文化的成功努力，使得在英语世界中可以透过 Conscience 一词洞悉儒家精神。因为"儒家的'人'是全人类全部价值的基础……他要求我们对他人表现出关心和尊重……"。

……（在讨论第一条时，张彭春）认为，当《宣言》为联合国大多数成员国接受时，各个国家及民族在人口的多寡上应该被充分地考虑。中国人口占世界人口的比例很大，并且这部分人口有着和西方基督教截然不同的文化思想和伦理传统，东方人特别是中国人的思想中包含了个人得体的行为举止、尊老爱幼、儒家传统所主张的正统的礼仪礼貌、为他人着想的人本思想，中国文化作为中国伦理道德的组成部分对中国人行为模式的影响等都不应该被忽视。

该文在结语中,这样评价张彭春在《世界人权宣言》起草过程中的作用:

> 综上所述,张彭春先生在《宣言》的起草过程中是最具有发言权的代表之一,他所起到的作用是不可忽视的。特别是在有关的原则性规定上,张彭春先生提出了一些富有创建性和中肯的观点。例如,张彭春提出了天下大同的思想,避免了对第一条草案的讨论陷入哲学和神学之争;将极具儒家思想的"人"本主义注入了《宣言》的第一条等。萨尼·突维斯(Sumner B.Twiss)用1947年至1948年的联合国档案资料和草拟《宣言》的主要协调员的日记,研究中国代表张彭春当年把儒家的一些理念、观点引入《宣言》的审议过程,认为这种努力导致了《宣言》的最后形成并通过。研究者认为,儒学的这一贡献的范围和影响力比以往的报道要大得多、广泛得多。在智慧的高度上,张彭春对《宣言》的形成所尽的责任比谁都要大,他将具有更为普遍性而非纯粹西方的思想注入《宣言》之中。[1]

卢建平在《南方周末》2008年12月24日发表《张彭春和〈世

---

1 卢建平、王坚、赵骏:《中国代表张彭春与〈世界人权宣言〉》,《人权》2003年第6期,第18-24页。

界人权宣言〉》一文中也说：

> 张彭春将儒家精神引入了《世界人权宣言》。由于他的折冲樽俎，宣言的起草才得以顺利进行而免于流产……
>
> 在宣言的起草过程中，张彭春经常成功地调解争端，挽救了宣言的起草工作。"他是折衷艺术的大师，通过引用孔子的名言，总是能找到方法，使我们的工作免于陷入僵局。"联合国人权司第一位司长 John Humphrey 如是说……
>
> 张彭春建议将儒家的"仁者爱人"思想放在宣言之中。他把"仁"翻译成 Conscience（良心）一词，为各国代表认可，从而写入了宣言第一条："人人生而自由，在尊严和权利上一律平等。他们富有理性和良心，并应以兄弟关系的精神相对待。"正如我们现在所看到的那样，《宣言》第一条所体现的国际人权体系并不是建立在任何单一的宗教、文化、伦理或是人性的基础之上的。

直言之，我们今天的落后，不是孔子缺了什么，而是我们这些后人缺了什么；不是孔子不及苏格拉底和耶稣，是我们不及布鲁诺和马丁·路德·金；我们不仅缺乏张彭春前辈那样对中国文化现代价值的深刻理解，更缺少西方现代化过程中那种反抗现实暴政的勇气。

当然，我们也可以在孔孟的言论中找到一些和现代理念违悖的表述，但如果因此就说孔孟与现代精神相悖从而必须扬弃，那我们在苏格拉底、柏拉图那里，在《圣经》那里，同样可以找到更多这样的与现代观念违悖的言论，西方还曾有过宗教裁判所，还曾有过火刑呢，古希腊还杀了苏格拉底呢，耶稣本人不也被钉到十字架上了吗？而带着门徒周游列国的孔子，在各国还颇受尊重，被待为上宾，只是不大如意罢了。但显然，西方古代文化并没有阻碍西方的现代化，西方的现代化也并不是以抛弃自身的传统文化为前提的。

比如，现在很多人动辄批评孔子，说孔子的忠孝思想就是奴隶思想。其实，正如我们在本书《孔子鼓吹忠君吗？》和《孔子鼓吹绝对的孝道吗？》两文中将做的辨析，孔子并不支持单方义务和绝对的孝道，更无专制时代的"忠君"思想，也就是说，孔子说的"忠"，并非我们今天理解和痛恨的那个意思。但是，即便是"忠君"之思想，又何能阻碍我们的现代化？为人类政治制度现代化做出最多贡献的英国，直到今天还保留王室，且全体国民对王室尊敬有加，王室诞下王子公主，几乎举国欢腾。日本是亚洲现代化很成功的国家，可是，在他们的传统文化里，"忠"也是至高无上的概念（在中国传统文化中，"忠"至少是比道、德、仁、义、礼、智、信低一级的概念），直到今天，他们也对天皇恭敬有加。用一两个不合时宜的概念来论证一个民族的不进步，进而把责任推给古人，这不是太荒谬了吗？

正如我们前面论述的，西方是在依托自身传统文化提供的价值观的支持下，通过自己创造性的制度建设，实现了现代化。中国的现代化，也必须而且可以依托中国的传统文化提供的价值观，创造性地进行制度建设得以实现。苏格拉底和耶稣为后人提供的，只是价值观，而不是制度构想，中国的孔孟也是这样。要两千多年前的孔子为两千多年后的我们设计好制度，这是何等无理的要求；而一旦发现孔子没有为我们今天设计好制度，就要将他打翻在地，这又是何等无赖的行为！孔子只是给我们提出理想、目标，而每个时代有每个时代实现这个目标的最大限度和最可能的途经。如古人所说"天不生仲尼，万古如长夜"，[1] 人类需要光明，而在孔子的时代，他只能提供火把。提供火把可以证明孔子在创造光明，扫除黑暗，而不能看成孔子在固守火把。火把照明可以过时，但是人类对光明的追求永远不会过时。孔子鼓吹的，不是火把，而是光明。只是在他那个时代，他只能用火把来照明。火把照明，必定有它最大的亮度或者最大的限度，这种火把照明的方式以及它的限度，并非孔子的保守，而是历史的局限，条件的不足。如果在今天，孔子岂能反对我们用电照明而一定坚持要用火把？

直言之，在实行天子—诸侯—大夫—士分封制的周朝，孔子要改善民生，主张人权，推崇自由，他岂能不依托那时的条件去尽最大的可能？他岂能按照我们今天的条件来搞什么民主制度？我们要看到的，不是孔子和诸侯讨价还价中对当时体制的承认，而是在这个讨价还价中，孔子在最大限度地利用当时条件以实现政治的公正。"政者正也"，政治的公正，才是孔子的价值观，而实现政治的公正，在孔子之时，只能寄望于统治者自身的道德自律和那个时代的制度约束（顺便说一句：中国古代在对权力的制

---

[1] ［宋］黎靖德编，王星贤点校：《朱子语类》卷九三，北京：中华书局，1988年，第2350页。朱熹自注："唐子西尝于一邮亭梁间见此语。"唐子西名唐庚（1069—1120），字子西，眉州（今四川眉山）人，《唐子西文录》记载："蜀道馆舍壁间题一联云：'天不生仲尼，万古如长夜'，不知何人诗也。"

度约束上,并不比我们今天实际所做的更差)。今天,我们当然可以要求一种更加现代的制度以保障政治的公正——但是,这该对孔子曾经做过的一切做否定吗?反过来说,难道孔子会反对我们建构一种现代可能的制度以更好地实现政治公正吗?

做一个比方:在物质匮乏时代,一位母亲只能用粗茶淡饭喂养孩子。进入物质丰盈时代之后,当母亲可以给孩子提供更好的食物时,爱有了更好的实现方式。但我们能否据此指责物质匮乏时代的母亲已经过时?或者,我们会愚蠢到认为那时的母亲会反对给孩子比粗茶淡饭更好的食物?母亲对孩子的爱是本质,不是那个粗茶淡饭。过时的是粗茶淡饭;永不过时的,是母亲的爱。没有这个爱,不仅丰盈的食物没有意义,便是丰盈的食物也不可能被创造出来——因为没有了创造丰盈食物的动机。

我们来看看孔子的政治理想。《礼记·礼运》:

> 大道之行也,天下为公。选贤与能,讲信修睦,故人不独亲其亲,不独子其子,使老有所终,壮有所用,幼有所长,矜寡孤独废疾者,皆有所养。男有分,女有归。货恶其弃于地也,不必藏于己;力恶其不出于身也,不必为己。是故谋闭而不兴,盗窃乱贼而不作,故外户而不闭,是谓大同。[1]

孔子心目中的理想社会,是按照"礼"的规则来运行的,而"礼"的本质,不在表面可见的礼仪、仪轨,而在其背后承载的价值,

---

1 [清]阮元校刻:《十三经注疏·礼记正义》,北京:中华书局,2009年,第3062页。

"礼"有上下区别，有尊卑差异，目的却在达成一个"天下为公"的"大同社会"。在大同社会中，"不独亲其亲，不独子其子"，每个人都能推己及人，把奉养父母、抚育儿女的心意推广到全社会中所有的老人和孩子身上，使"老有所终，壮有所用，幼有所长"，老年人能安享晚年，壮年人能有自己的事业，而少年人能健康成长，社会不同群体都得到相应的安顿，而"矜、寡、孤、独、废、疾者"，这六类孤苦无助之人，能得到特别的关照。"男有分"，男人有相应的社会身份，拥有相应的社会尊重，获得相应的社会资源；"女有归"，女人有自己满意的归属，婚配及时，家庭和乐。"货恶其弃于地也，不必藏于己"，岂不就是社会财富的共同拥有；"力恶其不出于身也，不必为己"，岂不就是各尽所能，我为人人，人人为我？！

在这段话里，尤其要注意这几个词：老、壮、幼、矜、寡、孤、独、废、疾、男、女，这些都是"人"这个集合概念下的具体概念，它们指称的是社会中的每一个具体的个体。文明社会与野蛮社会的基本区别，即在于是否对社会群体中的那些不仅不能为群体付出甚至还成为群体负累的人予以人道关怀。所以，"大同"社会的基本特征之一，或者说其最具人本主义精神的特征是：人人都能受到全社会的关爱。

这就是孔子认为的人间正道：唯如此，人类社会才有价值和尊严，个体的人才能有合乎道德的、合乎人性的生存；唯如此，才是"天下为公"。"天下为公"，就是"公天下"——孔子之前，有尧舜禹汤的"部落天下"或"酋长天下"，有文武周公的"家天下"；孔子之后，有秦政以后两千多年的"官天下"，而无论部落天下、家天下还是官天下，都是部分人的天下，而不是全体人的天下，权力都是私相授受，而不是公之于天下。公之于天下，是有德有能者作为天下人的代理人，行使人民赋予的权力，并做到权为民所用，利为民所谋。所以，"天下为公"的意思，就是天下为天下人所有，权利为所有人共享。今天，很多人看到了孔子维护西周文化、制度的一面，却没有认识到：在孔子看来，这还不是最理想的天下。最理想的天下，是没有王权，只有民权的天下。

所以，如果我们纠缠孔子讲的那个体现上下尊卑的"礼"，甚至痛詈那样的礼完全不符合人人平等的现代理念，指责其过时了，就如同我们只看到物质匮乏时代母亲的一碗粗茶淡饭，而看不到那个时代的母爱；我们应该看见的，是孔子在这段话里表达的价值观。这种价值观，不仅没有过时，还需要我们今天努力用现代制度去更好地实现和保障。

孔子以后，大同社会就成了中国人的内心向往。大同社会的内涵，随着人类生活的深入、提升和拓展，可以越来越丰富，尤其是实现大同社会的制度保障，也必然代有不同，时有所异，但是，正是我们有了这样的理想，才会努力去最大可能地实现这样的理想；正因为我们要最大限度地实现这样的理想，我们才会不断地寻找和完善政治制度。孔子，在我们走向现代化的道路上，不仅不是我们要丢弃的包袱，不是阻碍我们脚步的绊脚石，恰恰相反，他是我们前进的原动力，并且一直指导着我们努力的方向。

孙中山一生中多次题书"天下为公"四字，毕生也以"天下为公"作为其政治理想。两千多年前的圣人，为两千多年后的国父提供了价值支撑和奋斗方向，一个看起来维护周王朝及其礼制的孔子，他的思想却在两千多年后，成为中国终结帝制的思想之源！

其实，考察中国文化——尤其儒家文化，对于中国现代化的影响，有一个很好的角度，那就是，当近代的中国人重新发现西方并且认识到西方的先进和治理成就时，他们心中对儒家文化的感知——如果他们直接认为，这是与中国文化格格不入的文化，那我们可能要思考中国文化和中国现代化之间的障碍；如果他们并未觉得这是一种完全异质的文明，而是在中国文化中似曾相识，那就说明，中国传统文化与现代文明，并无实质性隔阂。我们来看看。

成书于1849年的徐继畬《瀛寰志略》称："按华盛顿，异人也。起事勇于胜广，割据雄于曹刘。已提三尺剑，开疆万里，乃不僭位号、不传子孙，而创为推举之法，几于天下为公，浸浸乎三代之遗意。"[1] 徐继畬认为，美国国家政治的民主共和制虽属原创，却与中国"三代"政治中的"禅让""天下为公"等古道不谋而合，西方民主制度之内涵符合"三代之遗意"。

薛福成光绪十八年四月一日在其日记中写道："唐虞（指尧、舜）以前，皆民主也……迨秦始皇以力征经营而得天下，由是君权益重。秦汉以后，则全乎为君主矣。若夫夏商周之世……孟子'民为贵，社稷次之，君为轻'之说，犹行于其间，其犹今之英（英国）、义（意大利）诸国君民共主之政乎？……所以三代之隆，几及三千年之久，为旷古所未有也。"[2]

---

1 ［清］徐继畬：《瀛寰志略》，上海书店出版社，2001年，第277页。
2 ［清］薛福成：《出使英法义比四国日记》，"走向世界丛书"，钟叔和主编，长沙：岳麓书社，1985年，第538页。

薛福成又认为:"西洋各国经理学堂、医院、监狱、街道,无不法良意美,绰有三代以前遗风。"[1]

郭嵩焘参观英国小学,见餐前及餐后乐队奏乐及歌唱,感慨"中国圣人所以教人,必先之以乐歌,所以宣志道情,以和人之心性","三代礼乐,无加于此"。[2] 他说,西方教育制度之优秀,是"至泰西而见三代学校之制犹有一二存者,大抵规模整肃,讨论精详,而一皆致之实用,不为虚文"。[3]

他甚至说:"西洋一切情事,皆著之新报。议论得失,互相驳辨,皆资新报传布。执政亦稍据其所言之得失以资考证,而行止一由所隶衙门处分,不以人言为进退也。所行或有违性,议院群起攻之,则亦无以自立,故无敢有恣意妄为者。当事任其成败,而议论是非则一付之公论。《周礼》之讯群臣,讯万民,亦此意也。"[4]

王韬以西方"君民共主"的政体概念,来理解"三代"的政治制度:"泰西之立国有三,一曰君主之国;一曰民主之国;一曰君民共主之国……惟君民共治,上下相通,民隐得以上达,君惠亦得以下逮,都俞吁咈,犹有中国三代以上之遗意焉。三代以上,君与民近而世治;三代以下,君与民日远而治道遂不古若。"[5]

王韬:"英不独长于治兵,亦长于治民,其政治之美,骎骎乎可与中国上古比隆焉。其以富强雄视诸国,不亦宜哉!"[6]

---

[1] [清]薛福成:《出使英法义比四国日记》,第272页。
[2] 《郭嵩焘日记》,第3卷,长沙:湖南人民出版社,1982年,第158–159页。
[3] 《中国近代思想家文库》,郭嵩焘卷,北京:中国人民大学出版社,2014年,第325页。
[4] 《郭嵩焘日记》,第3卷,第368页。
[5] [清]王韬:《弢园文录外编》,上海书店出版社,2002年,第19页。
[6] [清]王韬:《弢园文录外编》,第89–90页。

你当然可以说，这是这些学者对西方制度和中国三代制度的误读，但是，问题在于，他们看到的西方"先进"制度，与中国传统文化中儒家文化所极力维护和颂扬的"三代"制度及文化，毫不违和，甚至认为是三代理想在西方的实现。从发生学的角度看，则孔子代表的儒家思想，又哪里和现代政治文明有抵触呢！

五

还有人认为，现代的西方制度是在西方文明的基础上发展而来的，所以，中国要走向现代国家，必须抛弃自己的文化而接受西方文化。这种观点在逻辑上的混乱是一眼可知的：现代的西方制度是在西方文明的基础上发展而来的，只能证明西方的传统文化可以现代化，却不能证明西方以外的传统文化，比如中国传统文化不可以现代化。如同一个人从广州到了北京，只能证明从广州可以去北京，却不能证明只有通过广州才能去北京，不能证明天津人要去北京必须先去广州——事实是：从别处不仅可以去北京，甚至有可能比广州更便捷。

今天不少持这种观点的学者，他们的论证方法更有趣：为了论证西方传统文化何以走向了现代化，他们会指出西方传统文化中的某些特质具有现代性的萌芽。但是，在论证中国传统文化不可能走向现代化时，他们又指出中国传统文化中的一些特质阻碍了现代化。问题是，这些在他们看来导致中国传统文化不可能走向现代化的那些特质，在他们极力推崇的西方传统中，一点也不少；而他们所推崇的西方文化中的现代化因素，在中国传统文化中，一点也不逊色。这就如同东西传统文化中都存在着 A/B 两个方面，他们用西方文化中的 A 来证明其中的现代化基因；又用中国文化中的 B 来证明其中的反现代化基因，从而得出结论：西方传统文化可以现代化，中国传统文化不可以现代化——这样的论证，靠得住吗？

比如，把古希腊哲学和中国先秦哲学相比较，谁能言之凿凿地说，古希腊哲学比先秦哲学更具有现代性？

又有人说，古希腊哲学求真讲逻辑，先秦哲学求善不讲逻辑，所以，古希腊哲学有现代性，而先秦哲学没有现代性。这里有两个层次的问题：第一，这种论断在多大程度上是合乎事实的？第二，即便古希腊哲学求真讲逻辑，所以合乎现代社会的科学，但是，现代性里除了科学，还有艺术，还有美学、伦理学，照他们的说法，换一个角度，是否也可以得出先秦哲学更具有现代性的结论？把《圣经》和《论语》放在一个天平上用一种标准衡量，谁能理直气壮地说，《圣经》比《论语》更具现代性？《圣经》求真讲逻辑比《论语》多吗？

这样的论证，属于比较文化研究，不仅需要非常扎实而广博的学术根底和非常艰苦而细致的工作，还需要非常严谨的学术规范。在现在的中国学术界，这样的学者还不多见。有意思的是，有能力做这样工作的学者，还没有见到哪位如此武断地否定中国文化的现代化可能的。

要看一种文化是否停滞保守，从人这一角度去看，也许是一个不错的选择。在中国的现代化历程中，那些先知先觉者，从龚自珍到严复，从康有为、谭嗣同、梁启超到孙中山，从蔡元培到胡适、陈独秀、鲁迅，他们岂不都是饱读传统文化经典之士？他们思想活跃的事实，就已经证明：传统文化不但不会成为人们思想的禁锢，恰恰是革命者的温床。

梁启超曾这样说龚自珍："晚清思想之解放，自珍确与有功焉。光绪间所谓新学家者，大率人人皆经过崇拜龚氏之一时期，初读《定庵全集》，若受电然。"[1]

康有为评价严复是"精通西学第一人"。梁启超称赞严复"于中学西学皆为我国第一流人物"。毛泽东称赞严复是"中国共产党出世以前向西方寻找真理的一派人物"。[2] 胡适称赞"严复是介绍近世思想的第一人"。

康有为提出了包含限制君权意义的法律概念，即宪法。认为"宪法"就是"维新之路"。康有为还从理论上肯定了三权分立、权力制衡。在代御史宋伯鲁草拟的《变法先后有序，乞速奋乾断以救艰危折》中，他说："泰西论政，有三权鼎立之义。三权者，有议政之官，有行政之官，有司法之官也。夫国之政体，犹人之身体也。议政者譬若心思，行政者譬为手足，司法者譬如耳目，各守其官，而后体立事成。"[3] 非常有意思的是，康有为在宣扬他的这些变法革命理论时，都上溯至孔子，以孔子思想为依据。

谭嗣同主张中国要学习西方资产阶级的政治制度，公开提出废科举、兴学校、开矿藏、修铁路、办工厂、改官制等变法维新

---

[1] [清]梁启超著，朱维铮导读：《清代学术概论》，上海古籍出版社，1998年，第75页。
[2] 毛泽东：《论人民民主专政》，《毛泽东选集》第4卷，北京：人民出版社，1991年，第1469页。
[3] [清]康有为撰，姜义华、张荣华编校：《康有为全集》第10卷《〈中国学会报〉题词》，第86页。

的主张。戊戌变法失败后拒绝逃亡，要以自己的鲜血玉成国家的变法，慷慨就义。他的著作起名很有意味——《仁学》——如此决绝的革命者，其革命理论，还是以孔子的概念来生发。

梁启超青年时期和康有为一起倡导变法维新，变法失败后出逃，在海外推动君主立宪。辛亥革命之后一度入袁世凯政府，担任司法总长；之后对袁世凯称帝、张勋复辟等严辞抨击，并加入段祺瑞政府。他倡导新文化运动，支持五四运动，倡导文体改良的"诗界革命"和"小说界革命"。

在晚清那场被李鸿章称为"三千余年一大变局"[1]中，从洋务运动、戊戌变法到辛亥革命，民族自救，变法图强，历次变革中起着重要推动作用的，恰恰是上述这些饱读传统经典，深受孔儒思想影响的士大夫。正如士大夫阶级在中国历史上一直是中国社会最为积极的正面力量一样，他们也是中国从帝制走向共和这一历史分水岭的根本性推动力。事实上，中国之所以领亚洲之先，进入现代政体，传统思想资源不但不是阻碍的力量，恰恰相反，正是得力于传统文化为这一变革培育了理性健全、良知发达、价值观及价值判断力卓越的知识阶层。

当然我们可以说这些人都深受西方思想影响，但是，问题是，假如本土思想和现代政治理念绝不相容，则这些传统士大夫又何从接受西学东渐？极言之，传统文化至少没有阻碍他们接纳现代理念，甚至，如同康有为、谭嗣同所做的，传统思想及其代表孔子，

---

1 顾廷龙、戴逸主编：《李鸿章全集》第5卷《筹议制造轮船未可裁撤折》，合肥：安徽教育出版社，2008年，第107页。

恰恰成为他们理解和践行现代理念的思想基础。

中国是亚洲第一个实行民主共和政体的国家，这已经可以证明，中国，这个有着儒学传统的国家，有着孔子崇拜的国家，并不落后于世界上绝大多数国家进入现代政体。孙中山在领导推翻帝制的过程中，不但不觉得孔子是障碍并以之为敌人，反而以孔子为革命之依据。请看孙中山先生的这样一段话：

> 孔子曰："汤武革命，顺乎天而应乎人。"此其证也。某英人博士曰："中国人数千年来惯受专制君主之治，其人民无参政权，无立法权，只有革命权。他国人民遇有不善之政，可由议院立法改良之；中国人民遇有不善之政，则必以革命更易之。"由此观之，革命者乃神圣之事业、天赋之人权，而最美之名词也。[1]

周虽旧邦，其命维新。而命之可新，正在于能革。故革之时大矣哉！而鼓吹汤武革命，宣传革命思想，正是孔子的核心思想。

六

最后，我们还要简单谈谈孔子对于中国的另外一层意义：民族的凝聚力。

从民族凝聚力的角度来说，中国有两大先天不足的严重问题。

---

[1]《孙中山全集》第1卷，北京：中华书局，2006年，第441-442页。

第一，国家幅员辽阔。幅员辽阔包括两个方面：土地广阔和人口众多。中国曾经的版图比今天还大得多，在这么辽阔的土地上，在交通、通信都不发达的古代社会，要将人民凝聚起来实际上非常困难。第二，中国没有全民信仰的宗教，没有宗教的羁縻之力。

我们在世界历史上，可以看到巨大的军事成功可以成就一时幅员辽阔的帝国，但最终都分崩离析，并永不完聚。但中国是个例外。在交通和通信不发达的条件下，这么广袤的土地，人口这么多，而且没有统一的宗教，要将它凝聚成一个国家，使人民有向心力，并保持几千年文明的延续，这几乎是一个奇迹。这个奇迹的主要成因，必须算在孔子身上。没有孔子，我们不可能有这么强大的凝聚力。在古代，不管是京城的孩子，还是偏远山区的孩子，只要是在中国版图之内，启蒙都要读《论语》，所有孩子翻开课本读出的第一句，就是："子曰：学而时习之，不亦说乎！"[1]他们从文字上认识的第一个人，就是"子"——孔子；他们学会的第一句书面语，就是子曰——"子曰诗云"，《论语》成为一个民族信仰的来源。

这样的教育，结果是什么？就是人民虽然相距遥远，但是心中有共同的一个人，这个共同的人就是孔子。他是人民心目中共同的圣人。所以京城的孩子和偏远地区的孩子，长大以后，他们的价值观是一样的，文化信仰是一样的，崇拜的人物是一样的。所以仅仅一万六千多字的《论语》，起到了凝聚整个民族的作用。

有人会说，那时教育不普及啊，读书的没几个。是的，在

---

[1] 《论语·学而》。

一个偏远山区，找出一百个人，可能有九十个人没有读过书。但是，问题是，在中国古代，什么样的人才是让人尊敬的？什么样的人才有话语权？什么样的人才能笼络人心，羁縻人力？是读书人。所以那九十个人说话的分量比不上那十个读过书的人。士农工商，士是读书人，四民之首，地位如此，功能如此：农工商皆以士之马首是瞻。一个乡村可能有成千上万人，读过书的可能就几十个，但是这几十个人一说，其他成千上万的人鸦雀无声。他们的地位，来自于文化；他们的功能，就是以文化羁縻社会。社会就靠着这些被孔子思想熏陶过的士人，把大批没有受过教育的人凝聚起来，形成对中央的向心力，形成家国的认同感，形成民族的凝聚力。

同时，文化的功能不仅仅靠文字和经典实现，它还有更多的物质与非物质的形式。在古代的中国乡村，除了学堂，还有宗族的祠堂和每个家庭的中堂，还有婚丧嫁娶时令节假等一系列社会风俗，而这些，都立足于孔儒的礼教文化。

那么，现在，我们想问一问那些动辄宣称"孔子过时了"的人：今天，我们找到可以取代孔子凝聚民族的人了吗？我们找到可以取代孔子成为民族文化、民族信仰的标志性符号的人了吗？

孔子是私生子吗？

司马贞《史记索隐》："徵在笄年适于梁纥。"[1] 笄年即十五岁，孔子母亲颜徵在十五岁时嫁与孔子父亲叔梁纥。而张守节《史记正义》云：叔梁纥"婚过六十四矣"。[2]

有一个事情很古怪，那就是，司马迁在《史记·孔子世家》记述叔梁纥这次婚姻的时候，用了一个特别刺眼的词，"野合"。

司马迁是这样说的："纥与颜氏女野合而生孔子。"[3]

按一般人的理解，"野合"就是野外苟合。

我们知道，司马迁非常崇敬孔子。所以，他使用"野合"一词，绝不是唐突，更不是

---

1 [汉]司马迁：《史记》卷四七《孔子世家》，第1907页。
2 [汉]司马迁：《史记》卷四七《孔子世家》，第1906页。
3 [汉]司马迁：《史记》卷四七《孔子世家》，第1905页。

亵渎。那会是什么意思呢?

第一种看法,司马贞《史记索隐》:

> 今此云野合者,盖谓梁纥老而徵在少,非当壮室初笄之礼,故云野合,谓不合礼仪。[1]

这种说法否定了"野外苟合"这样不雅的说法,但问题是:既然只是不合礼仪,并非野合,司马迁为什么不直接说出并加以说明,而是使用了"野合"这样唐突的字眼?难道"不合礼仪"比"野合"还难听吗?

崔适《史记探源》指出:

> 《索隐》谓"梁纥老而徵在少,非当壮室初笄之礼,故云野合"。此说谬甚。老夫得其女妻,从未闻谓之野合。[2]

可见司马贞的说法不能解决问题。

第二种看法,钱穆《孔子传》:

> 此因古人谓圣人皆感天而生,犹商代先祖契,周代先祖后稷,皆有感天而生之神话。又如汉高祖母刘媪,尝息大泽之陂,

---

[1] [汉]司马迁:《史记》卷四七《孔子世家》,第1906页。
[2] [清]崔适:《史记探源》卷六《三十世家·孔子世家第十七》,北京:中华书局,1986年,第147页。

梦与神遇，遂产高祖。所云野合，亦犹如此。欲神其事，乃诬其父母以非礼，不足信。至谓叔梁老而徵在少，非婚配常礼，故曰野合，则是曲解。[1]

这种说法的问题在于：用"不足信"三字，批评了司马迁；又用"曲解"二字，否定了司马贞。但是，司马迁真是"欲神其事，乃诬其父母以非礼"吗？既要"欲神其事"，则需与母亲交合者为神或神秘之物方可成立，商之契，周之后稷，汉之高祖，都有不可名状的神秘、神圣的"父亲"。而孔子的母亲颜徵在，"野合"者乃是一位花甲老翁，叔梁纥有什么神奇呢？颜徵在与叔梁纥交合能给他们的孩子孔子增加什么神圣感呢？司马迁会如此荒唐吗？

第三种看法，刘方炜《孔子纪》引朱彦民《商族的起源、迁徙与发展》的"高禖"说，来解释"野合"。[2]

高禖即"郊禖"，亦"郊媒"，是商族遗留下来直到春秋战国时还流行的男女郊外野合的一种婚配风尚。朱先生在引述《周礼·地官·媒氏》中的"中（仲）春之月，令会男女。于是时也，奔者不禁。若无故而不用令者，罚之"[3]一句后，议论道：

> 这表明在春秋战国之时，每年仲春之月是不同姓氏男女欢会、郊外野合的特殊日子，不仅仅是一种风尚，而且也得到了

---

[1] 钱穆：《孔子传》，北京：三联书店，2005年，第4页。
[2] 刘方炜：《孔子纪》，桂林：广西师范大学出版社，2009年，第39-40页。
[3] ［清］阮元校刻：《十三经注疏·礼记·礼运》，第1580页。

政府机构的认可、鼓励甚至强制人们如此去做。所以如此,恐怕是与当政者鼓励人们大量生育、增加人口的经济政策有关。[1]

具体而言,就是在每年的仲春之际,男女去郊外某些特定地点欢会、野合。

先秦文献对此有许多记载,我们可以补充一些。

《墨子·明鬼》:"燕将驰祖,燕之有祖,当齐之有社稷,宋之有桑林,楚之有云梦也,此男女之所属而观也。"[2] "属",即"交媾"之意。可见,各国都有类似的男女私会的地方,祖、社稷、桑林、云梦……不一而足。

再看具体的人。《楚辞·天问》:"何环闾穿社,以及丘陵。是淫是荡,爱出子文?"[3] 此事《左传·宣公四年》有记载:"若敖氏娶于䢵,生斗伯比。若敖卒,从其母畜于䢵,淫于䢵子之女,生子文焉。"[4] 这个在社台私通生下的孩子,后来竟然成为楚国贤相,毫不受其出身影响。

《楚辞·天问》还提及大禹与涂山女野合于"台桑":"禹之力献功,降省下土四方。焉得彼涂山女,而通之于台桑。"[5]("台桑"即桑台,协韵颠倒)大禹在中国文化中有崇高的地位,《论语》中孔子对其再三赞叹,而他私通涂山氏女的行为,毫不受谴责。

---

1 朱彦民:《商族的起源、迁徙与发展》,收入张国硕、陈朝云、王保国主编:《中国古代文明探索·庆祝李民先生70寿辰论文集》,郑州:中州古籍出版社,2006年,第175页。
2 [清]孙诒让:《墨子闲诂》,北京:中华书局,2001年,第228-229页。
3 [宋]洪兴祖:《楚辞补注》,北京:中华书局,1983年,第118页。
4 [清]阮元校刻:《十三经注疏·春秋左传正义》,第4059页。
5 [宋]洪兴祖:《楚辞补注》,第97页。

当然也有受谴责的,那就是作为国君或贵族,不顾体面,参与民间的性派对,宛如出国"性旅游"。《左传·庄公二十三年》说"公如齐观社,非礼也",[1] 曹刿谏阻。观社为何非礼,为何被谏阻?《解诂》:"观社者,观祭社,讳淫。"[2]《穀梁传》:"常事曰视,非常曰观。观,无事之辞也,以是为尸女也,无事不出竟。"[3]《公羊传》:"何以书?讥。何讥尔?诸侯越竟观社,非礼也。"[4] 越境观社,为何淫而非礼?问题就出在"尸女"上。《说文》:"尸,陈也,象卧之形。"[5] 即齐国祭社中有陈列卧女以供交媾的内容。一国之君,越境交媾尸女,不合礼。

但即使这样,庄公去了,最多也就受到道德上的一些谴责,并没有违法。

对这样的野合风俗,朱彦民在《商族的起源、迁徙与发展》中,这样描述:

> 对于商族及其后裔来说,保留着这种千古不变的男女野合习俗的"高禖"场所有一个专称——"桑林"……这里不仅仅是一个祭祀及求雨的地方,更是商族及其后裔们的男女欢会、野合交配的"高禖"……燕之祖、齐之社稷、宋之桑林、楚之云梦,这些地方与鲁国的"閟宫"以及后来卫国的"桑

---

1 [清]阮元校刻:《十三经注疏·春秋左传正义》,第3860页。
2 [清]阮元校刻:《十三经注疏·春秋公羊传注疏》,第4857页。
3 [清]阮元校刻:《十三经注疏·春秋穀梁传注疏》,第5179页。
4 [清]阮元校刻:《十三经注疏·春秋公羊传注疏》,第4857页。
5 [汉]许慎撰,[清]段玉裁注:《说文解字注》,上海古籍出版社,1981年,第399页。

间""濮上"等地名一样，都是由古老的"高禖"习俗演变而来的保存在各诸侯国的男女野合之处，浪漫而且神圣。

在引述了朱彦民上述文字之后，刘方炜充满激情地写道：

> 叔梁纥的身上流淌着商族与东夷古老部族的血液……自古美女爱英雄，叔梁纥是名闻诸侯的鲁国英雄，颜徵在是情窦初开的妙龄少女，两情相悦，并不为年龄所阻，此种事体在今日亦无不可，况古人有专供男女野合欢会的"高禖"之日与桑林閟宫乎？……伟大的孔子是发生在两千多年前一场浪漫爱情的结晶，是在一个神圣的夜晚由著名的鲁国英雄与纯情的颜氏少女于天地狂野之间热烈结合而孕育并诞生……[1]

应该说，从远古高禖风俗来解释司马迁的"野合"之说，比较符合实际情况。

为什么那时"不禁野合"甚至鼓励、强制野合呢？朱文正确地指出这"恐怕是与当政者鼓励人们大量生育、增加人口的经济政策有关"。

其实，除了增加人口，我以为，还与"春祭"有关。

春祭，是在春天举行的祭天、祭祖活动，目的是希望在即将到来的一年里国泰民安，风调雨顺，五谷丰登。因为男女的结合和农业生产的播种、收获有相似之处，于是人类生殖活动与农业

---

[1] 刘方炜：《孔子纪》，第40页。

活动便联系了起来。

从而，在仲春之月，春耕播种之际，"令会男女"，是为了农业丰收，国泰民安，是严肃的政治命令，可不是男女的私下"性自由"。

这看起来荒唐，其实，古人的观念里，这是天人感应。直到汉代，董仲舒还虔诚地相信、推广这些并认真地记录在案。《春秋繁露·求雨》在描述春夏秋冬四季求雨的具体方法后，赫然就是这样的句子："令吏民夫妇皆偶处。"要天下雨，则人间男女也要云雨起来，这就是天人之间的感应。与之相反，若要止雨，则人间也要禁绝男女之事。《春秋繁露·止雨》记录了一次成功的止雨过程：

> 二十一年八月甲申，朔，丙午，江都相仲舒告内史中尉：阴雨太久，恐伤五谷，趣止雨。止雨之礼，废阴起阳，书十七县、八十离乡，及都官吏千石以下，夫妇在官者，咸遣妇归。女子不得至市，市无诣井，盖之，勿令泄。鼓用牲于社，祝之曰："雨以太多，五谷不和，敬进肥牲，以请社灵，社灵幸为止雨，除民所苦，无使阴灭阳。阴灭阳，不顺于天。天意常在于利民，愿止雨。敢告。"鼓用牲于社，皆壹以辛亥之日，书到，即起县社令长若丞尉官长，各城邑社嗇夫，里吏正里人皆出，至于社下，餔而罢，三日而止。未至三日，天暒亦止。[1]

这次天遂人愿的止雨之法中，就有"书十七县、八十离乡（离

1　［清］苏舆撰，钟哲点校：《春秋繁露义证》，北京：中华书局，1992年，第438—439页。

字衍），及都官吏千石以下，夫妇在官者，咸遣妇归"的做法，这样的做法还真的就收到了"未至三日，天喤亦止"的效果。

所以，叔梁纥和颜徵在这样的"野合"，是合乎周礼的，甚至是在履行周礼。孔子生前，受到很多谗毁，但是，从来没有因为他的出生问题被人歧视、嘲讽，可见，这种"野合"，在那时代是正常的。

孔子是不是私生子？那要看我们如何理解这个概念。

从后来的社会看，非婚生子都可以叫私生子。但在孔子那个时代，根本没有后来"私生子"这个明显带有歧视的概念。那时，无论婚后生还是婚前生，甚至婚外生，都是父母之子。

所以，用"私生子"这样的后来带有明显歧视色彩的词来讨论孔子的出生，是一个没有意义和价值的话题。

其实，如果把历史再往上延伸，延伸到母系社会，则谁的祖先不是野合所生，我们谁又不是私生子的后代呢？

孔子不知自己的生父吗？

孔子十七岁的时候，母亲去世。孔子想把母亲和父亲合葬，但是他不知道父亲葬在哪里。

为此，《礼记·檀弓》解释说："孔子少孤，不知其墓。"[1]父亲死时，孔子才三岁，可能不知父亲的坟墓所在。但是，母亲死时，他已经十七岁了，这么久的时间，母亲为什么不告诉他呢？

《史记》中的记载很怪：

> 丘生而叔梁纥死，葬于防山。防山在鲁东，由是孔子疑其父墓处，母讳之也。[2]

---

1 ［清］阮元校刻：《十三经注疏·礼记正义》，第2762页。
2 ［汉］司马迁：《史记》卷四七《孔子世家》，第1906页。

钱穆《孔子传》对此事的解读是：

> 孔子父叔梁纥葬于防，其时孔子年幼，纵或携之送葬，宜乎不知葬处。又古人不墓祭，岁时仅在家祭神主，不特赴墓地。又古人坟墓不封、不树，不堆土、不种树，无可辨认。孔氏乃士族，家微，更应如此。故孔子当仅知父墓在防，而不知其确切所在。[1]

钱穆只是回答了年幼的孔子为何不知父墓所在。而最关键的问题，即孔子母亲为什么"讳之"——为什么颜徵在要对孔子隐瞒其父亲的坟墓所在，却没有说明。

司马贞《史记索隐》的说法是：颜徵在也不知道丈夫具体安葬的地点——知茔而不知坟：

> 谓孔子少孤，不的知父坟处，非谓不知其茔地。徵在笄年适于梁纥，无几而老死，是少寡，盖以为嫌，不从送葬，故不知坟处，遂不告耳，非讳之也。[2]

茔，指的是坟所在的区域，故又称"茔域"，俗称坟地。《后汉书·栾巴传》："大行皇帝晏驾有日，卜择陵园，务从省约，茔

---

[1] 钱穆：《孔子传》，第6页。
[2] ［汉］司马迁：《史记》卷四七《孔子世家》，第1907页。

孔子。绢本设色长卷《孔子弟子像》局部。作者：【唐】阎立本。首都博物馆藏。

扫码听一曲
《文王操》

琴家：朱晞，国家级非物质文化遗产古琴艺术（虞山琴派）代表性传承人。
司马迁《史记》载，孔子向师襄子学琴，十日不进新曲。直到有一天，孔子对师襄子说，他在这支曲子里，看见了身形长大而形容清癯、目光深邃而慈悲忧伤的周文王。这时，师襄子对孔子说：此曲正是《文王操》啊！《文王操》已失传，此为后人重新打谱。

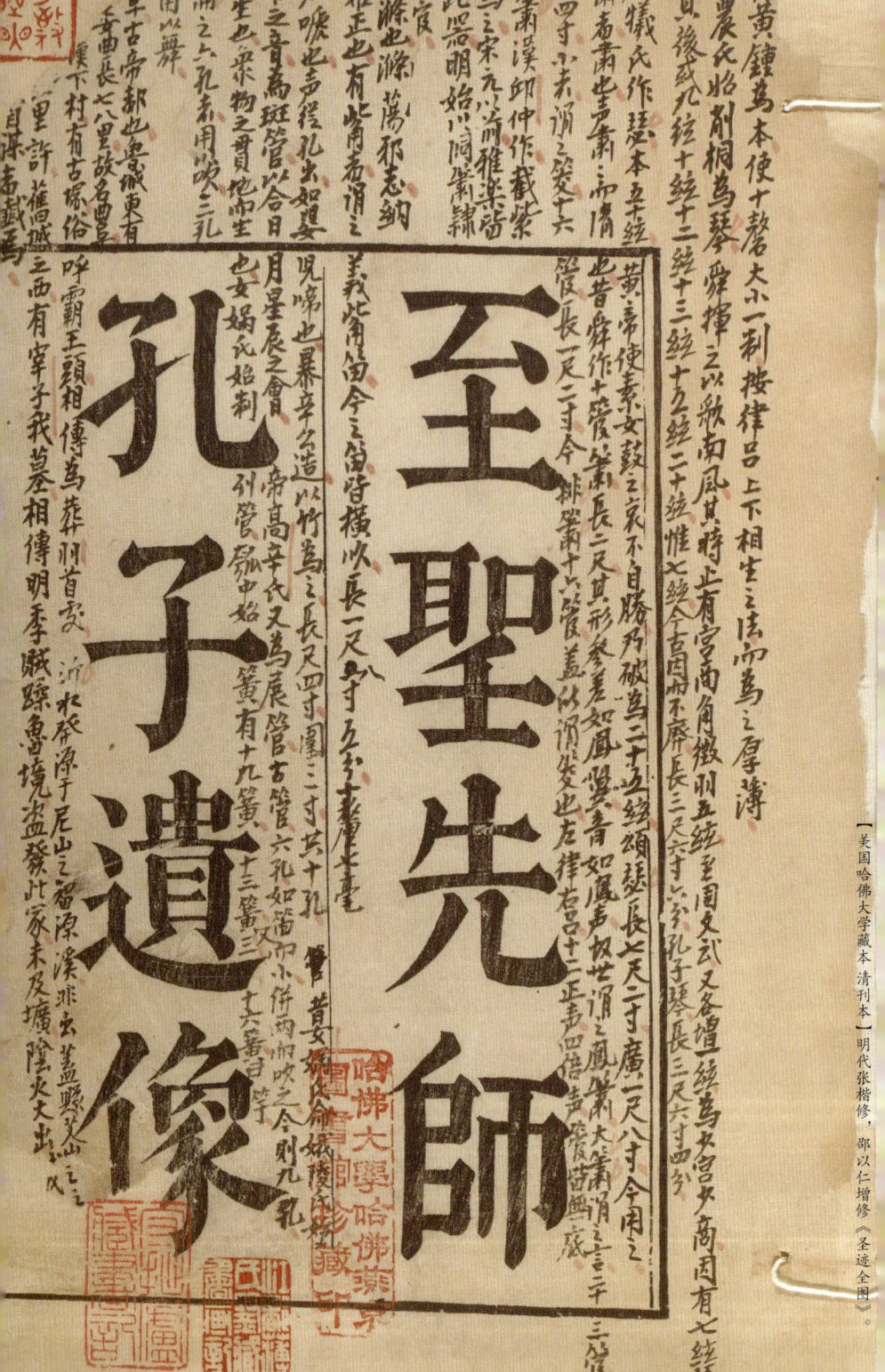

弗父何，宋湣公嫡子也，以有宋而讓厲公。弗父生周，周生世父勝，世父生正考父，世為宋大夫。宋公時，考父得商頌十二篇於周太師。

父何宋湣公嫡子也以有宋而讓厲公弗父生周周生世父勝世父生孔父嘉以字為孔氏宋華督殺孔父孔父生

公時考父得商頌十二篇於周太師考父生孔父嘉以字為孔氏宋華督殺孔父孔父生

木金父生睪夷睪夷生祈父其子防叔畏華氏之逼而奔魯故孔氏為魯人防叔生伯夏伯

叔梁紇叔梁紇仕魯為鄹邑大夫有勇力

顏母山在尼山東三里，中陽沂水，上有顏母井及禱堂遺址。

防山，在曲阜縣東三十里，出其北阻泗水，其東南教武，山北為陪聖王墓，聖兄孟皮墓也。

語云，孔子母徵在禱于尼山而生孔子，首上圩頂，象尼丘，因名丘，字仲尼。按叔梁紇有九女而無子，妾生孟皮，字伯尼，有足病，于是乃求婚于顏氏，顏氏有三女，其小曰徵在。顏父問三女曰，陬大夫父祖為士，然其先聖王之裔，今其身十尺，武力絕倫，雖年長性嚴，不足為疑。三子就能為之妻，二女莫對，徵在進曰，從父所制，何問焉。父曰，即爾能矣，遂以妻之。徵在既往廟見，以夫之年大，懼不時有孕，而私禱尼丘之山，以。

為顏氏升之谷，草木之葉皆上起降之谷，草木之葉皆下焉。

贊

尼山巖巖，曾邦所瞻，降靈自母，孕聖歸男，既驗以形，遂以名，草木震動，萬古文明。

在曲阜縣東南六十名尼邱山以避聖諱宗其山五峰連峙名苹中峰郎啟聖王顏氏所禱而生聖人焉皆其嶺多蒼相詩渥為升降各途丹之木之葉皆上起降之草木之葉皆下垂其東有坤靈洞中有夫子石像與顏母對其北則防山合葬其父母處史書云峰之麓則有智源泉沂水之源後有中和壑觀川亭相傳子盖在此山乃宋仁宗封山神為毓聖侯。

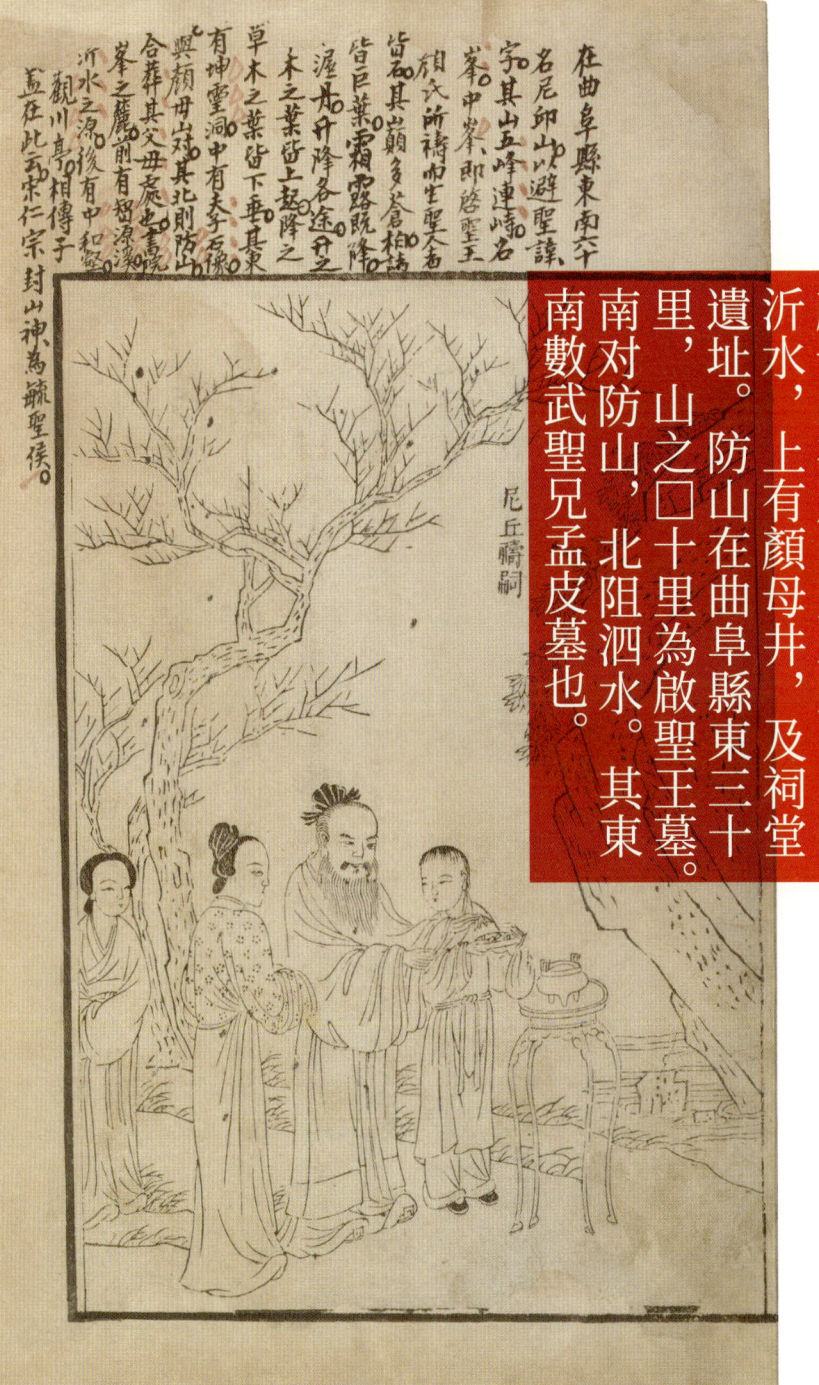

尼丘嶠祠

顏母山在尼山東三里，中隔沂水，上有顏母井，及祠堂遺址。防山在曲阜縣東三十里，山之口十里為啟聖王墓。南對防山，北阻泗水。其東南數武聖兄孟皮墓也。

子思,曲阜人。諱伋,字子思。孔子之孫,伯魚之子。受業於魯子。著《中庸》三十二篇。仕魯仕衛……子思在衛,道不能行,復返於齊,教授其徒數百人,而道卒傳於孟軻。

以之粟而受二軍焉

武獻樽酒束脩於思弗受之
致曰子取人粟而辭吾酒脯
是辭小而取多也為義則不
無所受於己不全乎子思之
可自然彼不幸而貧乎人
至于困之將恐絶先之祀
夫所以受粟者為周己之
酒脯所以歡宴者人參分
魯穆公欲相谷儀子謂子
食而乃飲宴浮義而已子
貴為分彘度義而行焉
食不敢于人故為下等人
所分者儀也子愈子行之
謂之賣

思曰今徒信用高官厚祿
其謀雖賤瓠食歉餓飯網用
在下風令無假用意像
釣願昌子照顧祿用敵用
于之為若魚烏可必不慾
剛彼將終身不蹶乎昌之
笑美且臣不說又不任為昌

述聖像

胡為乎以自大妣不修其所以大大妣自異於不修其所以
異於人故昌子高其志則
其謀雖與之禁昊夷知於昌子高其志則
則故以禮接於人不敢慢辭交於人不敢倨其惟高遠乎
能衛心遠其志則人莫能從必禮接於人不敢慢辭交於人不敢倨其惟高遠乎

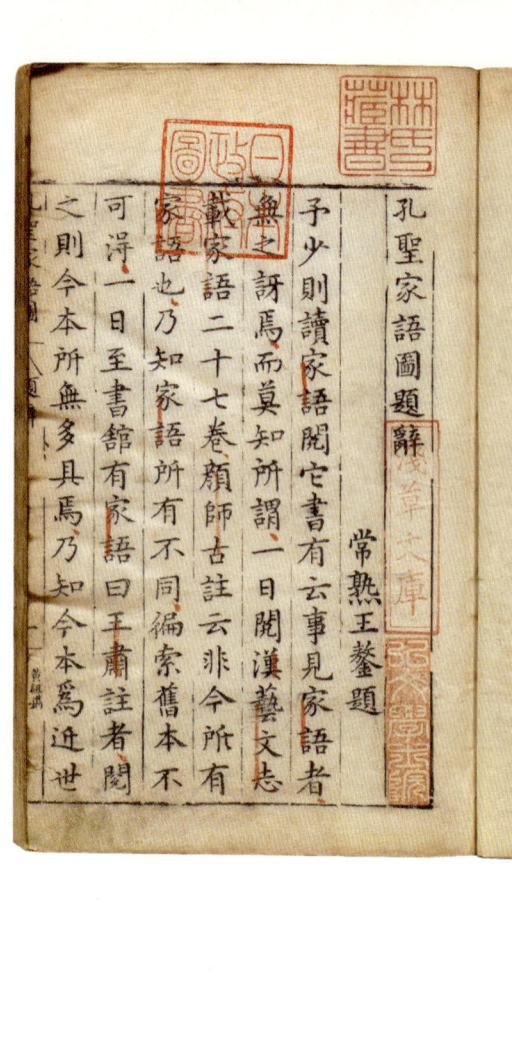

孔聖家語圖題辭

常熟王鏊題

予少則讀家語閱它書有云事見家語者無之訝焉而莫知所謂一日閱漢藝文志載家語二十七卷顏師古註云非今所有家語也乃知家語所有不同編索舊本不可得一日至書館有家語曰王肅註者閱之則今本所無多具焉乃知今本為近世

孔聖家語圖敘

琅琊王世貞譔

子曰儒者誦法孔子將統一聖真羽翼經傳是務自非好學深思玩究宪行事有不能軾則嚴範云顧自經統剖而為諸子諸子散而為百家騈拇枝指繁於詞玅而至是乃諸籍並揭獨弁髦吾孔氏家語置弗啄蓋余每觀都人士語玄同譚室相歌詠

【日本內閣文庫藏本・明萬曆十七年序刊本・1589年】明代吳嘉謨集校《孔聖家語圖》十一卷。

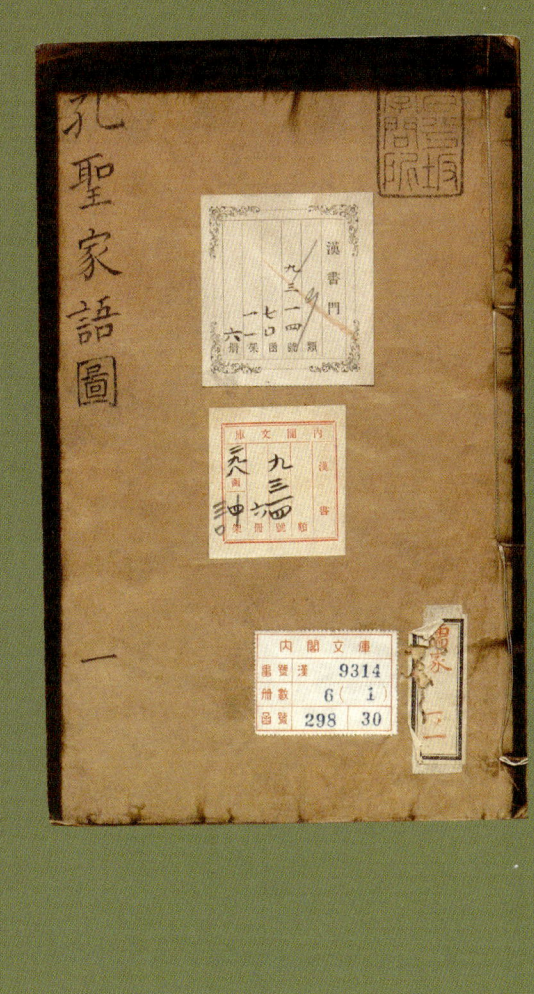

家語圖凡例終

一王註傳寫雖訛無經史可據及毀蝕無文可考皆闕之以俟知者
一篇章次序今依何孟春氏編次

孔聖家語圖目錄

一卷
先師遺像
禱祠尼丘
麟吐玉書　誕聖降祥
大樂文符　戲陳俎豆
筮仕委吏　戴官乘田
賜鯉名兒　學琴師襄
問禮老聃　訪樂萇弘
觀周歌器　在齊聞韶
嬰沮齊封　退修授業

為宰中都　夾谷會盟
誅亂兩觀　請墮三都
受樂遺行　因匡自信
次乘衛靈　習禮宋郊
東門始誨　陳庭辯矢
寄心擊磬　禮衆去衛
厄陳絕糧　反蔡問津
臨河傷顏　觀臺釋戰
楚封見沮　季康幣迎
刪述六經　著作告成

二卷
附歷代贊詠
西郊泣麟　夢奠兩楹　漢高崇祀
相魯第一　始誅第二
王言解第三　大昏解第四
儒行解第五　問禮第六
五儀解第七
三卷
致思第八　三恕第九

好生第十
四卷
觀周第十一　弟子行第十二
賢君第十三　辯政第十四
五卷
六本第十五　辯物第十六
哀公問政第十七
六卷
顏回第十八　子路初見第十九
在厄第二十　入官第二十一

困誓第二十二　五帝德第二十三
七卷
五帝第二十四　執轡第二十五
本命解第二十六　論禮第二十七
八卷
觀鄉第二十八　郊問第二十九
五刑解第三十　刑政第三十一
禮運第三十二
九卷
冠頌解第三十三　廟制解第三十四

辯樂第三十五　問玉第三十六
屈節解第三十七
十卷
正論解第三十八　曲禮子貢問第三十九
曲禮子夏問第四十　曲禮公西赤問四十一
十一卷
本姓解第四十二　終記解第四十三
七十二第子解第四十四
孔聖家語圖目錄終

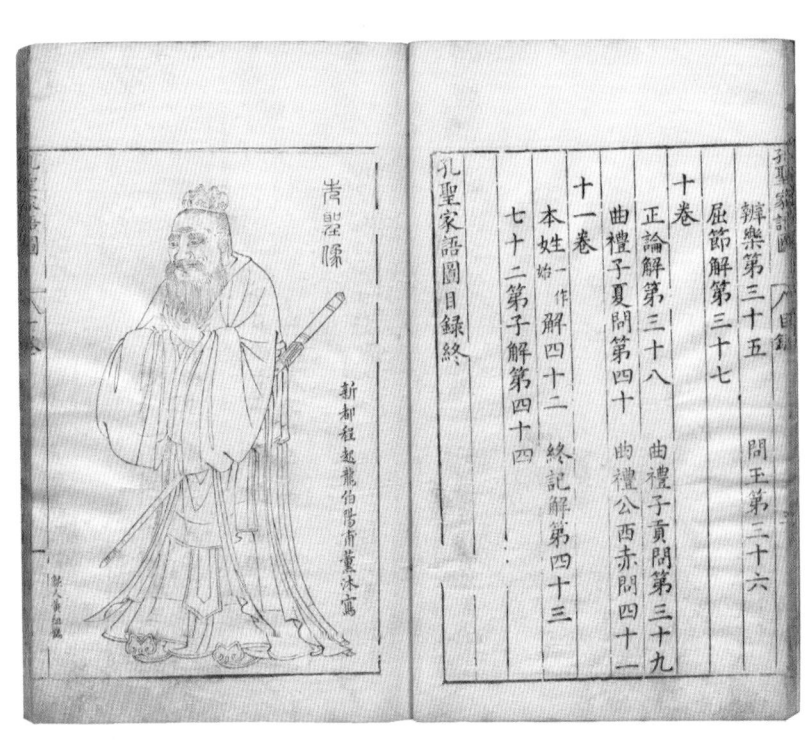

明代吳嘉謨集校《孔聖家語圖》十一卷全目。

孟子曰：「昔齊景公田，招虞人以旌，不至，將殺之。志士不忘在溝壑，勇士不忘喪其元。孔子奚取焉？取非其招不往也。」《孟子・滕文公下》

孔聖家語圖卷之十

正論解第三十八

武林後學吳嘉謨集校

孔子在齊齊侯出田招虞人以旌不進斬之孔子聞之曰善守道不如守官君子韙之○按左傳昭公二十年齊侯田於沛招虞人以弓不進公使執之辭曰昔我先君之田也旌以招大夫弓以招士皮冠以招虞人臣不見皮冠故不敢進乃舍之孔子聞之曰善哉守道不如守官君子韙之故書招虞人以旌折羽為之象文德也

齊國書伐魯○哀公十一年季康子使冉有率左師

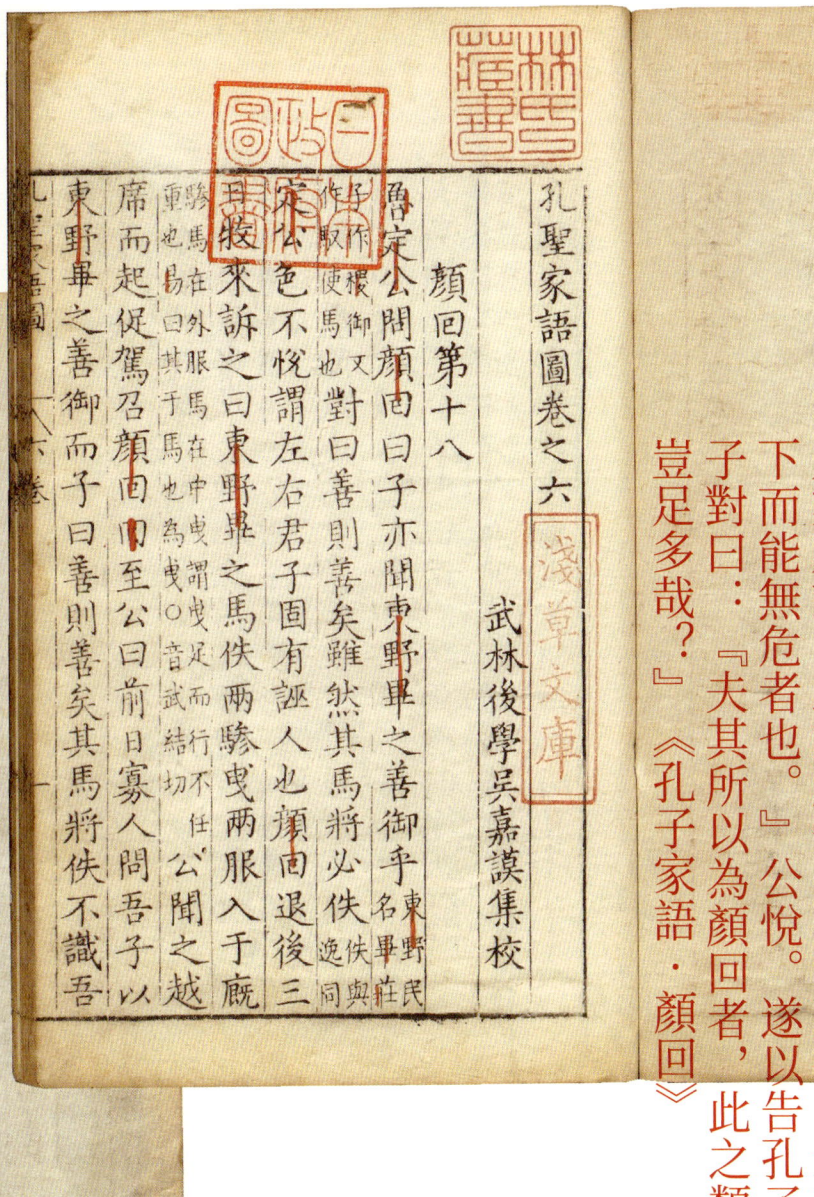

颜回曰："臣闻之，鸟穷则啄，兽穷则攫，人穷则诈，马穷则佚。自古及今，未有穷其下而能无危者也。"公悦。遂以告孔子，孔子对曰："夫其所以为颜回者，岂足多哉？"《孔子家语·颜回》

明代吴嘉谟集校《孔圣家语图》卷六，卷十。

【日本内阁文库藏本·清道光六年吴门赐砚堂顾氏刊本】清代顾沅编,孔继尧绘图《圣庙祀典图考》五卷。

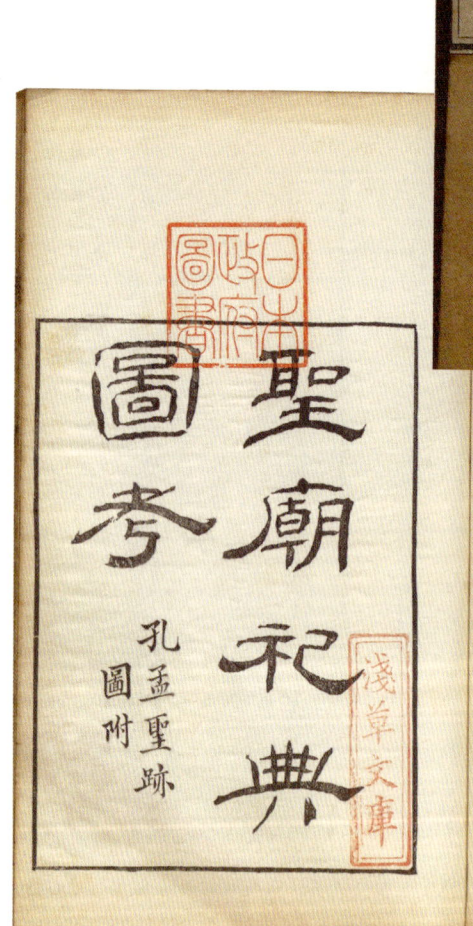

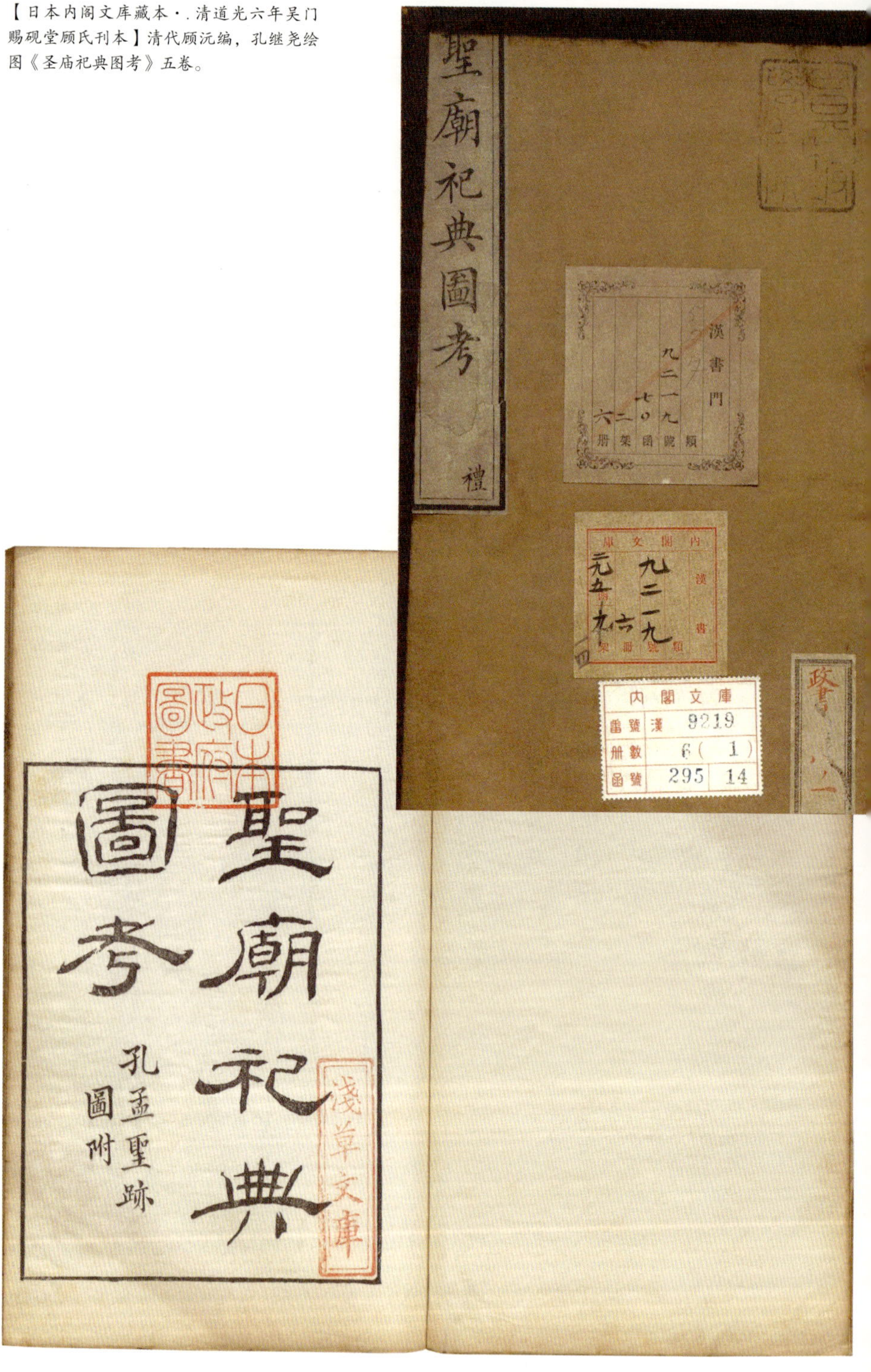

道光丙戌吳門賜
硯堂顧氏開雕

聖祖仁皇帝
御製孔子贊并序
　蓋自三才建而天地不居其功
一中傳而聖人代宣其蘊有行道之聖得位以綏
猷有明道之聖立言以垂憲此正學所以常明人
心所以不泯也粵稽徃緒仰遡前徽堯舜禹湯文
武達而在上兼君師之寄行道之聖人也孔子不
得位竆而在下乘刪述之權明道之聖人也行道
者勳業炳於一朝明道者教思周於百世堯舜文
武之後不有孔子則學術紛淆仁義湮塞斯道之

传【唐】钟绍京所书。

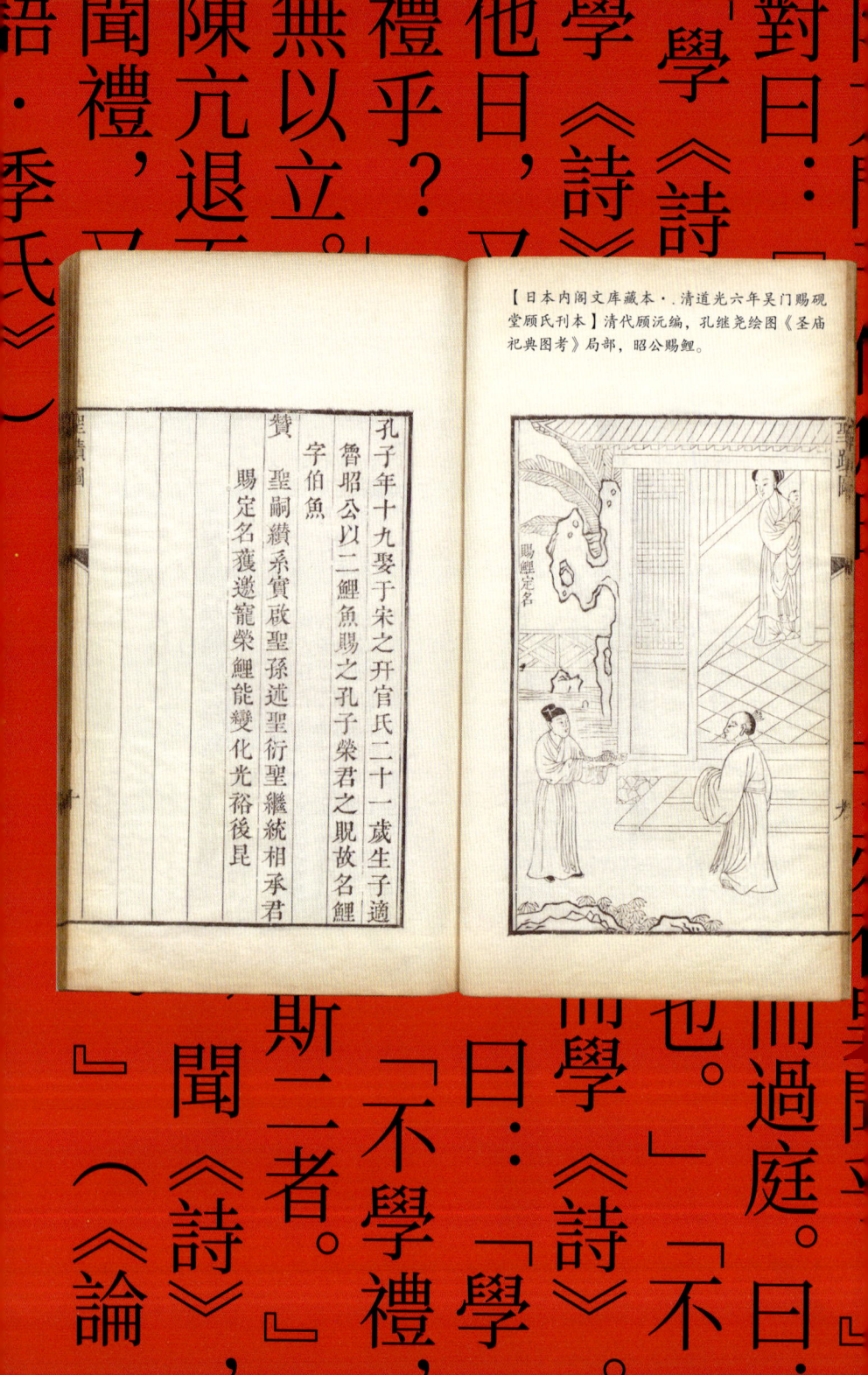

【日本内阁文库藏本·清道光六年吴门赐砚堂顾氏刊本】清代顾沅编，孔继尧绘图《圣庙祀典图考》局部，昭公赐鲤。

域所极,裁二十顷。"[1]《水经注·洧水》:"东南流迳汉弘农太守张伯雅墓,茔域四周,垒石为垣。"[2]《周书·孝义传·荆可》:"然可家旧墓,茔域极大,榛芜至深。"[3]而《汉书·张汤传·张安世传》"赐茔杜东"注:"冢地也。"[4] 既为朝廷所赐,显然是一处区域。而坟,则是棺木的准确下埋之处。不封土者叫"墓",堆土坟起者为"坟"。据战国史专家杨宽研究,孔子之前应该尚无堆土隆起之坟。[5] 所以,孔子无法判断父亲棺木的准确下葬之处。

司马贞分辨坟(应该是墓)、茔,对解决"母讳之"这个问题,非常关键。但司马贞说法的缺点是:既然如此,为什么司马迁不直接说颜徵在也不知葬处,而是说颜徵在"讳之"?"讳之"的意思,显然是自己知道,而不说。对此司马贞的回答是:司马迁说错了。

但钱穆和司马贞两者的共同缺点是:无论是孔子不知道,还是颜徵在不告诉他,他应该还有其他知道父亲墓地的渠道,比如他的几个同父异母的姐姐,还有他的那个残疾大哥孟皮,还有孟皮的生母,按后世的称呼,他的姨娘。

为了解释这一问题,刘方炜《孔子纪》提出了一个大胆的看法。他认为,孔子此前根本不知道谁是自己的生身之父!颜徵在不是

---

1 [宋]范晔撰,[唐]李贤等注:《后汉书》卷五七《栾巴传》,北京:中华书局,1965年,第1841页。
2 [北魏]郦道元著,陈桥驿校证:《水经注校证》卷二二《洧水》,北京:中华书局,2007年,第518页。
3 [唐]令狐德棻:《周书》卷四六《孝义·荆可》,北京:中华书局,1971年,第830页。
4 [汉]班固:《汉书》卷五九《张汤传》,第2563页。
5 杨宽认为:"坟丘式墓葬的普遍推行是在战国时代。它的起源,可以追溯到春秋晚期,该和春秋战国之际发生的社会变革有关。"杨宽:《中国古代陵寝制度史研究》,上海人民出版,2016年,第6页。

没有告诉他父亲的墓处,而是没有告诉他父亲是谁![1]但是,这更加不可思议:

第一,颜徵在至死都不告诉孔子他的生身父亲是谁,就算她对叔梁纥及其家庭其他成员有怨恨,难道她愿意让自己的儿子终生背负知其母不知其父的恶名吗?难道颜徵在自己也愿意至死背负不知孩子父亲是谁的污名吗?

第二,叔梁纥是一个有士的身份的人,这种身份对于孔子的前途来说,非常重要。后来阳货把孔子逐出季氏宴士之所,可知事态重大。一个母亲,会这样牺牲儿子的前途吗?

第三,即便颜徵在如此极端,瞒着孔子,不让他知道自己的生父是谁,除了颜徵在,孔子还应该能从其他渠道知道自己的身世。这样的秘密,不可能一瞒十七年。

实际上,我觉得大家都把一个本来十分简单的问题搞复杂了。

这个问题之所以简单,就在于两点。一是分清坟墓和茔的不同;二是正确理解"母讳之"的"讳"字。

先看第一:坟墓和茔的不同。《礼记·檀弓》说"孔子少孤,不知其墓",《史记》说"孔子疑其父墓处",都说孔子只是不知"墓"之所在,而不是不知"茔"之所在。孔子要找的,是父亲棺木落土的具体位置,以便让母亲的棺木与之相依而葬。

《孔子家语·曲礼·公西赤问》:

> 孔子之母既葬,将立葬焉,曰:"古者不祔葬(合葬),

---

[1] 刘方炜:《孔子纪》,第57—58页。

为不忍先死者之复见也。诗云：'死则同穴。'自周公已来祔葬矣。故卫人之祔也，离之，有以闻焉；鲁人之祔也，合之，善夫，吾从鲁。"[1]

可见，鲁人的合葬，是要葬在同一个墓穴里，而孔子认为这样最好，他也要把他的父母葬在同一个墓穴里。

因为古人不墓祭，岁时仅在家祭神主，不特赴墓地。又古人坟墓不封、不树，所以，有墓无坟。时间久了，即便是亲人之墓，也难以辨认。

我小时候曾经随父亲去姑奶奶家。姑奶奶才去世大半年，当地为了节省耕地，政策规定棺木须深埋在麦田里，不堆土不植树。姑奶奶的几个儿子带着我们去祭扫，在大田里几番推测，只能大致确定方位。

在这样的情况下，要准确知道棺木所在之处，还真的需要当时亲自安葬的专业人员，凭记忆，再加上相应的专业知识才行。

此时离叔梁纥去世安葬已经十四五年，除了有特别需要而特别关注他墓地的人（比如颜徵在），宜乎其他人包括他的九个女儿、一个腿脚不好行动不便的长子都不能确定他准确的墓穴所在。

再看第二：如何解释司马迁说的"孔子疑其父墓处，母讳之也"的"讳"字。

这个"讳"，历来有以下几种误解。一是颜徵在耻于谈论自己与叔梁纥"野合"生子，故讳，以至于隐瞒孔子的生父；二是颜

---

[1] 王国轩、王秀梅译注：《孔子家语·曲礼公西赤问》，北京，中华书局，2011年，第548页。

徵在对叔梁纥有怨恨,故意不让自己的儿子知道其生父的墓葬所在。其实,关于第一点,颜徵在有必要对孩子隐瞒孩子生父,掩盖所谓"野合"的不光彩吗?在那个时代,并没有后来"私生子"这个明显带有歧视的概念,无论婚后生还是婚前生,甚至非婚生,都是父母之子。何况叔梁纥还有士的身份,这种"讳",会给儿子带来出身上的严重困扰,颜徵在不可能这样做。关于第二点,如果颜徵在怨恨叔梁纥,太史公应该说"母怨之",而不是"母讳之"。

所以,此处的颜徵在"讳之",并不针对叔梁纥。因为,既然"古人不墓祭,岁时仅在家祭神主,不特赴墓地",则叔梁纥具体墓穴所在,就并不重要,无所谓"讳"。叔梁纥墓穴所在,只有在一种情况下才会变成问题:那就是颜徵在死后合葬之时。

到此,我们就能明白这个"讳"字的意思了:这个"讳",并不是颜徵在针对叔梁纥,而是针对自己:颜徵在忌讳谈自己的死,忌讳谈什么安葬之事。颜徵在死时,年方三十二岁。应该说,她不相信自己会死,至少,一个三十来岁的人,很忌讳在病中给儿子留下有关安葬之类的遗嘱或交待,这是不吉利的话题。

没想到,她真的死了。这就给孔子留下一个大难题。

怎么办?母亲已死,停丧在家,等不得。于是孔子"先浅葬其母于鲁城外五父之衢。而葬事谨慎周到,见者认为是正式之葬,乃不知其是临时浅葬"。[1]然后,他再到处打听,寻找知道线索的人。

他的一片孝心,感动了一位老太太。这个老太太的儿子是"挽父",即职业抬棺人,曾经参与安葬叔梁纥。她告诉孔子叔梁纥

---

1 钱穆:《孔子传》,第6页。

棺木的具体位置，孔子终于将父母合葬了。

为此，钱穆先生在《孔子传》中感慨说："时孔子尚在十七岁以前，而其临事之慎密已如此。"[1]

---

1 钱穆：《孔子传》，第6页。

孔子生前处处碰壁吗？

孔子是否"处处碰壁",不同的人用不同的标准当然可以得出不同的结论,甚至同一个人在不同的情境下说明不同的问题时,也可以有不同的表述。但问题是,今天很多人说孔子"处处碰壁"时,是一种幸灾乐祸的嘴脸和居高临下的嘲弄,他们要以此证明孔子是如何卑鄙以至如何不齿于人,孔子的主张是何等悖谬以至为人所摒弃。这就不是在谈一个"事实"问题,而是在表达一种"价值"问题了。既如此,这个问题就有为之一辩的必要,甚至有不得不为之一辩的苦衷。

从孔子与当时各国人物交游来看,所谓"处处碰壁"之说,完全是无稽之谈。

鲁国是孔子的"父母之国",我们先来看看他在鲁国的情况。

孔子一生经历的鲁国国君有四位:鲁

襄公、鲁昭公、鲁定公和鲁哀公。

鲁襄公死时，孔子年方十岁，尚在社会下层辗转于市井，双方应该没有什么关系，但是，后面三位，却都与孔子保持了相当密切甚至亲切的关系。

鲁昭公对孔子可以说是恩重如山。这个自身命运悲惨最终被"三桓"驱逐出国客死他国的可怜君主，曾利用他不大的权力，给了孔子莫大的提携和帮助。

首先是当二十岁的青年孔子因为三年前被阳虎逐出士族阶层，面临身份危机，无法突破上升的瓶颈时，他利用孔子生子的机会，给他送来了一尾鲤鱼，这等于给孔子送来了士族的身份资格证，使孔子获得了入仕的基础。

十五年后，又是鲁昭公，送给孔子"一乘车、两马、一竖子（童仆）"，资助孔子远赴洛阳，问道老子，不仅达成了"志于学"的孔子向当代最伟大学者问学论道的愿望，还帮助孔子实现了学问和气质上的重大突破，三十五岁血气方刚的孔子得到老子这样饱经风霜、阅历丰富的高人指点，非常重要，非常及时。孔老相见，甚至带动了孔子私学的壮大，推动了中国教育史。司马迁说，孔子从洛阳请教老子回来后，来他私学求教的学生越来越多了，学生的学业也进步了。

鲁昭公这两次对孔子的帮助，都是在孔子特别需要的时候，都有象征意味：

"一尾鲤鱼"，象征着国家、政府对孔子身份、地位和学问的肯定，由此奠定了孔子在鲁国的地位，并为他以后的发展铺就了道路和上升的阶梯。

"一乘车、两马、一竖子",象征着国家、政府对孔子创办的私学的肯定、承认和支持。

孔子对鲁昭公当然是感激的。孔子对鲁昭公的回报,至少有三次:

第一次,就在孔子刚刚从洛阳回到鲁国不久,鲁昭公因祭祖问题激起对"三桓"专权僭越的宿怨,发兵攻打季氏家长,也是"三桓"之首季平子。结果是,"三桓"联手,打败了昭公,昭公只好流浪齐国。这时,孔子坚决站到了失败者鲁昭公一边,给予他道义上和舆论上的支持,公开谴责"三桓",并抛弃他在鲁国已经颇有规模格局发展态势良好的私学,也去了齐国,表示对鲁昭公的支持。

第二次是在鲁昭公死后,季平子嫉恨旧仇,把鲁昭公葬在鲁国国君墓地的南边,用一条大路把鲁昭公的墓和道北的鲁国历代国君墓地分开,这就等于把鲁昭公逐出国君的行列。后来孔子做了鲁国的小司空,此时,季平子也死了,季平子的儿子季孙斯(季桓子)当政,孔子就对季孙斯说:"当初把鲁昭公的墓用一条大路与道北的鲁国历代国君墓分开。这样做,确实是贬低了国君,却不也彰显了自己的不臣之罪吗?为今之计,我们可以在鲁昭公墓的南边再挖一条沟,把它框进来,与其他国君墓地合为一体,这样可以帮您父亲遮掩他曾经的不臣之罪。"[1] 孔子这样说,季孙

---

1 王国轩、王秀梅译注:《孔子家语》,第6页。《孔子家语·相鲁》原文:先时,季氏葬昭公于墓道之南,孔子沟而合诸墓焉。谓季桓子曰:"贬君以彰己罪,非礼也。今合之,所以掩夫子之不臣。"

斯没有不同意的理由，也就由着孔子这么做了。鲁昭公若地下有知，当会感激孔子的吧。

第三次是在陈国，陈司败因为鲁昭公娶了同姓的吴国女子为夫人，认定鲁昭公不知礼，孔子却坚定地回答："鲁昭公知礼。"为此，孔子甚至背负了"君子结党"的不良名声。[1]（参见本书"孔子陋于知人心吗？"，第124—126页）

再看鲁定公。

鲁定公则给了孔子更大的信任，孔子在他那里达到了从政生涯的顶峰。是鲁定公任用孔子为中都宰，从小司空到大司寇，孔子的职位在他为君时期越来越高。在非常重要的齐鲁两国的夹谷之会中，他敢于任用资历出身都平常的孔子为礼相，不仅使孔子有了展现自己外交才能的难得机会，还利用孔子的能力获得了外交上的巨大成就。虽然最后他对孔子的信任和重用不能贯彻始终，但那已经是非一人之力可以左右的了。

再看鲁哀公。

孔子晚年归国时，鲁国的国君是鲁哀公。哀公和昭公几乎有同样的被驱逐出国的命运。但是，是鲁哀公和季康子一起，以鲁国政府的名义请回了在外周游列国十四年的孔子，使孔子可以叶落归根，继续他的教育生涯，并能用晚年的时间整理"六经"，就这一点而言，鲁哀公对于中国的文化，岂不居功至伟！

---

[1] 《论语·述而》。原文：陈司败问："昭公知礼乎？"孔子曰："知礼。"孔子退，揖巫马期而进之，曰："吾闻君子不党，君子亦党乎？君取于吴为同姓，谓之吴孟子。君而知礼，孰不知礼？"巫马期以告。子曰："丘也幸，苟有过，人必知之。"

同时，鲁哀公以国君之尊，奉孔子为"国老"，时时请教，虚心接受孔子的批评。我们看《论语》《荀子》等先秦典籍，以及《孔子家语》，哀公求教于孔子者，斑斑在案。孔子去世，哀公作诔，称孔子为"尼父"，这可以看成是后来历代帝王封谥孔子的开始。他的诔文虽然被子贡批评为"非礼"，但是，他内心的悲痛，是真诚的；他对孔子价值的认知，是明确的；对孔子的尊敬，是真实的。

那么，孔子与鲁国"三桓"——最有权势的季孙氏、孟孙氏、叔孙氏三大家族相处又如何呢？

先做一个整体判断。

孔子三十七岁从齐国归鲁，一直到五十一岁，十四年间，一直安心办私学，与学生一起研究学问，探讨真理，教学相长。期间，孔子的私学越办越大，影响越来越大。要知道，孔子的私学并非象牙塔中的学问，并非带着团队拿政府的钱做项目，更不是利用自己的学术影响为政府的各项政策"背书"。孔子的私学是带有鲜明的对现实政治、道德、文化进行批判，大胆从事无禁区的理论探讨与思想建树的政治性团体。对这样一个人、一个团体，目睹它渐成气候，影响日剧，而默然许之，这是需要胸襟的。这种胸襟，鲁国的当政者，从国君到"三桓"，是具有的。简言之，孔子一生中最重要的事业——私学，无论是创办还是延续和发展，孔子并未"碰壁"，既没有在登记注册上给他设置种种障碍，也没有层出不穷的审查、评估、验收、年审等等，更没有干涉课程设置和教学内容。

人们读《论语》，读孔子的生平，会看到孔子对"三桓"的尖锐批评，也看到"三桓"与孔子政治上的尖锐对立。其实，孔子与"三桓"的关系，也是合作、互助占主流。

先看孔子与季孙氏的关系。"三桓"中季孙氏权力最大，专权最剧，孔子对季孙氏违礼、专权的批评也最为严厉，以至于有"是可忍孰不可忍"这样的决绝之言。但是，我们不要忘了，二十岁的孔子，第一次出仕，就是季孙氏的聘用，是季孙氏把孔子引入了上流社会。三十岁时，孔子从季孙氏那里辞职，创办私学，应该也是得到季孙氏的允可、鼓励甚至资助。《说苑·杂言》："孔子曰：'自季孙之赐我千钟而友益亲，自南宫项叔之乘我车也而道加行。故道有时而后重，有势而后行，微夫二子之赐，丘之道几于废也。'"[1]虽然孔子私学也收学费，但是，光靠一些微薄的学费（学费不微薄又会把很多贫寒之士拒之门外，不能切实做到"有教无类"），显然不足以维持开支。也许，孔子最初办学，就得到过季孙氏的资助，或者，在办学过程中，财力不支，季孙氏慷慨出手，使得孔子的教育事业、弘道大业不至于废殆。

孔子一生，季孙氏家族历经四任家长：季武子、季平子、季桓子、季康子。季武子在孔子十七岁那年去世，此前孔子尚在下层磨难，与之交往不多。不知道赐孔子千钟的是季孙氏哪一位，如是季平子，很可能是办学之初，给了孔子办学的启动资金；如是季桓子，则很可能是孔子三十七岁至五十一岁的十四年间，为孔子的私学坚持、延续、发展壮大注入了资金；如是季康子，则应该是孔子晚年归

---

1 ［汉］刘向撰，向宗鲁校证：《说苑校证》，北京：中华书局，1987年，第414页。

鲁之后，保证了晚年的孔子可以不为经济来源发愁，私学事业继续发展。还有一种可能，就是季氏家族不止一次，而是持续地资助孔子的私学。

孔子在季平子手下出道，走向社会，走向更加广阔的人生；在季桓子手下，孔子则从中都宰一直做到季桓子的副手，"行乎季孙三月不违"，[1]虽然后来双方的合作破灭，孔子出走，但是，这是由于孔子的政治理念严重触及季孙氏的家族利益，即便如此，季桓子还是给孔子留足了面子：他并非将孔子解职，而是让孔子辞职。孔子出走，季桓子还派人送行，并为之叹息。桓子去世之前，还为此时深深自责，并嘱咐自己的世子季孙肥（季康子）一定要召孔子回国，其情颇为真诚动人。这不仅仅是因为孔子的人格为各色人等钦佩，也是因为鲁国文化才能孕育出季桓子这样的人——虽然自身的利益促使他不能听从孔子的政治主张并中断了孔子的政治生涯，但个人基本的文化修养和价值观，还是使他保持了对孔子的莫大尊敬。这是贵族和流氓的区别之一。

季康子继位成为季氏家长，也成为鲁国新执政。虽然出于种种考虑，他没有遵照父亲遗命，及时召孔子回来，但是，毕竟他一直心系此事，并最终召回了孔子。孔子回国后，国家大事，季康子都通报孔子并向孔子征询意见，《论语·子路》：

> 冉子退朝。子曰："何晏也？"对曰："有政。"子曰："其事也。如有政，虽不吾以，吾其与闻之。"

---

1 ［清］阮元校刻：《十三经注疏·春秋公羊传注疏》，第5089页。

我们看《论语》中孔子与季康子的对话，孔子对他往往非常尖锐，不假以辞色，但是，他一直虚心受教。正是他和鲁哀公对孔子的这种尊敬和谦恭，使得晚年的孔子虽然不再从政，却仍然在鲁国发挥重要影响。而鲁哀公和季康子这对鲁国最有权势的君臣二人，对孔子能保持这样的谦卑，这也是后来时代难得一见的。

"文革"期间，骂孔子保守，论调之一是孔子作为奴隶主阶级的代言人，反对新兴地主阶级。且不说这种阶级分类是何等教条，其实，"三桓"作为鲁国最有权势的三大家族，到孔子之时，已经绵延一百五十多年（从鲁桓公姬允公元前694年被齐襄公谋杀，至孔子时代，一个半世纪），他们统治鲁国达四百多年之久，哪里算得上什么新兴地主阶级！何况他们和孔子哪里是你死我活的关系？

再看孔子与孟孙氏的关系。孟孙氏家族以好礼而闻名，孟僖子到楚国去，因有些礼仪失措而很难过，之后就想方设法努力补救。对此孔子评论说："能补过者君子也。《诗》曰：'君子是则是效。'孟僖子可则效已矣。"这里，孔子直接称赞孟僖子是位"君子"。孟僖子深感礼仪的重要性，认为"无礼无以立"，临死遗言要自己的两个儿子到孔子那里去，"使事之，而学礼焉"，所以孟懿子和南宫敬叔都拜孔子为师。[1] 这样，孟孙氏宗族中，就有两位成了孔子的学生，其中一位还是家长。

甚至孟懿子的儿子孟武伯也有向孔子问孝的记载，《论语·为政》："孟武伯问孝，子曰：'父母唯其疾之忧。'"很可能孟

---

1 ［清］阮元校刻：《十三经注疏·春秋左传正义》，第4453-4454页。

武伯也拜了孔子为师。

孟武伯的儿子孟敬子和孔门也有联系,如曾子有病时,孟敬子还去看望,《论语·泰伯》:"曾子有疾,孟敬子问之。"

可见他们关系之密切。如此说来,孟孙氏三代家长,都是孔子门徒。

"三桓"之中,孔子与叔孙氏的关系,则不及与季孙氏、孟孙氏那么和谐。《论语·子张》有"叔孙武叔毁仲尼"的两条相关记录。

再看看孔子和阳货的关系。

阳货是鲁国权臣季平子的宠臣,在孔子十七岁时,就已经做到了季平子的大管家。季平子意如是鲁国的执政大臣,相当于鲁国的"政务院总理",作为"大管家"的阳货,就是"政务院办公厅主任"。根据《史记·孔子世家》的记载,当年季氏要大宴鲁国士族子弟,登记注册,确定身份,而孔子正值丧母,为了不致丢了身份,孔子着丧服前往,被阳货挡在门外。现在很多人都据此认为孔子丧服赴宴为严重失礼,故而被阳货赶出,其实,阳货本身是藐视礼乐的人,倒未必以孔子丧服赴宴是否失礼为意,并且,孔子此举,在丢身份和失礼之间,也是两害相权取其轻,为礼制所包容。阳货其实是怀疑并否定了孔子的士人资格。孔子就这样被他赶走了。[1]

由于阳货否定了孔子"士"的身份,从而阻塞了孔子进入上

---

[1] [汉]司马迁:《史记》卷四七《孔子世家》,第1907页。原文:孔子要绖,季氏飨士,孔子与往。阳虎绌曰:"季氏飨士,非敢飨子也。"孔子由是退。

流社会的通道，对孔子的打击几乎是致命的。但是，三十多年后，阳货又需要借重孔子了。

这就是《论语·阳货》篇记载的故事：

阳货欲见孔子，孔子不见，归孔子豚。孔子时其亡也，而往拜之。遇诸涂。谓孔子曰："来！予与尔言。"曰："怀其宝而迷其邦，可谓仁乎？"曰："不可。""好从事而亟失时，可谓知乎？"曰："不可。""日月逝矣，岁不我与。"孔子曰："诺，吾将仕矣。"

阳货要孔子出仕，固然有借孔子以自重的意思，却也不能说他毫无借力孔子以治国安邦之意。看他批评孔子"怀宝迷邦"，提醒孔子"时不我与"，都剀切而诚恳，朱熹说孔子对阳货的话是不屑于分辩，其实，"不以人废言"的孔子，对阳货这番话，又从何而辩。阳货出逃齐国后，孔子即决然出仕，从中都宰，一个小镇的地方官开始，一直做到了鲁国大司寇，甚至成为执政季桓子的副手，达到了他一生仕途的最高位。其中转折，不能说阳货的话对于孔子没有触动，更放大一点说，孔子"五十知天命"，不能说没有阳货的点醒。

总之，孔子在鲁国，虽然后世总说他不得志，但是，整体的环境，与他并无尖锐的冲突，鲁国自身的质朴仁爱的文化传统所形成的整体贵族气质与性格，加上孔子"温良恭俭让"的个性，孔子与鲁国上层社会，总体上是和睦的。

这是孔子在鲁国。

再简单看看孔子在其他国家的情况。孔子去卫国,卫灵公问孔子:

"居鲁得禄几何?"对曰:"奉粟六万。"卫人亦致粟六万。[1]

卫灵公对于贸然前来的孔子,毫不犹豫,按照孔子在鲁国的地位和俸禄同等对待。从卫灵公的角度来说,这是他对孔子的莫大尊敬,而对于刚刚在鲁国受气的孔子,是何等的安慰!这孔子周游列国第一站,不能算是碰壁吧?后来:

灵公与夫人同车,宦者雍渠参乘,出,使孔子为次乘,招摇市过之。孔子曰:"吾未见好德如好色者也。"于是丑之,去卫。[2]

这件事,只能说明卫灵公不懂礼,却并不能证明他是故意羞辱孔子。就算是卫灵公故意羞辱孔子,很多人看到这一段,莫名其妙的兴高采烈,难道他们站在卫灵公一边?孔子因为别人的无礼而引以为丑,难道"碰壁论"者身处此境时不以为丑?还有:

卫灵公问陈于孔子。孔子对曰:"俎豆之事,则尝闻之矣;

---

[1] [汉]司马迁:《史记》卷四七《孔子世家》,第1919页。
[2] [汉]司马迁:《史记》卷四七《孔子世家》,第1920-1921页。

军旅之事，未之学也。"明日遂行。[1]

难道"碰壁论"者认为孔子应该帮助卫灵公搞先军政策，大干一场？

孔子是坚持原则有立场的人。这样的人，与人与世，总有一些冲突和矛盾。出于坚持正义而为人疏远甚至嫉恨、迫害，不能以碰壁嘲笑之。

后来，孔子又回到卫国。卫灵公不计前嫌，"闻孔子来，喜，郊迎"[2]——卫灵公有卫灵公的缺点，卫灵公也有卫灵公的淳朴，卫灵公还有卫灵公的利益考量——作为一国之君的利益考量，作为一国矛盾最后交集点的整体利益考量。我们不能要求卫灵公无论何时何地、全心全意聚精会神在孔子一个人身上，如若不然，就理解为孔子在卫灵公那里碰壁了——这是幼稚园孩子，不，独生子女三岁前在父母面前的心理状态。其实在幼稚园，孩子就在学会接受一个基本事实：老师不能只关注他一个人的需求，不能只听从他一个人的意志，所以，哪怕是幼稚园的孩子，都不该因为老师对他的一时疏忽而觉得碰壁。

面对一个具体的人，一个不完美的人，谁也不能对自己在他人那里获得的尊重、礼遇满打满算，而应该允许有所折扣和疏忽。要求他人对自己言听计从、顶礼膜拜，首先自己得是神，而且对方还得信神。

1　《论语·卫灵公》。
2　[汉]司马迁：《史记》卷四七《孔子世家》，第1923页。

所以，孔子在卫灵公那里的遭遇，如果你不愿意承认卫灵公对孔子礼敬有加，至少不能解释为碰壁。因为如果这样理解碰壁，我们岂不感觉到现实中的自己时时处处都在碰壁？

除了卫国，孔子在陈国待的时间最长，约有三年之久。《孔子家语·辩物》："孔子在陈，陈惠公（《国语》记为惠公，《史记》记为湣公，当从）宾之于上馆。"[1]这算是碰壁吗？而且，"孔子在陈，陈侯就之燕游焉"。[2]注意，是陈侯"就"孔子而燕游。有一天：

> 行路之人云："鲁司铎灾，及宗庙。"以告孔子。子曰："所及者，其桓僖之庙。"……三日，鲁使至，问焉则桓僖也。陈侯谓子贡曰："吾乃今知圣人之可贵。"对曰："君之知之可矣，未若专其道而行其化之善也。"[3]

陈侯称孔子为"圣人"，叹服其"可贵"。但即便如此谦恭，还要被孔子的学生子贡教训，教训其不能专行孔子之道与教化。这样的师徒，在陈国算是碰壁吗？

在楚国，按照司马迁的记载，楚昭王"将以书社地七百里封孔子"，[4]事虽不果，但司马迁以此表明昭王礼敬孔子，孔子适楚也不为碰壁。至于后来楚昭王听从子玉之言改变了主意，与卫灵公的情况一样，都是合情合理的正常情景，与所谓碰壁毫不相关。

---

1 王国轩、王秀梅译注：《孔子家语·辩物》，第208页，第213页。
2 同上。
3 同上。
4 ［汉］司马迁：《史记》卷四七《孔子世家》，第1932页。

当然,此事是否事实,尚有不同意见,但孔子在楚国的负函,受到叶公沈诸梁的礼敬,却有《论语》中的斑斑记录。

孔子确实在很多时候并不如意,他碰到的世道不如他意,他碰到的人不如他意,他碰到的局面不如他意。但这有什么问题吗?哪一个有原则有个性有坚持的人会尽如人意而又人尽如他意?孔子曾经回答子路"君子亦有穷乎"之问,曰:"君子固穷。小人穷斯滥矣。"[1]孔子对"子路之问"的回答,适足以回答今天人们对他"处处碰壁"的幸灾乐祸似的嘲笑:这是无原则者对有原则者的嘲笑,是无理想者对有理想者的嘲笑,是无操守者对有操守者的嘲笑。

盖有原则者,必扞格于世俗;有理想者,必悬隔于现实;有操守者,必自绝于苟且之众。孔子说"见得思义"[2],其实,孔子四周的"壁",乃是他自立的,这个"壁",就是"义"。义壁四合,不越雷池一步。而俗人之所以四方通吃,乃是因为八面玲珑,自己拆去了"义壁",从而无所不为而已。北岛诗曰:"高尚是高尚者的墓志铭,卑鄙是卑鄙者的通行证。"拿着这样的通行证,去嘲笑别人的碰壁而死,讪讪而笑,沾沾自喜,不以为耻,反以为荣,岂不是孟子叹息过的无耻之耻!

其实,在另一方面,孔子,由于其个人性情的温良恭俭让,由于其不念旧恶、不逆诈、己所不欲勿施于人的恕道,不怨天不尤人的淡泊,用之则行、舍之则藏的超脱,更由于其对个人得失的

---

[1] 《论语·卫灵公》。
[2] 《论语·季氏》。

超越性态度，对公平正义的恪守，他其实是没有私仇私怨的。而他长期生活和滞留的鲁国和卫国，国君、大夫对待孔子也是尊敬有加，彬彬有礼。简言之，因为自身的崇高伟大和人格魅力，孔子一生碰到的别人对他的折辱，比起一般人而言，其实更少；他生前受到的尊重和抬举，更非一般人可以望其项背。有谁在生前就被尊崇为"圣人"？有谁的身边能聚集起一个时代的精英，追随他以至于终身不离不弃？

因为其有更大的担当，更大的事业，从而受到更多的阻力、压力；因为其有更多的愿景及为此付出的努力，现实与理想、付出与所得、期望与结果之间，比一般人有更大的落差——这只能证明孔子的伟大，不能证明孔子的耻辱。

孔子是个官迷吗？

曾经有一次，我接受一位年轻记者采访，采访中间，记者突然说了一句话："我们大家都知道，孔子就是一个官迷。"我愤怒而愕然。愕然的是，她如此年轻，怎么会有这样的观点；愤怒的是，她怎么用这样鄙夷不屑的口吻来和我谈孔子。稍微冷静一下后，我直视她的眼睛，告诉她："你一句话有两个错误，知道吗？"

现在是她愕然了。我告诉她：你说"我们大家都知道"，这是双重的强加于人。首先，你强加给我们一个所谓的"事实"："孔子是一个官迷"。其次，你还拉大家一起来做你的附议，也就是说，你不仅自己认为"孔子是一个官迷"，而且你还说所有人都这样认为，从而造成三人成虎、众口铄金的效果，"孔子是一个官迷"从一些人的"观点"，神奇的变成了一个人人承认并皆知的"事实"。那么,我告诉你:第一,也许你这么认为,但并不是"我们大家都"这么认为,比如,我就不这么认为。第二,"孔子是一个官迷"不是事实。

事实是什么呢?

首先,"我们"——从司马迁到今天的诸多孔子研究者——都知道孔子大约在二十岁时就已经开始"仕",也就是做官了。那一年孔子生子,鲁昭公给他送了一尾鲤鱼表示祝贺。联系到三年前孔子赴季氏家宴被季氏家臣阳货赶出,我们说,孔子的"士"的身份随着这尾鲤鱼被送回来了。还不仅如此。鲁昭公这样的抬举,表明这个二十岁的年轻人出类拔萃,已被上层社会认可。所以,接下来,顺理成章地,他就去季氏家里做"家臣"了。什么是"家臣"?家臣就是官啊。那时,天子有天下,诸侯有国,大夫有家,这个"家",不是我们今天的人人有家的家,而是指一个世袭了很多特权和政治地位的"家族",从某种意义上说,"家"就是"官府"。季氏当时位居鲁国执政,他的"家",就相当于鲁国的"政务院",阳货这样的首席家臣,实际上就是"政务院办公厅主任"。那么,孔子去季氏"家"做"家臣",也就相当于去鲁国的"政务院"做"公务员"了。

孔子在季氏的"政务院"至少做了两任官:委吏和乘田,而且做得不错,很有政绩。《孟子·万章》下:"

孔子尝为委吏矣,曰:"会计当而已矣。"尝为乘田矣,曰:

"牛羊茁壮长而已矣。"[1]

到最后,甚至可能还做过管理祭祀、礼仪方面的较高级别的官,可以入太庙,可以参与会见国宾。这样一直到三十岁左右。

按说,孔子在"政务院"一做十年,要政绩有政绩,要资历有资历,要人缘有人缘(他个性好,温良恭俭让),等待他的,就是升迁。可是就在这样的关键时刻,十五岁就"志于学"的他,为了自己的"学",也为了辅助别人的学,为了自己"明明德",也为了"亲民"(朱熹解释为新民——也就是教导人民),他突然辞职了,租几间房,招几个学生,做私立学校的校长兼老师了。放弃高官(至少是做高官的前景)厚禄(此时他的收入一定远远高于他办学的那点学费),去从事私人教育,我们见过这样的官迷吗?

从此以后,一直到五十岁,二十多年的时间里,孔子就安心地在他的学校里与学生们在一起,切磋,琢磨"小六艺"——礼乐射御书数、"大六艺"——《诗》《书》《易》《礼》《乐》《春秋》,讨论仁,讨论义,讨论政治,讨论成人,讨论君子小人,讨论出处穷通。心无旁骛,任时光流逝,花落水流,青春不再,暮年到来。我们见过这样的官迷吗?

此时,鲁国的政治状况令人担忧:一天天衰落下去的国运,强敌环伺;一天天混乱下去的政局,贼臣弄权。这时,孔子出山,挽救国家,已成朝野的一致吁求。于是,有贵族责怪孔子"子奚不为政?"——你为什么不出来从政?孔子一笑,说:"《尚书》

---

1 杨伯峻:《孟子译注·万章章句下》,第224-225页。

上说:'孝呀,孝顺父母,友爱兄弟,把这种风气推广到政治上去',这也就是从事政治呀,为什么一定要做官才算从事政治呢?"[1]

甚至,孔子的弟子子贡都暗中怪老师为何不出来做官,来对老师进行"谲谏",旁敲侧击:"有美玉于斯,韫椟而藏诸?求善贾而沽诸?"——有一块美玉在这里,是把它放入柜子里收藏起来呢?还是找一个识货的商人卖掉它呢?"孔子敷衍道:"沽之哉!沽之哉!我待贾者也。"卖它吧!卖它吧!我正等着值得出让的商人哩![2]

最可笑的是,那个曾经把十七岁的孔子从季氏家宴中赶出来的阳货,此时挟持鲁定公、季桓子把持了鲁国大权,也逼着孔子出来做官。

他先放出风声,想让孔子去见他。但孔子装作不知道。没办法,他便乘孔子不在家,送来一只蒸熟的小猪。按那时礼的规定,大夫给士送礼物,如果士不在家无法当面接受,就要回拜大夫。阳货就是要用这种办法让孔子拜见他。阳货精于算计,孔子也不傻,打听到阳货不在家,才假装去拜见。可不巧得很,也可以说是巧得很——孔子竟然在路上遇到了阳货!

阳货此时权势炫赫,说话很冲:"过来!我对你说!"

"收藏自己的才能而听任国家混乱,那叫仁吗?"

道理说得很正派,孔子无奈,只好说:"不可。"

---

[1] 《论语·为政》。原文:或谓孔子曰:"子奚不为政?"子曰:"《书》云'孝乎!惟孝,友于兄弟,施于有政',是亦为政,奚其为为政?"

[2] 《论语·子罕》。

"本来喜欢从政却屡次错过机会,那叫智吗?"

理由也对。孔子只好又回答:"不可。"

"那你还等什么?"

孔子只好虚与周旋:"好吧,我准备去。"[1]

阳货一心要逼孔子出来做官,每一句问话都咄咄逼人,而孔子每一句回答都在敷衍。孔子没有冒犯他,没有拒绝他,也没有答应他——我们见过这样的官迷吗?

不久阳货倒台。鲁国经历了巨大的政治动荡之后,急需有人来收拾残局,收拾人心。这时,孔子出山了。从五十一岁到五十五岁,四年时间,孔子从乡长做起,一直做到司法部长,陪鲁定公赴齐"夹谷之会",以一人之大智大勇,折服齐景公,为鲁国挣到了战场上不可能实现的利益。最后,甚至被季桓子任命为助手。在那样的时代,在鲁国这样特殊的国情下,这已经是士人做官的顶点了。

可是,就在官运如此亨通之时,孔子又不干了。他离开鲁国,以五十五岁的高龄,坐木轮车,走坎坷路,颠颠簸簸,周游列国去了——有这样的官迷吗?

有人会说,不是孔子不干了,是人家不让他干了。那我们来看看这不让他干的"人家"都是谁。

此时,鲁国政坛能够影响孔子"官运"的,不外乎四个人:鲁定公、季桓子、孟懿子、叔孙武叔。

---

[1] 《论语·阳货》。原文:阳货欲见孔子,孔子不见,归孔子豚。孔子时其亡也,而往拜之。遇诸涂。谓孔子曰:"来!予与尔言。"曰:"怀其宝而迷其邦,可谓仁乎?"曰:"不可。""好从事而亟失时,可谓知乎?"曰:"不可。""日月逝矣,岁不我与。"孔子曰:"诺,吾将仕矣。"

鲁定公特别赏识孔子。他们还是心照不宣的政治同盟。

季桓子特别信任孔子。不然不会让孔子做他的助手，而且，做了助手之后，孔子是"行乎季孙，三月不违"，非常融洽。

孟懿子是孔子的学生。

如果说有人不喜欢孔子，那也就是叔孙武叔。

如果孔子是官迷，他难道不知道搞定这些人的关系至关重要吗？或者，他没能力搞定和这些人的关系吗？

他做了大夫后，强君抑臣，"堕三都"得罪"三桓"，弄得自己离开祖国，漂泊列国之间，颠沛周游之途，用自己的政治生命来挽救鲁国的命运——有这样不会做官的官迷吗？

孔子周游列国十四年，去了七个国家。又有人说，孔子是去找官做的。

这在逻辑上就不成立：如果要找官做，他何必离开鲁国？在鲁国他不是做得好好的吗？

《论语·微子》有这样一条记载：

> 柳下惠为士师，三黜。人曰："子未可以去乎？"曰："直道而事人，焉往而不三黜？枉道而事人，何必去父母之邦？"

柳下惠做法官，多次被免职。有人说："您不可以离开鲁国吗？"柳下惠说："正直地事奉人君，到哪一国去不会被多次免职？如果为了保住职位而不正直地事奉人君，何必要离开自己的祖国？"《论语》将这一则编入，岂不是在说孔子？

那么，孔子在列国之间周游时，是否就没有做官的机会呢？

孔子离开鲁国，第一站就是卫国。司马迁《史记·孔子世家》：

> 卫灵公问孔子："居鲁得禄几何？"对曰："奉粟六万。"卫人亦致粟六万。[1]

这个故事有两点值得我们注意：第一，六万，即使是六万斗，也不是一笔小数字。[2] 所以，孔子在鲁国做官，请原宪做管家，与之粟九百，原宪觉得太多了，要推辞。孔子说："不要推辞！拿去周济你的亲戚同乡吧！"[3] 这样的高官厚禄，一旦弃之不顾，实在非一般人能做到，更非"官迷"能做到。

第二，卫灵公毫不犹豫，也给孔子六万，那不也是希望孔子在他卫国做官吗？谁说孔子周游列国，没有做官的机会呢？要知道，孔子此时，是当时列国之间著名的政治家、外交家、礼学家，门生遍天下，是各国竞相争夺的高端人才啊！他离开鲁国，有一个直接的原因就是他把鲁国治理得蒸蒸日上，日益强大，使得齐国深感威胁，于是使用反间计、美人计，使孔子不得不离开鲁国。如果我们把列国比作公司，那么，孔子就是最著名最成功的CEO，

---

1 ［汉］司马迁：《史记》卷四七《孔子世家》，第1919页。
2 "奉粟六万"，是多少？这里的"六万"后面缺少了作为关键信息的容量单位，我们不知道它到底是斗、筲、釜、庾、秉、石，还是钟？在秦国商鞅变法之前，孔子时代各诸侯国的度量衡并不统一，文献中也不见有关孔子所在的鲁国与卫国度量衡体系的明确记载，因此无法准确折算孔子的俸禄"六万"今天到底值多少，但肯定是相当可观的，比如，唐司马贞《史记索隐》猜测："若六万石似太多，当是六万斗。"唐张守节《史记正义》补充说："六万小斗，计当今二千石也。"
3 《论语·雍也》。原文：原思为之宰，与之粟九百，辞。子曰："毋！以与尔邻里乡党乎！"

曾经使一个小公司以小博大以弱胜强业绩辉煌，直接威胁到了齐国这样的大公司。这样的人，他还怕没有岗位吗？

他后来确实一直没有得到过什么官职，但那不是别人不要他，而是他不要别人。正如他后来对卫国执政大臣孔文子所说的，"鸟能择木，木岂能择鸟"？[1] 他就是一只择木的良禽，而那些诸侯并非他中意的能够托身并侍奉的善木。

卫灵公在给孔子六万俸禄之后，就问过孔子一个很敏感的问题：

> 卫灵公问陈于孔子。孔子对曰："俎豆之事，则尝闻之矣；军旅之事，未之学也。"明日遂行。[2]

卫灵公向孔子问军队怎样列阵。孔子回答说："礼节仪式方面的事，我曾听说一些；军队作战方面的事，我没学过。"第二天，（孔子）就离开了卫国。

此时卫灵公奉行"先军政策"，置民生于不顾，只想军事强国，到处挑衅。他问孔子战阵之事，一方面是因为孔子是这方面的专家，在鲁国也指挥过平叛之类的军事行动，更重要的是，他是借此试探孔子：你是否赞成我的先军政策？孔子当然明白他的用意，如果支持他，就有官做，但是孔子这样的仁德之人，怎么可能支持这种涂炭生灵的政策呢？于是孔子推托表示不懂。于是，第二天，孔子再见卫灵公，卫灵公便仰头只看天上的大雁，不看孔子。

---

1 ［汉］司马迁：《史记》卷四七《孔子世家》，第1934页。
2 《论语·卫灵公》。

孔子周游列国十四年，以他的资历和能力，要做官，唾手可得。为什么不做？还是一个原因：原则第一，正如他自己所说："君子无终食之间违仁。颠沛必于是，造次必于是！"[1]这样的人，如何能混迹于官场，又如何能是一个官迷！

孔子当然不反对做官，也愿意做官，但是，正如他的学生子路所说："君子之仕也，行其义也。"[2]做官是为了推广道义。

说到"仕"，我们来看看"士"。

士在孔子前，只是一个社会阶层，而且是一个患得患失、地位尴尬的阶层；儒在孔子前，也只是一种职业，是不仁之士，是没能做官并且没有希望做官之士，他们落魄在民间从事一些委琐卑贱的职业。

士而仕，本来是士族子弟的唯一出路。从这两个字的造字法上，也可以看出两者的必然路径：士族子弟一旦成人，就是仕。"仕"就是"士"的成人途径，所以偏旁为"立人"。但是，孔子改变了这样的现实：

> 子贡问曰："何如斯可谓之士矣？"子曰："行己有耻，使于四方，不辱君命，可谓士矣。"曰："敢问其次？"曰："宗族称孝焉，乡党称弟焉。"曰："敢问其次？"曰："言必信，行必果，硜硜然小人哉，抑亦可以为次矣。"曰："今

---

[1] 《论语·里仁》。
[2] 《论语·微子》。

之从政者何如?"子曰:"噫!斗筲之人,何足算也?"[1]

在这段话里,我们惊讶地发现:从政之人"仕",反而不是士。士的基本特征是一种品格,而不是一种身份了。值得注意的是,"士"原本作为一种社会阶层的称谓,明白无疑,何须发问,就如我们今天无须问"何为公务员"一样。但子贡为什么要问一个本来明白无疑的问题?这一问,本身就说明,孔子已经在对"士"进行重新塑造,赋予"士"新的内涵。子贡此问,问的就是孔子所要求于"士"的新内涵、新品质。

不仅子贡有此问,子路也有此一问:

> 子路问曰:"何如斯可谓之士矣?"子曰:"切切偲偲,怡怡如也,可谓士矣。朋友切切偲偲,兄弟怡怡。"[2]

子路性格刚直粗野,所以孔子特别嘱咐他要搞好朋友和兄弟之间的关系。可见,孔子是在塑造新的士的品格,孔子对子路的回答,也不是在回答什么身份者为士,而是在回答什么素质者为士,这与对子贡的回答路径是一致的。

孔子所办的私学,"小六艺"的礼乐射御书数之外,加入了培养情怀、眼界、胸襟的"大六艺":《诗》《书》《易》《礼》《乐》《春秋》。我们看《论语》,孔子和弟子们讨论的,几乎没有专

---

[1] 《论语·子路》。
[2] 《论语·子路》。

业问题，没有知识，更没有技术，有的是什么？是有关价值的讨论！唯有一个学生问他技术问题，被他骂回去了，那就是"樊迟学稼"：

> 樊迟请学稼，子曰："吾不如老农。"请学为圃，曰："吾不如老圃。"樊迟出。子曰："小人哉，樊须也！上好礼，则民莫敢不敬；上好义，则民莫敢不服；上好信，则民莫敢不用情。夫如是，则四方之民襁负其子而至矣，焉用稼？"[1]

可见，孔子要求士的，不是一些技能型的能力，而是价值上的判断力。

经过孔子的重新改造，儒士的面貌焕然一新：

> 子曰："君子谋道不谋食……君子忧道不忧贫。"[2]

> 子曰："士志于道，而耻恶衣恶食者，未足与议也。"[3]

> 子张曰："士见危致命，见得思义，祭思敬，丧思哀，其可已矣。"[4]

---

1 《论语·子路》。
2 《论语·卫灵公》。
3 《论语·里仁》。
4 《论语·子张》。

子曰:"志士仁人,无求生以害仁,有杀身以成仁。"[1]

子曰:"士而怀居,不足以为士矣。"[2]

自孔子始,"士"的人生目标不再是"仕",而是承担价值:

曾子曰:"士不可以不弘毅,任重而道远。仁以为己任,不亦重乎?死而后已,不亦远乎?"[3]

子谓子夏曰:"女为君子儒。无为小人儒!"[4]

故而,孔子"君子不器"的主张,就是对传统儒和士的否定,是新兴儒和士的道德宣言。钱穆先生《孔子传》亦指出:

惟自孔子以后,而儒业始大变……惟孔子欲其弟子为道义儒,勿仅为职业儒。[5]

所以,孔子不但不是"读书做官"传统的开创者,恰恰相反,是"士"而"仕"传统的终结者。从此,无论是"学而优则仕"

---

1 《论语·卫灵公》。
2 《论语·宪问》。
3 《论语·泰伯》。
4 《论语·雍也》。
5 钱穆:《孔子传》,第8页。

还是"仕而优则学",士的核心使命和定位,都是"学",而不再是做官。

孔子鼓吹忠君吗？

对孔子了解不深的人，往往以为孔子是极端忠君思想的鼓吹者。事实呢，恰恰相反。

首先，"忠"字，在《论语》里，并不包含后世所谓愚忠的意思。

《论语》中，涉及"忠"的有以下十六则：

曾子曰："吾日三省吾身：为人谋而不忠乎？与朋友交而不信乎？传不习乎？"[1]

子曰："君子不重则不威，学则不固。主忠信。无友不如己者。过则勿惮改。"[2]

---

1 《论语·学而》。
2 同上。

（另9.25、12.10"主忠信"基本相同）

季康子问："使民敬，忠以劝，如之何？"子曰："临之以庄，则敬；孝慈，则忠；举善而教不能，则劝。"[1]

定公问："君使臣，臣事君，如之何？"孔子对曰："君使臣以礼，臣事君以忠。"[2]

子曰："参乎！吾道一以贯之。"曾子曰："唯。"子出，门人问曰："何谓也？"曾子曰："夫子之道，忠恕而已矣。"[3]

子张问曰："令尹子文三仕为令尹，无喜色；三已之，无愠色。旧令尹之政，必以告新令尹。何如？"子曰："忠矣。"[4]

子曰："十室之邑，必有忠信如丘者焉，不如丘之好学也。"[5]

子以四教：文、行、忠、信。[6]

---

1 《论语·为政》。
2 《论语·八佾》。
3 《论语·里仁》。
4 《论语·公冶长》。
5 同上。
6 《论语·述而》。

子张问政，子曰："居之无倦，行之以忠。"[1]

子贡问友，子曰："忠告而善道之，不可则止，毋自辱焉。"[2]

樊迟问仁，子曰："居处恭，执事敬，与人忠。虽之夷狄，不可弃也。"[3]

子曰："爱之，能勿劳乎？忠焉，能勿诲乎？"[4]

子张问行，子曰："言忠信，行笃敬，虽蛮貊之邦，行矣。言不忠信，行不笃敬，虽州里，行乎哉？立则见其参于前也，在舆则见其倚于衡也，夫然后行。"子张书诸绅。[5]

孔子曰："君子有九思：视思明，听思聪，色思温，貌思恭，言思忠，事思敬，疑思问，忿思难，见得思义。"[6]

以上十六则，主要涉及两方面：一是指对朋友或一般人际交往之间的诚信和尽责；一是指在政府机关任职时忠于职守。最让人怀疑是否有"忠君"嫌疑的，是"季康子问"和"定公问"两则，

---

1 《论语·颜渊》。
2 《论语·颜渊》。
3 《论语·子路》。
4 《论语·宪问》。
5 《论语·卫灵公》。
6 《论语·季氏》。

但是，这两则实际仍然指向的是忠于职守。以忠事君，不是忠君，而是以忠于职守的行为和态度来侍奉国君，与直接忠于君主本人的行为大不同。

我们再看《孟子·滕文公下》的一则记载：

孟子曰："昔齐景公田，招虞人以旌，不至，将杀之。志士不忘在沟壑，勇士不忘丧其元。孔子奚取焉？取非其招不往也。"[1]

齐景公打猎，用旌旗召唤虞人（猎场管理员），虞人不来，齐景公就要杀他。为什么这个虞人不应召呢？因为古代君王打猎时有所召唤，要用特定的东西召唤特定身份的人：旌旗是召唤大夫的，弓是召唤士的，皮冠才是召唤虞人的。这个虞人因为齐景公不按礼的规定召唤他，他就坚持不应召，甚至为此不怕弃尸山沟，不怕掉脑袋。如此坚持职守，孔子很欣赏他。

这个故事很好地诠释了"君使臣以礼，臣事君以忠"的理念。显然，这个虞人的行为，和我们后世理解的所谓"忠君"完全不同，而孔子所赞赏和鼓吹的，乃此"忠"而非彼"忠"，此"忠"，其实指"忠于原则"。

《韩非子·二柄》中也有一个故事，可以看成是先秦人对职守的近乎刻板的遵守：

1　杨伯峻：《孟子译注·滕文公章句下》，第126页。

> 昔者韩昭侯醉而寝，典冠者见君之寒也，故加衣于君之上。觉寝而说，问左右曰："谁加衣者？"左右对曰："典冠。"君因兼罪典衣与典冠。其罪典衣，以为失其事也；其罪典冠，以为越其职也。[1]

韩昭侯喝醉睡着了，管帽子的官吏看见君王有些寒冷，就盖了一件衣服在君王身上。韩昭侯睡醒以后很高兴，问左右的人说："谁给我盖的衣服？"左右的人回答说："是管帽子的官员。"韩昭侯因此既降罪管帽子的官员，又杀了管衣服的官员。降罪管帽子的官员，是因为管帽子的官员超越了自己的职权；杀掉管衣服的官员，则是因为这位官员失职。

这就是忠于职守的观念。这与忠于国君本人，不论是非曲直唯君主意愿是从，完全不同。《论语·子路》中：

> （定公）曰："一言而丧邦，有诸？"孔子对曰："言不可以若是其几也。人之言曰：'予无乐乎为君，唯其言而莫予违也。'如其善而莫之违也，不亦善乎？如不善而莫之违也，不几乎一言而丧邦乎？"

可见，孔子认为，君主要求臣子对自己绝对服从，臣子对国君言听计从，不但不是忠君，反而是对国家最大的危害，甚而至于会丧邦。

---

1 ［清］王先慎撰，钟哲点校：《韩非子集解》，北京：中华书局，1998年，第41页。

在孔子看来，还不仅要忠于职守。作为一个担当道义的"士"，当他"仕"的时候，要"行其义"（子路语），一旦自己所行之"义"和君主相冲突，要舍君取义。所以，当子路问如何侍奉君主的时候，孔子正色道："勿欺也，而犯之。"[1]也就是说，要毫不隐瞒地告诉君主大义所在，不惜冒犯君主。

这样的人，才配得上"大臣"的称谓，否则，不过是聊备一员的"具臣"而已。孔子说："大臣者，以道事君，不可则止。"[2]直言之，一位士与君主的缘分长短，看道义。道义消失的地方，缘分自然终止。所以说"君臣以义合"。如果君不义，怎么办呢？

子曰："直哉史鱼！邦有道如矢，邦无道如矢。君子哉蘧伯玉！邦有道则仕，邦无道则可卷而怀之。"[3]

孔子指出了两条路：一是像史鱼，直如矢，也尖锐如矢，怀抱道义，和无道的君对着干，干死拉倒；一是如蘧伯玉，如果君主无道，老子不跟你玩，卷而怀之，拜拜了。值得注意的是，蘧伯玉这种卷而怀之的做法，相对于史鱼的绑定一君，更得孔子肯定。

事实上，孔子不但没有臣下无条件忠君的思想，即便是要臣下忠于职守，也是有条件的，那就是，君主首先必须以礼使臣。

还有一个和齐景公有关的故事：齐景公喜欢声色犬马，生活

---

1 《论语·宪问》。
2 《论语·先进》。
3 《论语·卫灵公》。

奢靡，经常胡作非为。孔子觉得这个国君做得实在不像国君的样子，缺少国君应该有的庄重威严，缺少国君相应的道德品质。所以，有一次齐景公问孔子："好的政治应该是怎样的呢？"孔子给了他八个字：

> 君君，臣臣，父父，子子。[1]

对这八个字，不读书或不求甚解的人，总是把它拿来说是孔子强调忠君。其实，它们非常明白地表现了孔子的道德双向平等观念，毫无单向臣服君父的意思。这八个字这样排列，实际上有两种理解，两种翻译：

一种按照字面来说，国君做得像国君的样子，臣子做得像臣子的样子；父亲做得像父亲的样子，儿子做得像儿子的样子。即使这样理解，也是孔子不偏不倚地在强调双方的义务、责任和权利。

但是我们知道古汉语非常简略，往往省略语法上的一些承接关系，所以这八个字还可以理解为前后因果关系，意思是：

国君首先做得像国君的样子，然后才有资格要求臣子做得像臣子的样子，国君做好在前，臣子做好在后；父亲首先尽到做父亲的责任，然后才能有资格得到子女将来的孝顺。

我觉得这样来理解孔子的话可能更准确一点，因为孔子确实在很多地方一直强调强者的道德，而不强调弱者的道德。他总认为在上者应该先做好，然后才有资格要求下面的人做好。

---

[1] 《论语·颜渊》。

孔子这话，显然与他当时的感受有关，他明显是在告诫齐景公做国君要像个国君的样子——也就是说，他现在实在不像个样子。但是，齐景公的理解能力显然受到他地位的局限——他的屁股决定了他的脑袋——他想到的君君，大概是作威作福，臣臣，当然是服服帖帖。于是，他高兴得眉开眼笑："善哉！信如君不君，臣不臣，父不父，子不子，虽有粟，吾得而食诸？"[1] 糟糕的是，现在很多人读《论语》，屁股下面没君位，理解问题的角度竟然和齐景公一样。

郭店楚简中的《五行》《六德》篇，大体可以确认是子思或其门人作品。其中《六德》篇云：

> 故夫夫，妇妇，父父，子子，君君，臣臣，六者各行其职，而讪谤无由作也。[2]

"各行其职"，各自遵守自己角色所要求的道德规范，履行相应的道德义务，才能在这一体系之中获得尊重和相应的权利，君臣父子夫妇都不例外。

再看孟子。《孟子·离娄上》：

> 孟子曰："规矩，方员之至也；圣人，人伦之至也。欲为君，尽君道；欲为臣，尽臣道。二者皆法尧舜而已矣。不

---

[1] 《论语·颜渊》。原文：齐景公问政于孔子。孔子对曰："君君，臣臣，父父，子子。"公曰："善哉！信如君不君，臣不臣，父不父，子不子，虽有粟，吾得而食诸？"

[2] 刘钊：《郭店楚简校释》，福建人民出版社，2005年，第108页。

以舜之所以事尧事君,不敬其君者也;不以尧之所以治民治民,贼其民者也。孔子曰:'道二,仁与不仁而已矣。'暴其民甚,则身弑国亡;不甚,则身危国削,名之曰'幽''厉',虽孝子慈孙,百世不能改也……"[1]

其实,孟子比孔子更加激烈:

孟子告齐宣王曰:"君之视臣如手足,则臣视君如腹心;君之视臣如犬马,则臣视君如国人;君之视臣如土芥,则臣视君如寇仇。"[2]

再看荀子。《荀子·君道》:

请问为人君?曰:以礼分施,均遍而不偏。请问为人臣?曰:以礼待(当为"侍")君,忠顺而不懈。请问为人父?曰:宽惠而有礼。请问为人子?曰:敬爱而致文。请问为人兄?曰:慈爱而见友。请问为人弟?曰:敬诎而不苟。请问为人夫?曰:致功而不流,致临而有辨。请问为人妻?曰:夫有礼则柔从听侍,夫无礼则恐惧而自竦也。此道也,偏立而乱,俱立而治,其足以稽矣。请问兼能之奈何?曰:审之礼也。古者先王审

---

[1] 杨伯峻:《孟子译注·离娄章句上》,第150-151页。
[2] 杨伯峻:《孟子译注·离娄章句下》,第171页。

礼以方皇周浃于天下，动无不当也。[1]

君臣、父子、夫妇、兄弟，不同的社会角色，都有相应的道德要求。《荀子·子道》：

> 入孝出弟，人之小行也；上顺下笃，人之中行也；从道不从君，从义不从父，人之大行也。[2]

可以说，从孔子到子思、孟子，甚至荀子，都没有后世所谓的忠君思想。

孔子还有一个"七教"理论。《孔子家语·王言解》：

> 孔子曰："上敬老则下益孝，上尊齿则下益悌，上乐施则下益宽，上亲贤则下择友，上好德则下不隐，上恶贪则下耻争，上廉让则下耻节，此之谓七教。七教者，治民之本也。"

什么意思呢？就是上面敬老，下面才孝；上面尊长，下面才悌；上面散财乐施，下面才宽厚待人；上面亲近贤才，下面才择交良友；上面好德善行，下面才光明正大；上面厌恶贪腐，下面才耻于争夺；上面廉洁谦让，下面才讲究节操——一切都取决于上面。所以，孔子下面接着说：

---

1 ［清］王先谦撰，沈啸寰、王星贤点校：《荀子集解·君道篇》，第228-229页。
2 ［清］王先谦撰，沈啸寰、王星贤点校：《荀子集解·子道篇》，第511页。

凡上者，民之表也，表正则何物不正？是故人君先立仁于己，然后大夫忠而士信，民敦俗璞，男悫而女贞，六者，教之致也。[1]

上面的人是人民的表率啊！下面好不好，全看上面啊！

子曰："不教而杀谓之虐；不戒视成谓之暴；慢令致期谓之贼……"[2]

孔子说："不加教育就杀戮，这叫虐；事先不告诫，等他做成坏事再去惩罚，这叫暴；很晚才下令制止故意等待百姓触犯律条，这叫贼……"

孔子晚年时，季康子曾经问孔子一个问题："我如果把那些无道的人杀了，然后逼着百姓去走正道，怎么样？"孔子的回答是："子为政，焉用杀？"你搞政治，怎么会用得着杀人这种手段呢？"子欲善，而民善矣"，你自己如果做得善，老百姓就会善。接下来，孔子说出了一句流传千古的名言：

君子之德风，小人之德草。草上之风，必偃。[3]

1　王国轩、王秀梅译注：《孔子家语·王言解》，第26页。
2　《论语·尧曰》。
3　《论语·颜渊》。

君子的道德就像风一样，人民的道德就像草一样，风往哪个方向吹，草就往哪个方向倒。所以草往哪个方向倒，责任不在草，而在于风。一个国家、一个社会的道德水平如何，道德风气如何，责任不在人民，在于统治阶级。

有一次，季康子觉得鲁国强盗很多，很忧虑，就问孔子怎么办。孔子的回答是："苟子之不欲，虽赏之不窃。"[1]为什么有那么多强盗？是因为你自己骨子里也是这种人！你也贪婪！你也是侵夺他人、侵夺国家的大盗！假如哪一天你自己不强占人民的财产了，那么人民也就自然会变好了，所以责任还在你身上，不在人民身上。

孔子曾经讲过一句话，非常好，可是我们一般都理解错了，或者是理解得很肤浅。哪一句话呢？孔子说：

君子喻于义，小人喻于利。[2]

这句话讲得好，但是我们一般人怎么理解的呢？理解是：君子讲义，小人讲利。好像这句话只是孔子对君子的表扬，对小人的批评。甚至作为一种标签，说讲利的都是小人，讲义的才是君子。

实际上，孔子不是这个意思。首先，"君子"在这里不是指道德上的好人，而是指地位高的人；"小人"在这里也不是指道德上的坏人，而是指下层人。"喻于"就是告知、说服的意思。孔子这句话的意思是：对君子，要用义来说服他、要求他；对小

1　《论语·颜渊》。
2　《论语·里仁》。

人，要用利来引导他、鼓励他。对君子，告诉他义在哪里；对小人，告诉他利在哪里。以义要求、责难君子；以利鼓励、引导小人。

道德出了问题，责任在哪里？在上层。要和谁讲道德？要对谁要求道德？对上层。跟普通老百姓，告诉他利在哪里就可以了。

上层人要承担道义；下层人要关注权利。

不对普通百姓讲仁义道德的大道理，这是一个读书人的良知。实际上，苛上不责下，孔子之政道；律己而宽人，孔子之友道。

一个人，只要他坚持下层的立场，就不可能是一个什么"忠君"主义者。事实上，孔子本人也不是一个忠君的人，否则他岂能抛弃鲁定公而去周游列国，照后来那些头脑冬烘的儒生所谓"忠臣不事二君"[1]的观念，孔子岂止是"贰臣"，他不知侍奉过多少君主，不知是多少臣了。

管仲事公子纠，公子纠被公子小白逼死，管仲转事公子小白。这样的"不忠"，连子贡、子路都对管仲有意见，但孔子肯定他，甚至称他为"仁人"。是的，孔子只忠于自己的职守，忠于自己的道义，忠于自己的良知。

---

[1]《史记》卷八二《田单列传》载齐人王蠋之语："忠臣不事二君，贞女不更二夫。"第2457页。

孔子是道德主义者吗？

　　道德主义亦称"主德说"或"伦理主义"，视道德为至高无上。该学说认为世界和人类之生存完全以道德为目的，为道德而存在。在真善美三者中，善为最上，故极重道德之修养。

　　由于中国人的基本价值观和道德信念都指向孔子，所以，一般人都认为孔子是一个道德主义者。

　　其实，知识分子天然倾向以道德眼光看待世界，这是知识分子的特征之一。但是，孔子并不认为单一的道德可以解决社会问题，他更不认为对人做严格的道德要求就可以改变人的品行。一个完美的人格，还需要自由的精神、审美的人生态度和对于艺术的修养。孔子认为，道德助成人的存在——道德使人的存在有尊严、有价值，而不是人为道德而存在。

更为可贵的是，孔子坚决拒绝了绝对道德主义，从而为我们民族杜绝了陷入原教旨主义泥沼的危险。

孔子固然痛恨不道德的人、破坏礼制的人、面对邪恶无动于衷的人，这在《论语》和《孔子家语》中可以找出无数的言语和行动的例子。这是一个人的基本品性的体现，也是一个人道德水准的体现——面对不道德的人和事，面对邪恶，面对这个世界上天天都在发生的众暴寡、强凌弱，有着基本的善恶判断和良知的正常人，会在心理上发生"道德的痛苦"，并自然地表达出道德的义愤。孔子也不例外，但他并不特别突出——他只是比一般人更加敏感。我们不要忘记，《论语》中还有这样一些话：

> 人而不仁，疾之已甚，乱也。[1]

对不仁的人，恨得太过分，是祸乱。因为，我们把道德绝对化，就会用绝对化的手段去惩戒那些不道德的人；而绝对化的手段本身即是不道德的。用不道德的手段去推行道德，如同抱薪救火；用不道德的手段去惩罚不道德，又如同以暴易暴。

对不仁的极端仇恨和不择手段的报复，会把我们自身的道德拖下水，让我们变得更加不仁。

实际上，孔子是发现了一个严峻的事实：天下的很多祸乱，是由绝对道德主义者惹出来的。所以，孔子反对用极端的手段对

---

[1] 《论语·泰伯》。

待不仁的人。

孔子有一个学生，叫公伯寮，他可能是孔子学生里面最糟糕的一个，被后人称之为"圣门蟊螣"。他竟然在孔子"堕三都"的关键时刻，在季氏的身边说子路的坏话，导致子路丢了职务，对"堕三都"的失败以及孔子的离鲁出走都有相当的责任。鲁国有一个大夫叫子服景伯，对孔子说："你的这个学生实在太坏了，如果你允许的话，我有力量杀了他，让他暴尸大街。"孔子说："我的道如果能够行得通，那是命；如果我的道行不通，那也是命，跟公伯寮没关系。"[1]孔子嘉许子服景伯的忠心，但断然不能听他的杀人的建议。这就是是非判断力。

公伯寮坏，但是假如我们用杀人的方法来对待这样的人，那我们就更坏。为什么？因为一切极端手段必隐含着对另一种价值的破坏。而且，极端手段所蕴含的破坏性，往往指向更原始更基本的价值。

从这个意义上说，孔子不是一个极端道德主义者这一点，实在是非常非常重要，我们的民族也因此非常幸运。

《论语》里有一个人，叫尾生高，他就是一个在道德上走极端的人，结果却送了命，孔子不但不表扬他肯定他，反而批评他。尾生高，鲁国人，以直爽、守信著称。传说他与一女子相约在桥下见面，女子没按时来，尾生高一直在约会处等候。后来，河水

---

[1] 《论语·宪问》。原文：公伯寮愬子路于季孙。子服景伯以告，曰："夫子固有惑志于公伯寮，吾力犹能肆诸市朝。"子曰："道之将行也与，命也；道之将废也与，命也。公伯寮其如命何？"

暴涨，尾生高抱住桥柱死守桥下，终被淹死。

守信当然好，但是，拘泥就不好。尾生高的毛病就是拘泥，并且极端。

我们看看孔子在《论语》里对微生高的批评：

> 子曰："孰谓微生高直？或乞醯焉，乞诸其邻而与之。"[1]

孔子说："谁说微生高这个人直爽呀？有人向他讨点醋，他不直言自己没有，却到他的邻居家去要了点醋给人。"

自己没有，转向邻居讨来给人。乍一看，不错啊。但细一想，何必呢：有就说有，没就说没，何必如此曲意刻意呢？刻意会显得太有心机；曲意会变得很繁琐。做人干净利索一点，洒脱一点，直率一点，是近乎君子的。刻意去实行道德，曲意去体现善意，结果是让道德变味，使自己变态。

实行道德的结果，应该是让我们更加舒展，而不是扭曲。

再看孔子如何教导自己的儿子。孔鲤的母亲去世了，孔鲤守丧。丧期过了，他还在那儿哭。有一天孔子听到哭声，就问，谁在哭啊？有人告诉他，是伯鱼（孔鲤字伯鱼）在哭他的母亲。孔子把儿子叫来，告诉他：丧期已经过了，你天天这么哭哭啼啼的怎么回事啊？表达孝情不能太过啊！伯鱼听到父亲这样的话，不再哭了。在孔子看来，即使儿子对于母亲的哀悼之情，也要适可而止。

子路也碰到过这样的情况，他姐姐去世了，丧期已过，子路

---

[1] 《论语·公冶长》。

还把丧服穿在身上。孔子告诉他:"你可以把丧服脱下来,回归正常生活了。"子路说:"我兄弟姐妹少,我不忍心啊。"孔子说:"谁会忍心呢?人人都不忍心。但任何事都要有分寸,感情也要节制。"接着,孔子告诉子路:"先王制礼,过之者俯而就之,不至者企而及之。""子路闻之,遂除之。"[1]

"过之者俯而就之,不至者企而及之"。这句话说出了道德标准确立的原则:道德标准不能太高,太高,一般人做不到,道德失效;道德标准也不能太低,太低,很差的人都像道德模范,道德可笑。先王的礼,不是按最高标准制定的,也不是按最低标准制定的,而是按中间的标准。境界高的人,俯就一些;境界低的人,努力一点。

这也是中庸之道。

《吕氏春秋·察微》上记载了两件事。

先看第一件。鲁国有一条规定,鲁国人在国外沦为奴隶,如果有人碰见了,把他们赎出来,可以到国库中报销赎金。这是一条很好的政策,很人道,并且具备可行性。孔子的弟子子贡(名端木赐)在国外赎回了一个鲁国人,回国后却拒绝去国库报销他花费的赎金。他认为,这样才显得道德,这样才像孔子的学生,才不辱没孔子学生的名声。可是孔子不这么看。他对子贡说:"赐呀,你这样做,以后就不会再有人替沦为奴隶的鲁国人赎身了。你如果收下国家

---

[1] 王国轩、王秀梅译注:《孔子家语·曲礼·子贡问》,第518页。原文:伯鱼之丧母也,期而犹哭。夫子闻之,曰:"谁也?"门人曰:"鲤也。"孔子曰:"嘻!其甚也,非礼也!"伯鱼闻之,遂除之。

的报销金，并不会损害你行为的价值；而你不肯报销你付出的赎金，别人就不肯再赎人了。"

为什么呢？因为，作为个人，子贡愿意放弃赎金，这是他的自由，无可厚非，更何况你还以此显示了你的高尚。但你的这个做法使得其他准备救赎鲁国奴隶的人陷入尴尬的境地：向子贡学习，就意味着自己要做出经济上的牺牲；不向他学习，又显得没有人家境界高。

我们知道，子贡是一个很有钱的人，他可以不在乎这些赎金。但其他人未必就不在乎。到最后，就会意识到：只有索性不救赎奴隶，才可以避开这种尴尬局面。这么一来，不仅鲁国的赎人法成了一纸空文，那些在外国成为奴隶的人也失去了被救赎的机会。

可见，极端的道德如同悬崖峭壁，只有攀岩高手才能攀登，一般人只好绕道而行。

另一件事恰巧相反。子路救起一名落水者，被救的人感谢他，送了一头牛，子路坦然收下了。孔子说："从此以后，鲁国人一定会勇于救落水者了。"

明白了子贡的做法失在哪里，就自然明白子路的做法得在哪里了。

我们乐于做好事，尤其乐于做惠而不费的好事；我们乐于做好事，并且不求报答，但对做好事的人给予适当报答，或金钱和财物，或精神上的表彰，可以促成更多的人做好事。

孔子，确实是明察秋毫。《吕氏春秋·察微》在这两个故事之后，评论道：

> 孔子见之以细，观化远也。[1]

孔子在细微之处，见出了大问题。在我们认为正确的地方，他看出了潜在的巨大的危险。

孔子的伟大，不仅在于对道德的坚持，还在于对高调道德的警惕。

他不仅要求人们尊重和追求道德，他还提醒人们戒备和反对绝对道德和道德主义者。

---

[1] 张玉春等：《吕氏春秋译注·先识览·察微》，哈尔滨：黑龙江人民出版社，2003年，第461页。

孔子鼓吹绝对的孝道吗?

孔子的学生曾参,在瓜地里除草,一不小心把瓜苗的根锄断了。他的父亲曾晳大怒,操起一根大棒,狠狠击打曾参。曾参默默承受,不躲不闪,任由父亲责打,直到倒在地上,昏死过去。但醒来后,曾参高高兴兴地去父亲房里对父亲说:"刚才我得罪了父亲大人,父亲大人为了教育我,不得不用大棒来责打我。大棒太重了,父亲您没累着吧?"回到自己的房子后,他还拿起琴边弹边大声唱歌,让父亲知道他身体没事,好让父亲宽心放心。

曾参的孝顺,是出了名的。这个来源于《韩诗外传》和《说苑·建本》中的故事,更是非常有名。

但是,孔子听到这事后,发怒了。

孔子对其他弟子们说:"今天曾参来时,不准他进来见我!"

曾参被老师拒绝进门，糊涂了。他很委屈："老师您不是教导我们要孝顺么？为什么我这样孝顺，您还生气呢？"他求人向孔子请求接见，他要问问老师。

最终，孔子允许他进来。孔子余怒未消，对他说：

从前有个瞽叟，他有个儿子叫舜，瞽叟要使唤舜时，舜总是在身旁；瞽叟发怒要杀掉舜时，却总也找不到这个孝顺儿子了。平时，瞽叟用小棍子打舜，舜就承受着；但父亲瞽叟一旦拿大棒子来揍他，他马上逃走。我问你：你以为舜是怕死而违逆父亲吗？你以为他是不孝吗？正因为他保全了自己的性命，才使得他的父亲没有因为打死儿子而犯下不慈的罪过，而他自己也没有丧失那拳拳孝心啊！你呢？拿身体去承受父亲的雷霆之怒，打死也不躲避。你有没有想过，你一旦被打死了，不是让你父亲陷于不义之地吗？不是要让你父亲承受丧子之痛吗？不是要让你父亲因为亲手打死儿子而憾恨终生吗？还有比这更大的不孝吗？[1]

曾参醍醐灌顶，幡然醒悟。

看了孔子的这个故事，便知道，后来《二十四孝图》中那些极端的孝道，一定为孔子所反对。因为孔子坚决反对用极端的手段去实行道德。

---

[1] ［汉］刘向撰，向宗鲁校证：《说苑校证》，第61页。原文：曾子芸瓜而误斩其根，曾晳怒，援大杖击之，曾子仆地；有顷苏，蹶然而起，进曰："曩者参得罪于大人，大人用力教参，得无疾乎！"退屏鼓琴而歌，欲令曾晳听其歌声，令知其平也。孔子闻之，告门人曰："参来勿内也！"曾子自以无罪，使人谢孔子，孔子曰："汝闻瞽叟有子名曰舜，舜之事父也，索而使之，未尝不在侧，求而杀之，未尝可得；小棰则待，大棰则走，以逃暴怒也。今子委身以待暴怒，立体而不去，杀身以陷父，不义不孝，孰是大乎？汝非天子之民邪？杀天子之民罪奚如？"

用极端的手段去实行道德，本身即为不道德，并且会引起更大的不道德。

比如"王祥卧冰求鲤"，不是弱智，就是大奸。郭巨奉母埋儿，不过是为了私吞父母遗产而自导自演的一出残忍闹剧。这样的画面，不是心地残忍毫无人性之人，如何画得出！还有什么庾黔娄尝粪忧心、老莱子娱亲等等，都出乎人情之外，绝不会是孔子赞成的。

鲁迅先生有一篇文章，专门谈《二十四孝图》，鲁迅说：

> 我请人讲完了二十四个故事之后，才知道"孝"有如此之难，对于先前痴心妄想，想做孝子的计划，完全绝望了……
>
> 我幼小时候实未尝蓄意忤逆，对于父母，倒是极愿意孝顺的。不过年幼无知，只用了私见来解释"孝顺"的做法，以为无非是"听话""从命"，以及长大之后，给年老的父母好好地吃饭罢了。自从得了这一本孝子的教科书以后，才知道并不然，而且还要难到几十几百倍……
>
> 我最初实在替这孩子捏一把汗，待到掘出黄金一釜，这才觉得轻松。然而我已经不但自己不敢再想做孝子，并且怕我父亲去做孝子了。家境正在坏下去，常听到父母愁柴米；祖母又老了，倘使我的父亲竟学了郭巨，那么，该埋的不正是我么？如果一丝不走样，也掘出一釜黄金来，那自然是如天之福，但是，那时我虽然年纪小，似乎也明白天下未必有这样的巧事。[1]

---

[1] 《鲁迅全集》卷二《故事新编·二十四孝图》，第 261–263 页。

《二十四孝图》中,与孔子弟子有关的就有三位:子路百里负米;曾参啮齿痛心;闵损芦衣顺母,都不算过分。过分的绝不属于孔子。

子路原来家里很穷,自己吃糠咽菜,但是跑一百多里以外背米给父母吃,这个不算过分。

曾参在外,家里来了人。曾参的母亲想把儿子叫回来,就咬了一下自己的手指,那边曾参心灵感应,赶紧赶回来了。这有点神乎其神,但讲母子之间有心灵感应,却合乎人情,没有过分的地方。

闵子骞母亲去世以后,父亲又给他娶了一个继母,继母又生了两个孩子,继母给自己的两个孩子穿的是棉衣,给闵子骞穿的衣服瓤子是芦花,闵子骞冻得瑟瑟发抖。他的父亲发现这个秘密后,很气愤,要把这个继母赶走。闵子骞说:"母亲走了,三个儿子都要受苦;母亲在,最多一个儿子受苦。"父亲听了闵子骞的话,没有休妻。而闵子骞的继母也被闵子骞感动,改变了对他的态度。这个也不算过分,并且很是感人。

孔子周游列国,留下妻子亓官氏和唯一的儿子孔鲤在鲁国相依为命,母子情深。母亲去世后,孔鲤守丧,那时孔子还没有回国,第二年孔子才回来,却已不能再见老妻一面。孔鲤对母亲感情特别深,守丧期过了,他还在那儿哭。有一天,孔子听到有人在哭,就问:"谁在哭啊?"别人告诉他:"是伯鱼在哭他的母亲。"孔子就去对孔鲤说:"丧期已经过了,不要再哭了。"孔鲤听到父亲这样说,也就不再哭了。

可见,在孔子的眼里,即使儿子对母亲的哀悼之情,也要适可而止。《说苑·辨物》上有这样一则. 子贡问孔子:"死人有知无知也?"孔子曰:"吾欲言死者有知也,恐孝子顺孙妨生以送死也;欲言无知,恐不孝子孙弃不葬也……"[1] 孔子并不愿意因为极端的孝顺,厚葬父母,导致子女生活艰难。

《孝经·谏诤章》中曾经记曾子问孔子:"敢问子从父之令,可谓孝乎?"孔子的回答是:

"是何言与!是何言与!昔者天子有争臣七人,虽无道,不失其天下。诸侯有争臣五人,虽无道,不失其国。大夫有争臣三人,虽无道,不失其家。士有争友,则终身不离于令名。父有争子,则身不陷于不义。故当不义,则子不可以不争于父,臣不可以不争于君。故当不义则争之。从父之令,又焉得为孝乎?"[2]

《荀子·子道》记鲁哀公问孔子:

"子从父命,孝乎?臣从君命,贞乎?"三问,孔子不对。孔子趋出,以语子贡曰:"乡者君问丘也,曰:'子从父命,孝乎?臣从君命,贞乎?'三问而丘不对,赐以为何如?"子贡曰:"子从父命,孝矣;臣从君命,贞矣。夫子有奚对焉?"孔子曰:"小人哉!赐不识也。昔万乘之国有争臣四人,则封疆不削;千乘之国有争臣三人,则社稷不危;百乘之家有争臣二人,则宗庙

---

1 [汉]刘向撰,向宗鲁校证:《说苑校证》,第474页。
2 [清]阮元校刻:《十三经注疏·孝经注疏》,第5563页。

不毁。父有争子,不行无礼;士有争友,不为不义。故子从父,奚子孝?臣从君,奚臣贞?审其所以从之之谓孝,之谓贞也。"[1]

难怪荀子宣称:"入孝出弟,人之小行也;上顺下笃,人之中行也;从道不从君,从义不从父,人之大行也!"[2]

这才是真正儒家的大义!

1　[清]王先谦撰,沈啸寰、王星贤点校:《荀子集解·子道篇》,第512页。
2　[清]王先谦撰,沈啸寰、王星贤点校:《荀子集解·子道篇》,第511页。

孔子占卜吗?

近几年,在民间场合,《周易》盛行,我见过很多给企业家开设的诸如"总裁国学班"之类,其中最红火的"国学"就是《周易》,而讲《周易》的人和听《周易》的人,特别感兴趣的,又往往是占卜。

有人问我:鲍老师研究《周易》吗?我答:读。不敢说研究。

其实,读《周易》,没有丰富的人生阅历,还真是读不懂,悟不到,只能隔靴搔痒,胶柱鼓瑟。

又问:孔子占卜吗?

答:不。(非常肯定)

又问:可是我们老师说孔子占卜,还非常神。

答:假的。(非常肯定)

《史记·孔子世家》说孔子"晚而喜

《易》……读《易》,韦编三绝",¹ 编竹简的熟牛皮皮条断了多次。《论语》说孔子"五十以学易"。² 孔子还作《易传》十篇,称为"十翼"。但是,孔子占不占卜?我的回答:他一定占过,作为探索,也作为好奇,但是,他一定不信,因为不信,后来也就不占了,而且,这不信,还不是出于事实判断,而是价值判断:不是不认知,而是不认同。

据一些学者研究,古代的文献,记到孔子占卜的有四次:一次是《孔子家语·好生》,一次是汉代纬书《乾凿度》,一次是王充《论衡·卜筮》,一次是南宋杨万里《诚斋杂记》。纬书拉大旗做虎皮,胡编乱造,当然不能信;王充《论衡》本来就把此事作为民间迷信批判的,王充自己都不信;杨万里的记载不知有何根据,他离孔子那么远,中间那么多年没人说,他哪里知道的?所以还是不能信。唯一有点可信的是《孔子家语》的记载——那就应该属于孔子偶一为之作为好奇或探索的了。

我为什么很肯定地说孔子不占卜呢?很简单:

其一,《论语》是孔子的学生或学生的学生记录的孔子言行,里面竟然一次孔子占卜的记录都没有,恰恰相反,有关孔子反对占卜、祈祷的倒有几条。

其二,相关的史料,比如《春秋》三传、《史记》没有孔

---

1 [汉]司马迁:《史记》卷四七《孔子世家》,第1937页。
2 《论语·述而》。原文:子曰:"加我数年,五十以学,亦可以无大过矣。"钱穆先生《论语新解》此则下:"此亦宇古文《论语》作易,指《周易》,连上句读。然何以读《易》始可无过,又何必五十始学《易》。孔子常以诗书礼乐教,何以独不以《易》教,此等皆当为作详解。少从《鲁吡》作亦。"当从。

占卜的记载。

其三，《易传》十篇没有孔子占卜的记载。

《论语·子路》：

> 子曰："南人有言曰：'人而无恒，不可以作巫医。'善夫！"

孔子转述了南人的话，意思是：没有恒心，不可以做巫，巫要与鬼神打交道；没有恒心，不可以为医，医要拯人生死。没有恒心，能干什么？除了游手好闲，什么正事也干不了。

为什么孔子认为这句南方人的话说得好？因为，这句话说明了一个事实：一个人能否成事，关键在自己。接下来，孔子就直接引用《易经·恒卦·九三爻辞》上的话："不恒其德，或承之羞。"意思是如果不能持之以恒地保持自己的德行，总要承受羞辱。孔子对此的解读是："不占而已矣"——没有恒心保持自己德行的人不用占卜，因为他总要倒霉出丑。

《论语·为政》中还说到对人的观察：

> 子曰："视其所以，观其所由，察其所安。人焉廋哉？人焉廋哉？"

意思是，了解一个人，有三种方法：看他做事的动机；看他做事时所采用的方式方法；看他安心于什么样的生活方式。这样观察下来，这个人是什么样的品行就一目了然了——什么样的人，就有什么样的生活方式；什么样的生活方式，也可以看出是什么样的人；而什么样的人，就有什么样的命运。如此，则命运与人的个性、德性有关，与神秘的卦象、生辰八字都无关，所以，无须占卜。

孔子曾经预言过子路的结局，"不得其死"。可是，孔子并没有用占卜的方式，而是通过性格观察：

> 闵子侍侧，訚訚如也；子路，行行如也；冉有、子贡，侃侃如也。子乐。"若由也，不得其死然。"[1]

闵子立在孔子身边，气质正直而恭顺；冉有、子贡，气质温和而快乐，这都没有问题。唯独子路，气质刚强而直率，这种强亢，"衽金革，死而不厌"，[2] "暴虎冯河，死而无悔"，[3] 必然要与物相刃相靡，发生激烈冲突。与孔子大约同时的老子说："强梁者不得其死。"[4] 子路因为刚强，孔子也担心他可能不得其死。而孔子的担心竟成了事实，真的不幸而言中：子路后来果然在卫国的孔悝之乱里，因刚直不挠不知回避而被人杀死。

这不是占卜所能明白的，也是无须占卜就可以预见的——老子、孔子这样对世道体味极深的人，他们悲哀的眼睛，早就看到了子路这样强亢之人的命运。

---

1 《论语·先进》。
2 [宋]朱熹：《四书章句集注》，北京：中华书局，2012年，第21页。
3 《论语·述而》。
4 [魏]王弼注，楼宇烈校释：《老子道德经注校释》第42章，北京：中华书局，2008年，第118页。

而另一方面，孔子对于颜回的死，就显然毫无思想准备。颜回死，孔子呼天抢地："天丧予！天丧予！"[1]

这就有了两个问题：要么孔子不占卜；要么孔子没有占出来。如果孔子占卜，他至少占卜过自己的命运吧？他有没有占出颜回之死，有没有占出自己晚年要遭此大恸？如果孔子占卜，那么，他竟然没有占出颜回的死，没有占出天要亡他，那么，世上那么多占卜之人，难道比孔子还聪明？

所以，孔子说，很多事情，无须占卜："不占而已矣。"

孔子这里说的"不占"，后来被荀子总结为"善为《易》者不占"[2]。善为《易》者，就是学走正道的人。《易》教给我们的，就是走正道，做正派人，如此，自然一切逢凶化吉，无须占卜。

祸福无门，唯人自招，与占卜无关。孔子说"不占"，意思是一切都由自己决定，何须问鬼神。

《论语·雍也》中还有孔子的这句话："人之生也直，罔之生也幸而免。"人的生存依赖于正直；不正直的人生存，是侥幸避免了祸患。

这些，又哪里需要占卜？

其实孔子不占卜，还有一个更加重要的原因，那就是：决定我们是否行动的，不应该是利害、得失、成败的判断，而是是非、善恶、美丑的判断。

而占卜，乃是对利害得失的判断。至于判断是非善恶美丑，

---

[1] 《论语·先进》。
[2] ［清］王先谦撰，沈啸寰、王星贤点校：《荀子集解·大略篇》，第490页。

需要的是我们的良知,是我们的基本价值观,与占卜无关。

比如说,当我们面临是否行动的抉择时,我们是听从是非善恶判断的良知,还是听从成败得失判断的占卜?极端地说,一件事,从是非善恶的良知角度言,我们必须做;但是,占卜的结果告诉我们,做,必对自己有害。此时,我们做还是不做?简言之,我们是根据利害而行动,还是根据是非而行动?

孔子是这样说的:"君子喻于义,小人喻于利。"[1]也就是说,告诉君子义之所在,他就会去做;告诉小人利之所在,他才会做。

如此,我们就能知道,孔子为什么不占卜:义在,义无反顾,做,无须占卜;不义,"不义而富且贵,于我如浮云",[2]不做,亦无须占卜。

所以,孔子知其不可而为之。为什么?度义而后动,无怨无悔。

子曰:"见义不为,无勇也。"[3]何有于占卜?关于勇,孔子还有特别浩然之气的话,曾子转述的:

> 昔者曾子谓子襄曰:"子好勇乎?吾尝闻大勇于夫子矣:'自反而不缩,虽褐宽博,吾不惴焉;自反而缩,虽千万人,吾往矣'"[4]

虽千万人,吾往矣!这哪里是斤斤计较于得失的人说出的话?

---

1 《论语·里仁》。
2 《论语·述而》。
3 《论语·为政》。
4 杨伯峻:《孟子译注·公孙丑章句上》,第56页。

这哪里是用占卜算卦预测利害的人能说出的话？！

> 季文子三思而后行。子闻之，曰："再，斯可矣。"[1]

鲁国大夫季孙行父，死后被谥为"文"，人称季文子。据说此人非常谨慎，做事三思而后行，大家都佩服他。孔子听到这事，含蓄地批评说："考虑两次，就可以了。"

"三思而后行"，很多人认为是孔子说的，甚至说是孔子提倡的。其实，恰恰相反：这种掂量利害然后加以取舍，正是孔子反对的。季文子的"三思而后行"，其实是一个乡愿式的人物的世故和算计，算来算去，算到最后，总是为自己打算。

岂止是他，任何一个人，祸福利害计较太深，总不能见义勇为。所以，孔子说，再思，也就可以了。何必三思。

明人李贽倡"童心说"，说人必须保持一颗童心，方为真人。如何是童心？李贽的解释非常精彩："最初一念之本心。"[2] 为什么是"最初一念"？因为，最初一念的判断，往往是价值判断，是善恶美丑判断。

钱穆《论语新解》于此则下，注曰："事有贵于刚决，多思转多私。"[3] 做事贵于果断坚决，想得太多了就变成为自己打算了。后一句"多思转多私"——一针见血地说出了很多谨慎人、精于

---

1 《论语·公冶长》。
2 [明] 李贽：《焚书 续焚书》，北京：中华书局，1975 年，第 98 页。
3 钱穆：《论语新解》，北京：三联书店，2012 年，第 117 页。

算计者的道德底色，也说出了很多占卜算命打卦之人的真正用心。

想得太多的人，常常是为自己斤斤计较的人，更是临难退缩之人。这种人，气质上总是委琐不足观。

孔子为什么反对三思而后行？因为，三思过后，正义往往不行；行的，往往是私利。

孔子陋于知人心吗？

庄子批评儒家"中国之君子，明乎礼义而陋于知人心"，[1] 再加上孔子本人对于道德人格的不懈追求，对孔子一知半解的人，往往就认为孔子是一个苛刻的人，是一个让一般人面对他，不胜道德战栗的人物。

这，是世俗对孔子的又一个重大误解。

是的，孔子是一个非常有原则的人，但是，他更是一个非常宽大的人。刘向《说苑·君道》言："大道容下，大德容众。"[2] 孔子这样的大德，就是一个容众之人。

> 子贡问曰："有一言而可以终身行之者乎？"子曰："其恕乎！己所不欲，

---

1 [清]王先谦：《庄子集解》，北京：中华书局，1987年，第215页。

2 [汉]刘向撰，向宗鲁校证：《说苑校证》，第2页。

勿施于人。"¹

恕，是孔子思想中核心的核心。
讲究恕道的孔子要求人们不要总是攻击别人的不足：

> 樊迟从游于舞雩之下，曰："敢问崇德，修慝，辨惑。"子曰："善哉问！先事后得，非崇德与？攻其恶，无攻人之恶，非修慝与？一朝之忿，忘其身，以及其亲，非惑与？"²

樊迟陪孔子散步,问老师："我大胆地问一问如何才能提高品德、消除邪念、辨清迷惑？"孔子说："问得好啊！先努力做，后考虑得，不就是提高品德么？批判自己的错误，不攻击别人的缺点，不就是消除内心的邪恶么？一时气愤，就忘掉自身安危，甚至连累自己的父母，不就是迷惑么？"

总爱盯着别人的缺点而忘记自己的缺点，自己心中的恶也就不能驱除。

所以，严以律己，宽以待人，即能消除自己内心的恶。

这个樊迟有没有攻击别人的缺点，我们不知道。子贡却是经常攻击别人的。子贡太聪明了。老子说："聪明深察而近于死者，好议人者也。"³ 子贡就是这样。孔子批评他说："赐啊，你就那

---

1 《论语·卫灵公》。
2 《论语·颜渊》。
3 [汉] 司马迁：《史记》卷四七《孔子世家》，第 1909 页。

么好吗？要叫我呀，可没有闲功夫去指责别人，我努力自己做好还来不及呢。"[1]

孔子说："躬自厚而薄责于人，则远怨矣。"[2]多责备自己而少责备别人，就可以避开怨恨了。

孔子还说："君子求诸己，小人求诸人。"[3]君子总是从自己身上找不足，反求诸己；小人总是向别人找借口，诿过于人。

孔子不仅不揭发不张扬别人的缺点，还会帮别人掩盖缺点。

一次，孔子出门，天在下雨，车上没有遮雨的车盖。弟子告诉他："卜商（子夏）有车盖，我们向他借吧？"孔子摇摇头，说："卜商这个人啊，很吝啬很惜物。我听说，与人交往，要推扬他的长处，回避他的短处，这样，人与人之间的交往，才会长久啊。"[4]

此刻，孔子考虑的，不是自己要被雨淋，而是卜商的感受：向一个吝啬的人借东西，不是让他为难吗？

借给你，他难受；不借给你，他难看。

难受难看是两难，他不义。

推人入两难境界，我不仁。

与人交往，不但不要计较别人的不足，而且要帮助对方遮盖他的短处。这是孔子对我们的启发。

陈司败（陈国司寇）问孔子："鲁昭公知礼吗？"孔子说："知礼。"

---

1 《论语·宪问》："子贡方人。子曰：'赐也贤乎哉？夫我则不暇。'"
2 《论语·卫灵公》。
3 同上。
4 王国轩、王秀梅译注：《孔子家语·致思》，第90—91页。原文：孔子将行，雨而无盖。门人曰："商也有之。"孔子曰："商之为人也，甚吝于财，吾闻与人交，推其长者，违其短者，故能久也。"

孔子出来以后，陈司败向孔子学生巫马期作了个揖，对他说："我听说君子不党，难道君子也结党吗？昭公从吴国娶了夫人，是同姓，为了遮丑，不敢叫她真姓名，只好称她为'吴孟子'。昭公如果知礼，谁不知礼呢？"

春秋时，国君夫人的称号，一般是用她出生的国名加上她的姓。鲁昭公从吴国娶来夫人，姓姬，便应称"吴姬"。但是，这个"姬"字却万万称呼不得。为什么呢？因为，鲁昭公也姓姬啊！

吴国是周文王的伯父太伯的后代，鲁国是周文王的儿子周公姬旦的后代，所以，鲁、吴都是姬姓。鲁昭公娶吴国女子，就是男的鲁姬娶女的吴姬，娶了自家人了。虽然血缘早就出了五服，但是，按照周礼的规定，同姓是不能通婚的。于是，为了掩人耳目，鲁昭公不称她为"吴姬"，而称"吴孟子"。"孟子"可能是这位吴姬的字。

但是，不管如何改换称呼，吴姬还是吴姬，鲁昭公还是干了一件非礼的事。所以陈司败批评指责鲁昭公"君而知礼，孰不知礼"，还说孔子偏袒鲁昭公。巫马期把这些话告诉孔子，孔子含含混混地说："我真幸运，假如有过错，人家一定会知道。"这是在自我批评：我有错。可是，鲁昭公到底知礼不知礼？孔子还是不说。[1]

一天，鲁国一位大夫在家举行练祭（古代亲丧一周年的祭祀）。按照周礼的规定，这种祭祀，礼杖不可拿在手中，而是应该分列

---

[1] 《论语·述而》。原文：陈司败问："昭公知礼乎？"孔子曰："知礼。"孔子退，揖巫马期而进之，曰："吾闻君子不党，君子亦党乎？君取于吴为同姓，谓之吴孟子。君而知礼，孰不知礼？"巫马期以告。子曰："丘也幸，苟有过，人必知之。"

在祭坛两边。可是在祭祀过程中,子路却看见这位大夫手上拿了礼杖。他觉得抓住了别人的错处,就问孔子:"鲁国的大夫在练祭时手执哀杖,符合礼吗?"孔子回答:"我不懂。"

子路是个有趣的天真人,他觉得他跟了老师这么多年,终于发现老师也有不懂的,顿时既惊且喜,跑出来跟子贡说:"我一直以为老师什么都懂,今天我才知道,老师也有不懂的啊,哈!"子贡说:"你问了个什么问题?"子路就把他如何问老师的告诉了子贡。子贡一听,就明白问题出在哪里了,他对子路说:"你在这儿待着,我进去帮你再问问。"

子贡进去后见到老师,问道:"举行练祭时手执礼杖是不是符合礼?"孔子毫不含混,说:"不符合礼。"

子路、子贡问了同样的问题,但孔子的回答却不同。为什么?

因为两人的问法有个小小区别:子贡问的是举行练祭时手执哀杖是否符合礼,而子路问的是鲁国大夫在练祭时手执哀杖是否符合礼——区别在于:前面有没有一个具体的执行对象。

子贡出来,对子路说:"不是老师不懂,而是你的问法不对:你这样问,是让老师直接说鲁国的大夫做得不对。你知道吗?按照礼的规定,居住在哪个国家,就不要随便非议其大夫。所以老师只好说不懂。不是老师不懂,而是你不会问呢,哈!"[1]

---

[1] 王国轩、王秀梅译注:《孔子家语·曲礼子夏问》,第535页。原文:子路问于孔子曰:"鲁大夫练而杖,礼也?"孔子曰:"吾不知也。"子路出,谓子贡曰:"吾以为夫子无所不知,夫子亦徒有所不知也。"子贡曰:"子所问何哉?"子贡曰:"止,吾将为子问之。"遂趋而进曰:"练而杖,礼与?"孔子曰:"非礼也。"子贡出,谓子路曰:"子谓夫子而弗知之乎,夫子徒无所不知也,子问,非也,礼,居是邦则不非其大夫。"

鲁国有个人，为父（母）守丧，到了丧期结束的当天，就开始在家里唱歌。子路听到后就开始嘲笑："这家伙太不像话呀，丧期一结束，放声便高歌。这么猴急吗？"

孔子一听，就批评子路："仲由啊，你什么时候才能停止苛责别人呢？三年之丧，他已经够苦了，坚持这么久，容易吗？今天服丧期满，他唱个歌又有什么不可以呢？你对人也太苛刻了。"

其实呢，孔子也觉得这个人当天就唱歌，有点不妥，所以，在子路走后，孔子对人说："刚才我批评仲由，是仲由待人苛刻。但这个人确实有点过分了。丧期刚结束，就唱歌，让人觉得他早就不能忍耐了。如果再过一个月，就好了。"[1]

孔子不是不知道对方有不妥，但问题是，即便如此，他也更愿意理解对方的苦衷而不是批评对方的失当。谁无过失？人家有错，并不是我们苛责他的理由，恰恰是我们需要有宽容之心的原因；别人的缺点，也不是我们指责的对象，不是我们幸灾乐祸的对象，恰恰是我们要加以呵护的对象。呵护别人的缺点，就像呵护别人的伤口——这才是一种境界。

还有一则故事也跟子路有关。有个叫叔孙母叔的人，他的母亲死了。在给母亲出殡时，他在一些细节上做得不符合礼，又给子路看了出来。子路就揶揄对方："哎哟，可惜啊！"孔子在旁边冷冷地说："他的做法合乎于礼。"直率的子路急忙争辩："老

---

[1] 王国轩、王秀梅译注：《孔子家语·曲礼子贡问》，第513页。原文：鲁人有朝祥而暮歌者，子路笑之。孔子曰："由，尔责于人终无已，夫三年之丧，亦以久矣。"子路出，孔子曰："又多乎哉，逾月则其善也。"

师啊,按礼的规定,他这样做是不合礼的!"孔子告诉他:"君子读书,不是拿书本去照见别人的错误,更不能拿具体人的错误来逼着其他人表态。你让我怎么回答你?你让我直接说叔孙母叔的不是吗?"[1]

孔子对别人更多的是理解,是同情。孔子不仅明礼仪,而且知人心。礼仪就来自于人心,礼仪就是为了安抚人心而设。所以,人心高于礼仪。明白这一点,我们才可能真正懂得礼的本质是什么。

我们知道,孔子倡"克己复礼",将恢复周礼、严格执行周礼不仅看成道德问题,并且看成是政治问题,是他终身追求的政治理想、道德理想、社会理想和人格理想。所以他甚至要求人们:"非礼勿视,非礼勿听,非礼勿言,非礼勿动。"[2]

但是,就是这样一个原则性的问题,在具体的人那里,他仍然是通融的。我们来举一个例子,看看孔子和子路的不同:

有一天,子路问孔子一个问题:"管仲的为人怎样?"孔子回答:"仁也。"可是子路不服。他说:

管仲游说齐襄公,齐襄公不听从,管仲他没口才啊;

他想立公子纠为国君没能成功,管仲他没才智啊;

家人在齐国遭杀害他没有忧伤,管仲他没仁慈心啊;

带镣铐坐在囚车上他毫不羞愧,管仲他没羞耻心啊;

---

[1] 王国轩、王秀梅译注:《孔子家语·曲礼子夏问》,第536页。原文:叔孙母叔之母死,既小敛,举尸者出户,武孙从之出户,乃袒投其冠而括发。子路叹之,孔子曰:"是礼也。"子路问曰:"将小敛则变服,今乃出户,而夫子以为知礼,何也?"孔子曰:"由,汝问非也。君子不举人以质士。"

[2] 《论语·颜渊》。

侍奉自己曾经用箭射过的国君，管仲他不坚贞啊；

召忽为公子纠殉死而他不死，管仲他不忠诚啊；

这样的人，怎么可以称为仁人啊？

可是，对管仲的上述问题，孔子是怎么看的呢？孔子说：

管仲游说齐襄公，齐襄公不听从，那是襄公昏聩；

他想立公子纠为国君没能成功，那是时运不济；

家人在齐国遭杀害他没有忧伤，那是他知道审度时命；

带镣铐坐在囚车上他毫不羞愧，那是他能把握自己；

侍奉自己曾经用箭射过的国君，那是他懂随机变通；

召忽为公子纠殉死而他不死，那是他知道生死轻重。[1]

同样的事实，却有不同的判断：孔子倾向于理解人，子路倾向于苛责人。

我们知道，正是人生艰难，所以需要慈悲的情怀。

正是人性脆弱，所以需要宽容的胸怀。

子张问孔子怎样才算仁。孔子说："能在天下做到五点，就算是仁了。"子张说："请问哪五点？"孔子说："恭，宽，信，敏，惠。"[2]

---

[1] 王国轩、王秀梅译注：《孔子家语·致思》，第81-82页。原文：子路问于孔子曰："管仲之为人何如？"子曰："仁也。"子路曰："昔管仲说襄公，公不受，是不辩也；欲立公子纠而不能，是不智也；家残于齐，而无忧色，是不慈也；桎梏而居槛车，无惭心，是无丑也；事所射之君，是不贞也；召忽死之，管仲不死，是不忠也。仁人之道，固若是乎？"孔子曰："管仲说襄公，襄公不受，公之闇也；欲立子纠而不能，不遇时也；家残于齐而无忧色，是知权命也；桎梏而无惭心，自裁审也；事所射之君，通于变也；不死子纠，量轻重也。夫子纠未成君，管仲未成臣，管仲才度义，管仲不死束缚，而立功名，未可非也。召忽虽死，过与取仁，未足多也。"

[2] 《论语·阳货》。

你看,这五个字里,都是善待别人的,没有一个字是苛刻待人的。恭敬,宽容,忠信,勤敏,慈惠,都是善待别人。

而善待别人,就是仁。

> 子夏曰:"君子有三变:望之俨然,即之也温,听其言也厉。"[1]

这就是在说他可敬可亲的老师。他的老师,就是望之俨然,即之,却让我们如沐春风的民族之父。

---

[1] 《论语·子张》。

孔子从来不攻击别人吗?

某日看电视,听到一则高论:"真正的君子,从来不攻击别人,只拓展自己。"我莫名惊诧:那这世界还有君子吗?再说,我们暂且不管从来不攻击别人的人是否存在,即便有,那能是君子吗?我看倒是孔子斥责过的"乡愿"吧?

孔子本人就是一个"攻击别人"的人,他不但成了君子,还是圣人。

其实,孔子之所以成为圣人,就是因为他介入当世纷争,为正义而战——为此,他不遗余力地"攻击别人"。

孔子说君子"不迁怒,不贰过"。[1] 这本身就说明了,孔子是赞成"怒"的——而且,他要直接的怒,直面的怒,不要像懦夫那样,

---

[1] 《论语·雍也》。

面对强者不敢怒,转过脸去,对着弱者怒。

鲁国的执政季平子,作为一个大夫,按照周礼的规定,他家祭祖,只能用四佾的乐队。可是他把鲁国公室六佾的乐队调去了四佾,变成了八佾。鲁昭公身为诸侯在祭祖的时候,乐队只剩下二佾。八佾是天子的规格,二佾是士的规格,也就是说,季平子在把自己连升两级的同时,顺便把鲁昭公连降了两级。孔子对此非常愤怒,他说了一句话:

八佾舞于庭,是可忍也,孰不可忍也?[1]

孔子不仅怒了,还拂袖而去,去了齐国。

这就是圣人之怒。圣人为什么怒?为原则而怒,为公道而怒,为天理良心而怒。

而且,孔子的这句话,更告诉我们,一切忍耐——包括圣人的忍耐——都是有限度的。这个限度就是:底线。世间万物万事有底线,本身就说明:在这个世界上,总有一些东西我们不能忍,总有一些东西我们不必忍,总有一些东西我们不会忍!

只有毫无道德坚持的人,才会毫无愤怒与攻击。

孔子说过"为尊者讳"的话,并且他也真的为尊者讳过,比如对鲁昭公,他就很注意掩盖他的污点。鲁昭公娶同姓之女,显然是违背周礼的。但有一天,在陈国,陈国一位大夫问孔子:"鲁

---

[1] 《论语·八佾》。

昭公知礼吗？"孔子说："知礼。"这就让陈司败抓住把柄，挖苦了孔子一番。孔子对鲁昭公有感情。孔子生子时，鲁昭公曾经送一条鲤鱼表示祝贺，这对当时籍籍无名还在为出人头地奋斗的孔子，是极大的鼓舞和安慰。后来，鲁昭公被季氏为代表的"三桓"赶出鲁国，死在异国他乡，孔子又对他充满同情。所以，孔子对无论政治上还是道德上都不算杰出的这个国君特别回护。

但孔子不是对所有的"尊者"都嘴下留情的，比如齐景公。孔子曾经说："齐景公有四千匹马，他死的时候，人民找不到他的什么美德来称颂，伯夷、叔齐饿死在首阳山下，人民至今却还在称颂他们。"[1]

齐景公和孔子打过不少交道。三十五岁时，孔子为"八佾舞于庭"事件离开鲁国时，就投奔过齐景公，一开始齐景公似乎很欣赏孔子，想用他，可是，在遭到一些大臣反对后，齐景公暗示孔子离开。孔子在鲁国做司寇时，陪着鲁定公去齐国参加"夹谷之会"，虽然孔子挫败了齐景公君臣的阴谋，但也由此更加在道德上蔑视齐景公，这种蔑视让齐景公自己都感觉到了。接下来，齐景公又用更加下流的美人计，迫使孔子离开鲁国，中断了大好的政治前程。所以，孔子对齐景公一直耿耿于怀，以至于说死人的坏话。不过，虽然孔子对齐景公有私怨，而他对齐景公的批评，仍然出于公心。这正是孔子的可爱、可敬之处。

还有一个卫灵公。此公对孔子是不错的。孔子周游列国十四

---

[1]《论语·季氏》。原文：齐景公有马千驷，死之日，民无德而称焉。伯夷、叔齐饿于首阳之下，民到于今称之。其斯之谓与？

年,大多数时间其实都呆在卫国。卫灵公参照孔子在鲁国当大司寇时的俸禄来安顿孔子,解决了孔子和追随他的那些弟子们的衣食住行问题。但是,即便如此,孔子还是要骂他"无道"。为什么?盖君子不为私交害大道也。又,《礼记·檀弓上》载:

> 夫子居于宋,见桓司马自为石椁,三年而不成。夫子曰:"若是其靡也,死不如速朽之愈也。"[1]

这是咒人死后早早腐烂。

> 南宫敬叔反,必载宝而朝。夫子曰:"若是其货也,丧不如速贫之愈也。"[2]

这是咒人早日破产。

这算不算攻击别人?

对他的弟子,孔子也有怒的时候。冉求在他七十二贤弟子中是出色的,至少能排在前十名。而且,孔子晚年能体面地回国,叶落归根,得益于冉求的努力。可是冉求在季氏那里做官,帮季氏聚敛财富,盘剥百姓。孔子获悉后非常愤怒,直接宣布与他断绝师生关系,还号召其他学生对冉求"鸣鼓而攻之"[3]。

---

[1] [清]阮元校刻:《十三经注疏·礼记正义》,第2794页。
[2] [清]阮元校刻:《十三经注疏·礼记正义》,第2794页。
[3] 《论语·先进》。

是的,圣人没有私仇,但有公仇。为了公仇,他毫不犹豫地亮出他攻击的矛!

樊迟来问他怎么种白菜种庄稼,孔子很生气。在樊迟转身走了以后,他在后面破口大骂:"小人哉,樊须也!"[1]这次夫子又为什么生气呢?因为他觉得这个弟子志向太小,胸襟太窄,眼界太低,境界太次。在夫子心中,士是干什么的呢?士要志于道,是将追求道义、追求真理当作自己的使命。樊迟就想种一点白菜养活自己?所以遭到他的痛骂。

这样的骂还算客气的,孔子甚至还骂人断子绝孙。这种近乎泼妇的骂法,竟然也出自孔子之口。《孟子·梁惠王上》记载孔子有句骂人话是:"始作俑者,其无后乎!"[2]中国在古代有一种非常野蛮的活人殉葬制度。后来,人们渐渐地认识到这种制度是野蛮的,于是开始用泥俑替代活人埋入坟墓,算是殉葬。但是就是这一点,孔子也忍无可忍。因为虽然泥俑不是真人,但是这种形式本身,也包含着一种罪恶的反人道的观念。骂人断子绝孙了,算不算攻击别人?

需要说明的是,这句话是孟子记载下来的,说明孟子很赞成孔子这样骂人。事实是,孟子的攻击性比孔子要强十倍,火力要猛百倍,孟子算不算君子?

孔子不仅会骂人,还会打人,而且打的还是一位老人!

孔子有一位老朋友,叫原壤,一辈子放荡不羁,不像样子。

---

1 《论语·子路》。
2 杨伯峻:《孟子译注·梁惠王章句上》,第8页。

原壤的母亲去世了，孔子去吊唁。可是原壤一点悲痛的神情也没有，连丧事都没有料理。孔子是料理丧事方面的行家，对殡葬之礼非常熟悉。于是他就和弟子们留下来帮他料理丧事。孔子亲自帮原壤的母亲整治棺材，在棺材板上画图案。这时候原壤在干什么呢？他在旁边唱歌，唱到最后，甚至跳到棺材板上去唱。弟子们看不下去了，但夫子还是看在原壤死去的母亲的面上，把丧事办完了。[1]

这一次孔子算是忍了。后来两人都到了晚年，有一天孔子拄着拐杖到原壤家里。原壤看到孔子来了，是什么态度呢？一屁股坐在地上，两腿伸得老远。这是非常傲慢非常粗野的坐法，孔子对他破口大骂："你这个人，少年不努力，中年没建树，晚年一事无成还老而不死！你就是一个贼！"拿起拐杖就敲打他的腿："把你的狗腿给我缩回去！"[2]

孔子这时年纪不小了，但是火气还是很大。我们不要以为修养的最高境界是心平气和。心平气和当然是一种境界，但未必是最高境界，更不是唯一的境界。对个人的得失心平气和是一种境界，对原则问题也心平气和就不是什么境界。面对邪恶时，有道德愤怒；面对善良遭到邪恶侵害时，有道德痛苦，这才是道德的最高境界。道德的最高境界不是道德感的麻木，相反，是道德感的更加敏锐。一个人的道德愤怒和道德痛苦越强烈，他的道德境界就越高。道

---

[1] ［清］阮元校刻：《十三经注疏·礼记正义》，第2848页。原文：孔子之故人曰原壤，其母死，夫子助之沐椁。原壤登木曰："久矣予之不托于音也。"歌曰："狸首之斑然，执女手之卷然。"夫子为弗闻也者而过之，从者曰："子未可以已乎？"夫子曰："丘闻之：亲者毋失其为亲也，故者毋失其为故也。"

[2] 《论语·宪问》。原文：原壤夷俟。子曰："幼而不孙弟，长而无述焉，老而不死，是为贼。"以杖叩其胫。

德愤怒和道德痛苦的强烈程度,是一个人道德意识高低的天然尺度。

很多人,没有了良知,没有了正义感,把麻木当成修养,这是自我阉割。这类自我堕落的小文人,在中国历代都很多,看他们津津乐道沾沾自喜自己的一点"心平气和",把这看作是最高的境界,我觉得可悲的同时,也觉得可笑:难道孔子还没有他们的境界高吗?

而更有一些心地险恶之人,总是劝诱别人:面对不平要心平,面对不和要气和。鲁迅先生曾经告诫我们,这类人,千万不要信他!

孔子说过这样一句话:"唯仁者能好人,能恶人。"[1]

"好人",是喜爱人;"恶人",是厌恶人。仁德的人一定具有两个特点:那就是对于正义的,对于善良的,他爱;对于邪恶的,对于残暴的,他恨。这种爱和恨,才是一个人内心高贵的体现。

有爱有恨是正常人,大爱大恨可能就是圣人。

而让我们"永远不攻击别人"的人,可能是坏人。

在一个难称公正的社会里,面对对自己的不公,自己不生气,那是奴才之辈;自己占着便宜,还劝他人不计较不反击,那是奸邪之徒。

我们要小心什么样的人?

子曰:"众恶之,必察焉;众好之,必察焉。"[2]

---

[1] 《论语·里仁》。
[2] 《论语·卫灵公》。

孔子说:"如果众人都厌恶他,一定要仔细考察这个人;如果众人都喜欢他,一定要仔细考察这个人。"

一个人,人人都厌恶他,未必真有大恶;

一个人,人人都喜欢他,往往恰是大奸。

君子坚持原则,有所喜欢与厌恶,必定会得罪人,怎能人人都喜欢?人人都喜欢的人,定是没有原则而别有用心的大奸。只有"好人喜欢,坏人厌恶"的人,才是真正的好人啊!

孔子杀了少正卯吗？

孔子有无杀少正卯，是涉及对孔子评价的一个大问题。

有意思的是，新文化运动之前，无论是认为孔子杀了少正卯，还是说孔子根本就没有杀少正卯，双方对事实的态度截然相反，但是，却都基于一个基本的价值立场：都是为了褒扬孔子。

说孔子根本没有杀少正卯的，认为孔子这样仁慈的人，不可能杀人。这是为孔子辩护。

而主张孔子杀了少正卯的，则是认为孔子杀得对，认为这是孔子主持正义、弘扬正义、惩恶扬善的举动，值得后人学习。

最早记载此事的《荀子·宥坐篇》也是从正面来记述此事，看作是孔子一生的光彩事业之一；

孔子为鲁摄相，朝七日而诛少正卯。门人进问曰："夫少正卯，鲁之闻人也，夫子为政而始诛之，得无失乎？"孔子曰："居！吾语女其故。人有恶者五，而盗窃不与焉：一曰心达而险，二曰行辟而坚，三曰言伪而辩，四曰记丑而博，五曰顺非而泽。此五者，有一于人，则不得免于君子之诛，而少正卯兼有之。故居处足以聚徒成群，言谈足于饰邪营众，强足以反是独立，此小之桀雄也，不可不诛也。是以汤诛尹谐，文王诛潘止，周公诛管叔，太公诛华仕，管仲诛付里乙，子产诛邓析、史付。此七子者，皆异世同心，不可不诛也。《诗》曰：'忧心悄悄，愠于群小。'小人成群，斯足忧矣。"[1]

把孔子诛少正卯和"汤诛尹谐，文王诛潘止，周公诛管叔，太公诛华仕，管仲诛付里乙，子产诛邓析、史付"相提并论，可见是为了肯定而不是为了否定。

20世纪初新文化运动以后，以及20世纪70年代的"批林批孔"，主流观点又都站在否定孔子的既定立场上，首先肯定孔子之杀少正卯之事为事实，然后以此为据，证明孔子是一个专断独裁容不得政治异见人士、反对言论自由，甚至是公报私仇，利用自己的大司寇身份，消灭自己的办学对手的小人。[2]

---

[1] ［清］王先谦撰，沈啸寰、王星贤点校：《荀子集解·宥坐篇》，第503页。

[2] 说孔子的学生都跑到少正卯那里去了，可以追溯到汉代王充的《论衡·讲瑞》："少正卯在鲁，与孔子并。孔子之门，三盈三虚，唯颜渊不去，颜渊独知孔子圣也。夫门人去孔子，归少正卯，不徒不能知孔子之圣，又不能知少正卯，门人皆惑。"黄晖撰：《论衡校释》，北京：中华书局，1990年，第724-725页。

而尊孔者也认为诛少正卯是孔子的一个污行，如梁启超；[1] 而在"文革"时期，尊法反儒，更是把孔子诛杀"法家少正卯"作为孔子的一条罪状。1974年，赵纪彬写了一本《关于孔子杀少正卯问题》的书，通过将少正卯塑造为"法家先驱者"，力证孔子杀少正卯实有其事，以此来否定孔子。[2] 今天否定孔子者，也以此为口实。

但孔子诛少正卯，却是一个彻头彻尾的杜撰。从南宋朱熹开始怀疑，至清人阎若璩、崔述、梁玉绳、江永，再至现当代匡亚明、钱穆、徐复观等等，均对孔子诛少正卯一案，进行了驳斥，理据翔实，立论可信，应该说，凡不带偏见者，都应该对此不再有异议。

前贤辩白此案，主要从以下几个方面着手：

一、与孔子的一贯思想不符。孔子一直反对杀戮政治，这样的记载在《论语》《史记·孔子世家》《孔子家语》中很多。

二、如朱熹所说，此事不见《论语》《左传》《国语》《墨子》《礼记·檀弓》《孟子》《庄子》《国策》，在这些与孔子关系密切、时间较近的著作里痕迹全无，直到两百多年以后，才由《荀子》说出来，实在匪夷所思。

---

[1] 吴虞最早在《新青年》第3卷第4期上的文章《儒家主张阶级制度之害》中说："梁任公亦谓此实孔氏之极大污点矣。"青年杂志社编辑：《新青年·第3卷·第1-6号》，上海书店（影印），1988年，第2页。

[2] 赵纪彬：《关于孔子杀少正卯问题》，北京：人民出版社，1974年，第94页。文中说少正卯："战斗力量的源泉，来自'蒸民'和'小人'；而'蒸民'和'小人'在春秋末期，则为推翻腐朽的奴隶制、创造新生的封建制的真正历史动力。因而，公元前498年少正卯在鲁国被孔丘杀害，并非儒法斗争的结果，而仅仅是开始；直到公元前221年秦王朝的统一大业建成以后，斗争才告结束。"

三、《荀子·宥坐》以下五篇，杨倞谓："此以下皆荀卿及弟子所引记传杂事，故总推之于末。"[1] 则《宥坐》篇至少不是荀子一人所作，这段"孔子诛少正卯"的记载，体现的也正是战国末期法家思想，应该是这些人借孔子来宣传自己的严刑峻法思想，而遗污孔子。徐复观先生对此论证甚为周详。[2]

四、关于孔子诛少正卯时的职位问题。孔子为鲁相，今人多疑其真实性，一般以为此"相"乃"相礼"之相，是一临时性职务，而非"相国"之相，当从。即便相国，也是短暂时间里为季氏做些辅助性的工作，相当于副相或助理，而不会是自己为相。至于"司寇"，虽然司马迁明确写为"大司寇"，位列上大夫，但是，今人还是有不少学者认为此"司寇"只是大司空的下属，乃下大夫。其实，即便是上大夫，位列为卿，也没有诛杀另一大夫的权力。"少正"一职，为鲁所无，如有，恰为上大夫，[3] 为司寇之孔子所无权处置者。

孔子为司寇七日，就以一大夫身份而杀另一大夫，这样的事情发生任何时代、任何国家都是不可思议的。试想今日，能否有这样的可能，一个司法部长，自作主张，便杀掉另一个部长？不用说在司法不独立的古代鲁国，即便在司法独立的今日欧美，也不可思议。

---

1 ［清］王先谦撰，沈啸寰、王星贤点校：《荀子集解·宥坐篇》，第502页。
2 徐复观：《中国思想史论集》，台湾学生书局，1993年，第118-132页。
3 高诱《淮南子·氾论训》注："少正，官；卯，其名也。"何宁：《淮南子集释·氾论训》，北京：中华书局，1998年，第976页。《左传·襄公二十二年》："夏，晋人徵朝于郑，郑人使少正公孙侨对。"注："少正，郑卿官也。"正义："十九年传云，立子产为卿，知少正是郑之卿官名也。春秋之时，官名变改，周礼无此名也。"［清］阮元校刻：《十三经注疏·春秋左传正义》，第4286页。

综合以上四点，则前贤对所谓"孔子诛少正卯"之辨伪已足够充分。但毕竟这一冤案积时太久积讹成蠹，积念难消积重难返，无论在专业学者中，还是在普通大众以及非相关专业的学者那里，认为孔子杀了少正卯者仍在在皆是，以至于三人成虎积非成是，所以，此事还有一再申述的必要。

我想再从八个方面予以补充证明。

第一，春秋时代鲁国的司寇（且不论其真正地位是上大夫还是下大夫）哪里能如此随便杀一大夫（也不论"少正"是上大夫还是下大夫），司寇之职责，也不是针对大夫这样的上层，司寇司寇，乃是负责捕逐盗贼，岂能把大夫贵族当作"寇"？《左传·襄公二十一年》载季孙谓臧武仲曰："子为司寇，将盗是务去。"[1] 难道大夫是"盗"？《荀子·儒效》："仲尼将为司寇，沈犹氏不敢朝饮其羊，公慎氏出其妻，慎溃氏逾境而徙，鲁之粥牛马者不豫贾，修正以待之也。"[2] 这里的沈犹氏、公慎氏、慎溃氏、粥牛马者，显然都是下层人，没有大夫因为孔子当上了司寇而惧怕，这就要涉及第二个问题。

第二，春秋时期，大夫犯罪，是由相关的司法部门及其长官处置的吗？答案是否定的。

《礼记·曲礼》："礼不下庶人，刑不上大夫。"郑玄注云："礼不下庶人，为其遽于事，且不能备物。刑不上大夫，不与贤者犯

---

[1] ［清］阮元校刻：《十三经注疏·春秋左传正义》，第4277页。
[2] ［清］王先谦撰，沈啸寰、王星贤点校：《荀子集解·儒效篇》，第110页。

法，其犯法，则在八议轻重，不在刑书。"[1] 也就是说，刑书上根本就没有列出大夫犯法的处罚条例，所谓"不与贤者犯法"，就是大夫这样的为国君所认可并授给地位的贤者，在理论上，是不会犯法的，所以，刑书上不能预设大夫犯罪之法，否则就是认可大夫也是会犯法的了。当然，在事实上，大夫仍会犯法，大夫犯法，乃是由君主召集贵族"八议轻重"，以比较体面的方式予以处罚，而不是交给相关的司法部门及其长官，比如"司寇"，来定其罪行并实施惩罚。主张对贵族施行法律制裁，那是战国法家的思想，根本不是自西周至春秋时的做法。

再看唐孔颖达正义："刑不上大夫者，制五刑三千之科条，不设大夫犯罪之目也。所以然者，大夫必用有德，若逆设其刑，则是君不知贤也。"[2] 大夫之封爵，乃出于君，而国君之所以予以封爵，就是信任其德行。所以，从理论上说，一个可能犯法的人，君不可能予以封爵，而如果刑书上预设大夫犯法的条例，也就等于向人们承认：国君也可能犯错——这在执政理念上是不能容忍的。

所以，在孔子之时，一个司寇而能独立决定杀一大夫，为礼制所不许；一个大夫而擅自杀一大夫，是对君权的冒犯，也是对礼制的冒犯。孔子会冒犯礼制吗？孔子会冒犯鲁定公吗？

当然，那时一个大夫杀掉另一个大夫，也是有的，但那是非正常的政变或权力斗争，而不可能是合乎司法程序的行为。

第三，从操作性上讲，孔子无权也无能力拘押一个大夫并公

---

[1] ［清］阮元校刻：《十三经注疏·礼记正义》，第 2704-2705 页。
[2] 同上。

开处以死刑,何况是在刚刚上任七日之内,身为少正的卯先生家族也不可能听之任之,直至卯先生被杀,家族竟然束手无策,既不上诉,也不抗议。

第四,作为鲁国的最高大法官,每一件案子,孔子都非常慎重地与同事和下属商量,甚至把不同意见的人都请进去,听取他们的处理意见,然后择善而从:

> 孔子为鲁司寇,断狱讼皆进众议者而问之,曰:"子以为奚若?某以为何若?"皆曰云云如是,然后夫子曰:"当从某子几是。"[1]

他后来揶揄子路:

> 子曰:"片言可以折狱者,其由也与?"[2]

这样的孔子,岂是一个师心自用,不听反对意见(这种反对意见甚至来自于他的学生),一意孤行,杀害大夫的人?

第五,鲁国的大权,在"三桓"那里,大夫之封爵,也有一定之规程。所有的大夫,其初,都是得到国君和"三桓"同意而封爵的;当下,其爵位也是尚未被他们取缔的。孔子一为司寇,就滥诛大夫,置定公、"三桓"于何地?就算孔子一时冲动,做了

---

[1] 王国轩、王秀梅译注:《孔子家语·好生》,第114页。
[2] 《论语·颜渊》。

这等莽撞事，定公、"三桓"岂能事前不阻止，事后不追究？若事前有阻挠，事后有追究，岂能历史上毫无记载？

反过来，如果孔子事前已经汇报，定公、"三桓"召集贵族元老"八议"之后，决定诛杀，则杀少正卯者，并非孔子，而是定公和"三桓"，孔子只是正好身处执行者的位置而已。

第六，孔子为司寇，既能七日而擅诛"鲁之闻人"（当为大夫中杰出有名者），岂不对其他大夫同样可以生杀予夺，为所欲为？这样的一个职位，权力如此之大，已经威胁到其他所有大夫的身家性命，在鲁国的制度设置中，能允许这样一个有绝对权力的职位存在吗？不独鲁国，不独春秋，古今中外，有哪一个国家的制度设计会出现这样严重的可怕的权力失衡？《荀子·宥坐》记孔子说："汤诛尹谐，文王诛潘止，周公诛管叔，太公诛华仕，管仲诛付里乙，子产诛邓析、史付。"这里的商汤、文王、周公、太公，包括管仲和所谓的"子产"（其实不是子产，详下文），都是在一定之地、一定之时、一定之事上有独裁之权的，孔子有吗？

第七，如上所述，《荀子·宥坐》篇，是否荀子本人所作，是一个问题。细揣这段记载，所记商汤、文王以来所诛杀的七人，除了管叔、华仕、邓析，其他皆不见经传，为无头案，随他信口雌黄好了。而"华仕"何人？巧了，就是《韩非子·外储说右上》之华士。韩非之文如下：

> 太公望东封于齐，齐东海上有居士曰狂矞、华士昆弟二人者立议曰："吾不臣天子，不友诸侯，耕作而食之，掘井而饮之，吾无求于人也。无上之名，无君之禄，不事仕而事力。"

> 太公望至于营丘，使吏杀之以为首诛。[1]

　　韩非是一直主张对那些"无益人之国"的"私民"大开杀戒的，李斯也一样，后世之焚书坑儒，就是在这种思想主导下的行为。所以，《荀子·宥坐》篇的思想，和韩非子、李斯很接近。韩非子所说的太公望杀狂矞、华士昆弟二人，是为了说明自己的观点而杜撰的故事，《荀子·宥坐》借孔子之口，再说什么"太公诛华仕"，用孔子诛少正卯这样杜撰的故事，来证明自己的法家理论。韩非这样的做法，在先秦很普遍，并非他的品行问题，因为在他而言，不过是寓言，关于孔子鼓吹杀人政治的寓言。在他的《韩非子·内诸说上·七术》里就有好几条，被编造进来成为他的法家理论传声筒的，除了孔子，还有被孔子称为"古之遗爱"的子产。后人把他的寓言当成了真事，当然不能由韩非负责，但是，《荀子·宥坐》中至少孔子诛少正卯这一段故事，韩非编造的嫌疑最大，至少是他的拥趸编造的。

　　第八，再看另一个所谓子产诛杀邓析，更是荒唐。《吕氏春秋·离谓》也说到了子产杀邓析：

> 所欲胜因胜，所欲罪因罪。郑国大乱，民口喧哗。子产患之，于是杀邓析而戮之。[2]

1　［清］王先慎撰，钟哲点校：《韩非子集解》，第315页。
2　张玉春等：《吕氏春秋译注·审应览·离谓》，第553页。

问题是，邓析触怒郑国执政被杀，《左传·定公九年》有记载。不过，《左传》说杀邓析的不是《吕氏春秋》所说的子产，而是继子产、子大叔而任郑国执政的姬驷歂。那时子产早已死了二十年。孔子怎么可能说"子产诛邓析"？因为——其一，他和子产关系好得如同兄弟，《史记·郑世家》载：

> 子产者，郑成公少子也。为人仁，爱人，事君忠厚。孔子尝过郑，与子产如兄弟云。[1]

子产去世，消息传到鲁国，孔子还哭着叹息说："古之遗爱也。"[2] 其时孔子三十一岁。

其二，邓析被杀这一年，孔子五十一岁，正好出任鲁国中都宰。二十年前，子产去世，孔子哀悼；二十年后，邓析被诛，孔子在鲁国身居要职，难道孔子能错把邓析之死认作是已死二十年的"兄弟"子产杀的？

《左传·定公九年》记载："郑驷歂杀邓析，而用其《竹刑》。"[3]《左传》是传《春秋》的，《春秋》是孔子手定的，可见孔子本人并没有糊涂，不会说出"子产诛邓析"这样荒唐的话来。而《荀子·宥坐》《吕氏春秋·离谓》《淮南子·氾论训》《说苑·指武》等记载孔子杀少正卯的著作，又无一例外都以为"子产杀邓析"，

1　《史记》卷四二《郑世家》，第 1775 页。
2　同上。
3　［清］阮元校刻：《十三经注疏·春秋左传正义》，第 4655 页。

可见：

一、《荀子·宥坐》所记"孔子诛少正卯"乃杜撰；

二、《吕氏春秋·离谓》《淮南子·氾论训》《说苑·指武》等，则是不加辨析抄袭《荀子》，最终三人成虎，众口铄金。甚至，司马迁的《史记·孔子世家》也对此失察，予以记载，遂使这一法家"寓言"，成了儒家"历史"，并最终被记入《孔子家语》。

孔子的这个黑锅，就是这样背上的。这不仅是孔子的悲剧，更是中国历史的悲剧：后世很多倡杀者，无不以孔子诛少正卯为口实。从这个角度来说，韩非真是太成功了。

孔子提倡"三纲五常"吗?

上个世纪新文化运动,一方面引进西方民主、科学新文化,一方面批判所谓中国"旧文化"。而所谓旧文化中最受诟病,最为大家所愤怒不满,从而遭受最多炮轰的,是"三纲五常"。

其实,五常,无论是指"君臣、父子、夫妻、兄弟、朋友"这五种基本人伦社会关系,还是指"仁义礼智信"这五种基本道德规范,都无法批判或无从批判。因为前者是对一个人必须面对的五种基本社会关系的客观描述,后者是对一个人的基本道德要求。客观描述的东西当然无从批判也无须批判,因为它只是一个事实。而"仁义礼智信",无论作为个人的私德,还是作为政治的道德属性,由于其普适性,也无法否定。那些倡导新文化运动的干将们,对于"仁义礼智信"所代表的"旧道德",实际上是身体力行的,他们往往还是这方面的典范,如胡适就被称为"圣人",被誉为"旧道德的楷模"。

所以,真正受到严厉批判并且确实罪有应得的,是所谓的"三纲",因为,"三纲"之说的内容——"君为臣纲,父为子纲,夫为妻纲",就一般而言,乃是确立尊卑、上下、主奴关系的,是中国国民奴性的根源之一,也是压迫中国人使其不能自由振作精神的枷锁。鲁迅先生在《我们现在怎样做父亲》一文中,有这样一段话:

> 中国的社会,虽说"道德好",实际却太缺乏相爱相助的心思。便是"孝""烈"这类道德,也都是旁人毫不负责,一味收拾幼者弱者的方法。[1]

鲁迅先生非常深刻地说出了当时中国社会的道德本质。

由于孔子是传统文化的标志性符号,批判传统文化这一很学术化的表达,在新文化运动中,变成了"打倒孔家店"这一传播学的口号。于是人们在批判传统文化时,把一切传统文化中不好的东西都笼统地理解为孔子的东西,孔子为此一再承担着不该由他承担的责任。"三纲"之说,这一本来不但与孔子无关,甚至为孔子所批判的东西,也被栽赃到孔子身上。

这是不得不辩的问题。

"三纲"一词,出自董仲舒《春秋繁露·基义》:

---

[1] 《鲁迅全集》卷一《坟·我们现在怎样做父亲》,第142-143页。

> 是故仁义制度之数，尽取之天。天为君而覆露之，地为臣而持载之；阳为夫而生之，阴为妇而助之；春为父而生之，夏为子而养之，秋为死而棺之，冬为痛而丧之。王道之三纲，可求于天……[1]

显然，在董仲舒这里，"三纲"一词，只是指人间社会的三种主要的关系，这个"纲"，相当于"纲领"之义，并非指三种关系中某一方是"纲"，而是指这三种关系——君臣关系、父子关系、夫妻关系——乃是各种社会关系中最为重要的纲领性的关系。所以，下面他才这样说：

> 阴者，阳之合；妻者，夫之合；子者，父之合；臣者，君之合，物莫无合，而合各相阴阳。阳兼于阴，阴兼于阳；夫兼于妻，妻兼于夫；父兼于子，子兼于父；君兼于臣，臣兼于君，君臣、父子、夫妇之义，皆取诸阴阳之道。
>
> 君为阳，臣为阴；父为阳，子为阴；夫为阳，妻为阴，阴阳无所独行，其始也不得专起，其终也不得分功，有所兼之义。是故臣兼功于君，子兼功于父，妻兼功于夫，阴兼功于阳，地兼功于天。[2]

虽然董仲舒有"阳尊阴卑"的思想，但是，看他在这里的表述，

1　[清]苏舆撰，钟哲点校：《春秋繁露义证·基义》，第351页。
2　[清]苏舆撰，钟哲点校：《春秋繁露义证·基义》，第350–351页。

作为阴阳关系具体体现的君臣、父子、夫妻关系，则是谁也离不开谁的关系。不但没有特别强调尊卑上下，甚至是平等的。

现在人们常说的三纲内容："君为臣纲，父为子纲，夫为妻纲"，其实出于《白虎通》卷八"三纲六纪"所引汉代纬书《含文嘉》：

> 三纲者何谓也？谓君臣、父子、夫妇也……故《含文嘉》曰："君为臣纲，父为子纲，夫为妻纲。"……君臣、父子、夫妇，六人也。所以称三纲何？一阴一阳谓之道。阳得阴而成，阴得阳而序，刚柔相配，故六人为三纲……"
>
> 君臣者，何谓也？君，群也，群下之所归心也。臣者，繵坚也，厉志自坚固也。《春秋传》曰："君处此，臣请归也。"父子者，何谓也？父者，矩也，以法度教子也。子者，孳也，孳孳无已也。故《孝经》曰："父有争子，则身不陷于不义。"夫妇者，何谓也？夫者，扶也，以道相扶接也；妇者，服也，以礼屈服也。[1]

这是第一次明确说六人中，三人为纲，三人为目——君、父、夫为臣、子、妻之"纲"；臣、子、妻为君、父、夫之"目"，这里的纲，有了"主宰"之义，平等关系一变而为主宰与被主宰，支配与被支配的关系。

可是，这里的表述也有含混或矛盾之处。因为，它接下来又说"六人为三纲"，显然这是继承了董仲舒的"三种主要社会关系"

---

1 ［清］陈立：《白虎通疏证》，北京：中华书局，1994年，第373–376页。

为人伦三纲的说法,并且这三种关系的相关双方是相辅相成的,"阳得阴而成,阴得阳而序,刚柔相配",至少不是绝对的主奴关系,这与董仲舒也相通。下面接着讲君臣各自不同的职责,父子不同的义务,甚至引《孝经》肯定"争子",这都与孔孟传统儒家的思想一致。至于讲到夫妻,虽然说"妇者,服也",却是"以礼屈服",如果夫不合礼,则妻可以不服。这与孔子回答鲁定公的"君使臣以礼,臣事君以忠"[1]也一致。

"三纲"中的君臣、父子两纲,孔子是论及的。但孔子的观点,正是强调双方的责任,而不偏袒和维护某一单方,尤其不偏袒君、父、夫这强势的一方。孔子在回答齐景公有关政治问题时说:"君君,臣臣,父父,子子。"[2]这一被无数人认为是"三纲"思想源头的话,其实表达的观点是恰恰相反的:孔子于此非常明白地表现了道德双向平等的观念,毫无单向臣服的意思。

这八个字这样排列,实际上有两种理解,两种翻译:

一种就按照字面来说,国君做得像国君的样子,臣子做得像臣子的样子,父亲做得像父亲的样子,儿子做得像儿子的样子。即使这样理解,也是孔子不偏不倚地在强调双方的义务、责任和权利。

但是我们知道古汉语往往非常简略,省略了一些承接的关系,所以这样的句子还可以理解为前后因果关系。如果加上这样的因果关系,这八个字的意思就是:首先国君做得像国君的样子,然后才有资格要求臣子做得像臣子的样子。国君做好在前,臣子做

---

1 《论语·八佾》。
2 《论语·颜渊》。

好在后。父亲首先尽到做父亲的责任，然后才能有资格得到子女将来的孝顺。

这样理解，才更为接近孔子的原意。我们看《孔子家语·王言解》这一段：

> 孔子曰："上敬老则下益孝，上尊齿则下益悌，上乐施则下益宽，上亲贤则下择友，上好德则下不隐，上恶贪则下耻争，上廉让则下耻节，此之谓七教。七教者，治民之本也。凡上者，民之表也，表正则何物不正？是故人君先立仁于己，然后大夫忠而士信，民敦俗璞，男悫而女贞，六者，教之致也。"[1]

这一段与上述"君君，臣臣，父父，子子"相比，只有语法上的区别：它把两者之间的因果或条件关系用一个"则"字补上了，于是，这里面所包含的先后关系就明确了：上面敬老，下面就孝；上面尊长，下面就悌；上面散财乐施，下面就宽厚待人；上面亲近贤才，下面就择交良友；上面好德善行，下面就光明正大；上面厌恶贪腐，下面就耻于争夺；上面廉洁谦让，下面就讲究节操。

所以，"君君，臣臣，父父，子子"，其真实意义，应该是：君君则臣臣，父父则子子。反过来，就是君不君，则臣不臣；父不父，则子不子。

季康子问政于孔子曰："如杀无道以就有道，何如？"

---

[1] 王国轩、王秀梅译注：《孔子家语·王言解》，第26页。

> 孔子对曰:"子为政,焉用杀?子欲善,而民善矣。君子之德风,小人之德草。草上之风,必偃。¹

君子的道德如风,人民的道德如草,风往哪个方向吹,草就往哪个方向倒。所以草往哪个方向倒,责任不在草,而在于风。

要提升一个国家、一个社会的道德水准,要责求在上位者,要教育在上位者,而不是教训人民。所以,"君子喻于义,小人喻于利",² 以义要求责难君子,以利鼓励诱导小人。

其实,在先秦,谈道德者,都是要求统治阶级的,诸子谈话作文,都以统治者为教训对象。孔子谈话的对象,最低层次的也是士,然后就是季康子这样的大夫,鲁昭公、鲁定公、鲁哀公、卫灵公这样的诸侯。诸子著文,那时能读文章者,更没有可能是小民。也正是因为如此,法家才绝口不谈道德——因为法家不讲约束权力,不是要把权力关进道德的笼子,而只要把人民关进权力的笼子,所以,法家只跟统治者谈权术、手腕、法术势。

另外,"君为臣纲,父为子纲,夫为妻纲"之"纲",在《含文嘉》中的意思,其实还可以理解为"榜样":君为臣子的榜样,父为儿子的榜样,夫为妻子的榜样。这样理解,不仅与上述孔子的"德风德草"思想一致,与孟子解释《诗》云"刑于寡妻,至于兄弟,以御于家邦"为"言举斯心加诸彼而已"的"推恩",也完全一致。³

---

1 《论语·颜渊》。

2 《论语·里仁》。

3 杨伯峻:《孟子译注·梁惠王章句上》,第15页。

总之,"三纲"中的尊卑思想、臣服思想,鲁迅所痛斥的"收拾幼者弱者"的思想,与孔子毫无关系,恰恰相反,倒是孔子也坚决反对的思想。鲁迅先生在《我之节烈观》中,还说:

> 道德这事,必须普遍,人人应做,人人能行,又于自他两利,才有存在的价值。[1]

而这正是孔子、曾子、子思以至于孟子的思想。

那么,"君为臣纲,父为子纲,夫为妻纲"有无上下尊卑,大欺小,强欺弱,上欺下思想,是否包含奴隶道德呢?

回答是肯定的。但是,这种仗"势"欺人,倚强凌弱,上尊下卑的所谓"道德",不是孔子的思想,而是讲究"法术势",一心集权,一心要做大做强的法家思想,"三纲"思想,实际上就是从韩非的"三顺"中直接引申出来的。《韩非子·忠孝》篇云:

> 臣之所闻曰:"臣事君,子事父,妻事夫,三者顺则天下治,三者逆则天下乱,此天下之常道也,明王贤臣而弗易也。"[2]

韩非在这里不仅明确了三组关系中的"事"与"被事"的关系,而且,韩非的"事"与孔子的"事"有一个非常大的区别,孔子的"事"——臣事君,子事父,妻事夫,如前所述,前提是"礼",

---

[1] 《鲁迅全集》卷一《坟·我之节烈观》,第124页。
[2] [清]王先慎撰,钟哲点校:《韩非子集解》,第466页。

"礼"是大家共同遵守的规则。这种"事",是在"礼"的框架内。君、父、夫无礼,则臣、子、妻不事。而韩非的"事"——前提是"势":

> 人臣之于其君,非有骨肉之亲也,缚于势而不得不事也。[1]

> 夫驯乌者断其下翎焉。断其下翎,则必恃人而食,焉得不驯乎?夫明主畜臣亦然,令臣不得不利君之禄,不得无服上之名。夫利君之禄,服上之名,焉得不服?[2]

> 人主者,以刑德制臣者也。[3]

> 民者固服于势,寡能怀于义。[4]

> 势不足以化,则除之。[5]

只要一方有权势,另一方就不得不事!

再看另一位所谓"杂家",其实还是出自秦国的法家人物吕不韦主编的《吕氏春秋·恃君览》:

---

1 [清]王先慎撰,钟哲点校:《韩非子集解》,第115页。
2 [清]王先慎撰,钟哲点校:《韩非子集解》,第317页。
3 [清]王先慎撰,钟哲点校:《韩非子集解》,第40页。
4 [清]王先慎撰,钟哲点校:《韩非子集解》,第446页。
5 [清]王先慎撰,钟哲点校:《韩非子集解》,第309页。

昔者纣为无道，杀梅伯而醢之，杀鬼侯而脯之，以礼诸侯于庙。文王流涕而咨之。纣恐其畔，欲杀文王而灭周。文王曰："父虽无道，子敢不事父乎？君虽不惠，臣敢不事君乎？孰王而可畔也？"纣乃赦之。[1]

无道、不惠，也要事！因为，对方是君父，有权势！

简言之，韩非等法家的"事"（臣事君、子事父、妻事夫）与孔子的"事"，有三大区别：

第一，孔子以"礼"为前提；韩非以"势"为倚仗；

第二，孔子讲平等，讲相辅相成；韩非讲压服，讲一方钳制；

第三，孔子讲二者关系是有前提（礼）的关系，可以解除；韩非讲二者关系是无条件的关系，不可解除。

就这三点，我的结论是："三纲"思想中黑暗的部分，来自于法家，而与孔子无关。

---

[1] 张玉春等：《吕氏春秋译注·恃君览·行论》，第665页。

孔子提倡愚民吗?

子曰:"民可使由之,不可使知之。"[1]

很多人总是以此句为据,证明孔子在鼓吹愚民,为专制统治服务。其实,这句话之不能理解为鼓吹愚民,是稍有读书能力的人,不带偏见都能判断出来的。

在古代具有民本思想的思想家那里,人民应该成为道德关心的对象,但往往又带有明显的施授的意味。这是历史的局限性:那个时代,教育不能普及,所以,民智不可能大面积开发;政权不能开放,所以,人民不可能大面积参政。在此情形之下,孔子有这样的言论,固然不必赞扬,也似乎不必上纲上线大加挞伐。

---

[1] 《论语·泰伯》。

且不说这句话还可以断句为"民可,使由之;不可,使知之",[1]即便照一般断句,这句中的"可"与"不可",也是就客观情势而言,而非原则主张。《孟子·尽心上》:"行之而不著焉,习矣而不察焉,终身由之而不知其道者,众也。"[2]说的就是这种客观普遍存在的情势。屈原个人受了冤屈,还感叹"众不可户说"[3]呢,难道是他主张不准众人理解他?《管子·水地篇》:"圣人之治于世也,不人告也,不户说也。"[4]《史记·滑稽列传》载西门豹言:"民可以乐成,不可与虑始。"[5]即便真正的愚民论者商鞅,下面的这句"民不可与虑始,而可以乐成。论至德者不和于俗,成大功者不谋于众"[6]中,"可"与"不可",也都是指客观情势的可行与不可行,而非主观提倡之"要"与"不要",表达的是"非不为也,是不能也"的客观情实。

事实上,我们根本就不需要在语言学上做如此纠缠。因为,稍有学术规范者,都不可能根据一句话判定是非真假,更何况在有更多相反证据存在的前提下。判断一个人的政治主张如何,正确的做法是,看一个人的基本立场和人生事迹。

说孔子鼓吹愚民者,大概是忘了,孔子一生是干什么的。自二十弱冠,至七十三去世,他在官场做官的时间,不会超过十三年,而其余的时间,几乎全部用于自己的求学与教学,即使在他供职

---

[1] 程树德撰,程俊英、蒋见元点校:《论语集释》,北京:中华书局,1990年,第532页。
[2] 杨伯峻:《孟子译注·尽心章句上》,第279页。
[3] [宋]洪兴祖:《楚辞补注》,第20页。
[4] 黎翔凤撰,梁运华整理:《管子校注》,北京:中华书局,2004年,第832页。
[5] [汉]司马迁:《史记》卷一百二十六《滑稽列传》,第3213页。
[6] [汉]司马迁:《史记》卷六八《商君列传》,第2229页。

于官场之时,也没有放弃他的教学活动。孔子是世界上最早的"大学"的开创者,而"大学"之本意,即在于通过教育,使"小人"成为"大人",开化民智是他的终身之志,也是他的终身事业,最后成为他的终生功绩。孔子"弟子盖三千焉,身通六艺者,七十有二人",[1] 孔子死后,"七十子之徒散游诸侯,大者为卿相师傅,小者友教士大夫",[2] 多继承他的教学事业,私人讲学授徒,开启了中国古代教育的辉煌时代。如子夏,办学便颇有成就,所培养的弟子田子方、段干木、吴起、李克等,皆"为王者师"。可以说,孔子凭着他一个人的力量,极大地提高了中华民族的整体文化水平和文明程度,以至于后人感叹"天不生仲尼,万古如长夜"[3]。

孔子的私学打破了传统"官学"中贵族对文化教育的垄断,大批新兴的地主、商人、平民子弟进入私学——这就是传统意义上的"民"。《荀子·法行》载:

> 南郭惠子问于子贡曰:"夫子之门,何其杂也?"子贡曰:"君子正身以俟,欲来者不距,欲去者不止……是以杂也。"[4]

南郭惠子认为孔门生徒"杂",显然是从传统教育的"纯"

---

1 [汉]司马迁:《史记》卷四七《孔子世家》,第1938页。
2 [汉]班固:《汉书》卷八八《儒林传》,第3591页。
3 [宋]黎靖德编,王星贤点校:《朱子语类》卷九三,北京:中华书局,1988年,第2350页。朱熹自注:"唐子西尝于一邮亭梁间见此语。"唐子西名唐庚(1069—1120),字子西,眉州(今四川眉山)人,《唐子西文录》记载:"蜀道馆舍壁间题一联云:'天不生仲尼,万古如长夜',不知何人诗也。"
4 [清]王先谦撰,沈啸寰、王星贤点校:《荀子集解·法行篇》,第519页。

来对比的。而"杂"正是私学的特点。孔子门徒中，不仅有贵族子弟如孟懿子、南宫敬叔兄弟，更多是下层贫寒之士，这些人正是"民"。如穷居陋巷的颜渊、"衣弊衣以耕"的曾参、居"上漏下湿""不堵之室"的原宪，还有"卞之野人"子路，那位被孟子称为"得圣人之一体"的子张，据《吕氏春秋》所言，也是鄙家出身。"有鄙夫问于我，空空如也，我叩其两端而竭焉"，[1] 对"鄙夫"，孔子也如此"诲人不倦"，"有教无类"，一视同仁，这是一个鼓吹愚民的人干得出来的吗？

孔子以后，他的教学理念为后人所继承，即使对他不甚敬重的墨子，也是如此。墨子提倡"尚贤"，"古者圣王之为政，列德而尚贤。虽在农与工肆之人，有能则举之……故官无常贵，而民无终贱"。[2] 为了做到使"民无终贱"，必然要重视"贱民"的教育。他的大弟子禽滑厘"事子墨子三年，手足胼胝，面目黧黑，役身给使，不敢问欲"，[3] 显然，能如此自苦而不厌，亦非养尊处优之贵族公子所能堪。

《吕氏春秋·尊师》中的一段记载，最能说明孔子开创的先秦私学的平民教育与"杂"的特点：

> 子张，鲁之鄙家也；颜涿聚，梁父之大盗也，学于孔子。段干木，晋国之大驵也，学于子夏。高何、县子石，齐

---

1 《论语·子罕》。
2 [清]孙诒让：《墨子闲诂》，第46页。
3 [清]孙诒让：《墨子闲诂》，第541页。

国之暴者也,指于乡曲,学于子墨子。索卢参,东方之巨狡也,学于禽滑黎。此六人者,刑戮死辱之人也。今非徒免于刑戮死辱也,由此为天下名士显人,以终其寿,王公大人从而礼之。此得之于学也。[1]

另,《吕氏春秋·博志》也载"中牟之鄙人"宁越,因"苦耕稼之劳"而勉力于学,从而成为周威公师。[2] 这些也都可验证墨子的"民无终贱"理论,并且可以说明私学的普及乃是庶人上升的重要途径。

孔子不仅办学,而且游学,人数众多的游学队伍,"往往不甘于静止于一地,他们浩浩荡荡,四出游说……这样大规模的游说、讲学活动,扩大了私学的影响,传播了文化的种子",[3] 私学使得文化得到普及和推广,教育不再是少数人的特权,孔子言"性相近,习相远",认为人之初,没有什么区别,后天的区别乃是由教育所致,所以"他首先承认人类能学的国民性"。[4] 孔子的这种理论使私学的教育能面向所有的国民,这就是子贡所说的"欲来者不距,欲去者不止"。孟子鼓励人上进,称"人皆可以为尧舜",[5] 这里的"人",当然也包括"民",他还把不求上进之人称为自暴自弃。荀子的《劝学》也是针对一切人而言。

---

1 张玉春等:《吕氏春秋译注·孟夏纪·尊师》,第89页。
2 张玉春等:《吕氏春秋译注·不苟论·博志》,第793页。
3 冯天瑜:《中华文化史》,上海人民出版社,1990年,第353页。
4 侯外庐:《中国古代社会史论》,北京:人民出版社,1955年,第398页。
5 杨伯峻:《孟子译注·告子章句下》,第255页。

孔子这种办学方式也为后人所继承，使得教育扩大到民间。墨子自称有"弟子三百人"，[1]《淮南子·泰族训》称"墨子服役者百八十人"。[2] 孟子"后车数十乘，从者数百人，以传食于诸侯"。[3] 田骈在齐，"资养千钟，徒百人"。[4] 连许行这样一个"为神农之言者"，到一个小而落后的滕国，也有"其徒数十人。"[5] 在战国时代，著名学者没有不聚徒讲学的，没有一个不是"率其群徒，辩其谈说"[6] 的。这是中国历史上一次空前的教育大繁荣，带来了中华文化的空前大发展，其功绩，追根溯源，都要上溯到孔子。

可见，孔子开创的私学把教育推向了广大的民众，在理论和实践上都承认了国民受教育的权利和义务，极大地提高了整个社会里人民的文化素质，这是中华民族文化素质的一次影响最伟大、最深远的飞跃。

其实，在先秦各家中，道家和法家才讲愚民，虽然二者的出发点和目标各不相同。而儒家，班固说"出于司徒之官"，[7] 教化民众，是其传统。

先秦各家学派，道家的老庄，墨家的墨翟，法家的商鞅韩非，都对周文化取批判态度，逆向思维而成就自己：

道家反智反文明，是为文化的反动；

1　[清]孙诒让：《墨子閒诂》，第488页。
2　何宁：《淮南子集释·泰族训》，第1406。
3　杨伯峻：《孟子译注·滕文公章句下》，第133页。
4　缪文远：《战国策新校注·齐四·齐人见田骈》，成都：巴蜀书社，1987年，第408页。
5　杨伯峻：《孟子译注·滕文公章句上》，第112页。
6　[清]王先谦撰，沈啸寰、王星贤点校：《荀子集解·儒效篇》，第124页。
7　[汉]班固：《汉书》卷三十《艺文志》，第1/28页。

法家反德反仁政，是为政治的反动；

墨家尚贤反亲亲，是为制度的反动。

只有儒家，顺承西周思想，注重德化。而注重德化的儒家，和鼓吹"尚贤"的墨家（其实，孔子一方面肯定亲亲的道德价值，一方面也提倡尚贤），则非常重视教育，与"愚民政策"有着根本的对立。《论语》之中，"学"字有六十六个，"教"字有七个。开篇就是"学而时习之"。这些"学"，虽然在具体语境中，有时指自己的"学"，有时指君子的"学"（君子也是经由小人学而成之），但是，却又都是一般适用，泛论所有人的。有些直接提到了一般民众的"学"，请看《论语·季氏》：

> 孔子曰："生而知之者，上也；学而知之者，次也；困而学之，又其次也；困而不学，民斯为下矣。"

这是直接针对"民"而言"学"，鼓励学习并直接批评那些困而不学的"民"，其劝学拳拳之心可鉴。

《论语·阳货》：

> 子之武城，闻弦歌之声。夫子莞尔而笑曰："割鸡焉用牛刀？"子游对曰："昔者偃也闻诸夫子曰：'君子学道则爱人，小人学道则易使也。'"子曰："二三子！偃之言是也。前言戏之耳。"

这又直接提到了"小人"之"学"的重要。对于民智问题，儒家的看法是：受过教育的民众易于治理，孔子此处"小人学道则易使"是也。而法家认为，民众愚昧无知才易于管制，商鞅所谓"民不贵学则愚，愚则无外交。无外交，则国勉农而不偷"[1]是也。

再看《论语·阳货》篇中孔子对子路的教训：

> 子曰："由也，女闻六言六蔽矣乎？"对曰："未也。""居！吾语女。好仁不好学，其蔽也愚；好知不好学，其蔽也荡；好信不好学，其蔽也贼；好直不好学，其蔽也绞；好勇不好学，其蔽也乱；好刚不好学，其蔽也狂。"

这显然是对所有人。再看《论语·述而》篇这一则：

> 互乡难与言。童子见，门人惑。子曰："与其进也，不与其退也，唯何甚？人洁己以进，与其洁也，不保其往也。"

对于一个难以言善不易教化地方来的童子，在别人的歧视与拒绝中，孔子却予以温煦的接见和指点，"与其进，不与其退"，"与其洁，不保其往"，这样的提携引领，岂是一个倡导愚民者所能为！

再看《论语》提到的"教"字。《论语·尧曰》：

> 子曰："不教而杀谓之虐；不戒视成谓之暴；慢令致期谓之贼；犹之与人也，出纳之吝谓之有司。"

---

[1] 蒋礼鸿撰：《商君书锥指·垦令》，北京：中华书局，1906年，第6页。

对于"不教"民、"不戒"民、"慢令"致民陷罪的政治和政治家,孔子直接指斥为"虐""暴""贼",这是一个鼓吹愚民者说的话?

再看《孔子家语·王言解》如何讲"教":

> 孔子曰:"上敬老则下益孝,上尊齿则下益悌,上乐施则下益宽,上亲贤则下择友,上好德则下不隐,上恶贪则下耻争,上廉让则下耻节,此之谓七教。七教者,治民之本也。凡上者,民之表也,表正则何物不正?是故人君先立仁于己,然后大夫忠而士信,民敦俗璞,男悫而女贞,六者,教之致也。"[1]

这哪里是愚民?这分明是要人民在榜样的示范下,辨别是非,识鉴贤愚,分清善恶!

最能说明问题的是《论语·子路》这一条:

> 子适卫,冉有仆。子曰:"庶矣哉!"冉有曰:"既庶矣,又何加焉?"曰:"富之。"曰:"既富矣,又何加焉?"曰:"教之。"

如此明白地主张对"民"的教化,为什么很多人看不见,非要拿一则"民可使由之,不可使知之"来诬陷孔子为愚民政策的鼓吹者?

其实,在孔子看来,人民不但可以教化,而且非常清醒,有

---

[1] 王国轩、王秀梅译注:《孔子家语·王言解》,第26页。

对是非善恶的理性辨别力。请看《论语·为政》：

哀公问曰："何为则民服？"孔子对曰："举直错诸枉，则民服；举枉错诸直，则民不服。"

季康子问："使民敬、忠以劝，如之何？"子曰："临之以庄，则敬；孝慈，则忠；举善而教不能，则劝。"

再看《论语·颜渊》：

季康子问政于孔子。孔子对曰："政者，正也。子帅以正，孰敢不正？"

季康子患盗，问于孔子。孔子对曰："苟子之不欲，虽赏之不窃。"

季康子问政于孔子曰："如杀无道以就有道，何如？"孔子对曰："子为政，焉用杀？子欲善，而民善矣。君子之德风，小人之德草。草上之风，必偃。"

显然，在孔子看来，人民具有天赋的良知良能，能够判断得出统治者的道德成色，掂量得出他们的斤两，然后，做出相应的对待。

所以，孔子的政治主张，不但不是愚民，恰恰是唤起人民自身的道德自觉，提升人民自我的价值判断能力，这样的政治，才是合乎正义的政治。《论语·为政》：

> 子曰："道之以政，齐之以刑，民免而无耻。道之以德，齐之以礼，有耻且格。"

"道之以德，齐之以礼"的政治，是"愚民政治"么？！"有耻且格"的民，是"愚民"么？！

钱穆《论语新解》在"民可使由之，不可使知之"后，讽叹道："近人疑《论语》此章谓孔子主愚民便专制，此亦孔子所以有不可使知之慨欤！"[1]

信夫！

---

1 钱穆：《论语新解》，第190页。

孔子反对革命吗？

"批林批孔"期间批判孔子，给孔子编排的罪名之一，是站在人民的对立面，维护奴隶主的统治，反对人民革命。对此，我们来对"革命"一词做一下正本清源式的梳理，看看孔子到底是革命的还是反革命的。

"革命"之概念

"革命"一词，至少有三个含义：作为一种行为的"革命"；作为对一种行为性质进行判断和定义的"革命"；作为政权合法性来源的理论。

一种变化，带来社会巨大的变革，并且这种变革是正面的，我们就可以把这种变革称之为"革命"；同时，也把促成这种变化的行为称之为"革命"或"革命行动"。

在中国古代,"革命"指的是推翻前朝、受命称帝、朝代更替。"命"指的是天命。天把他的任命交给某一姓,这一姓承担着天命,代表天在人间实行统治,这就是所谓的"天命"。如果这样的一姓统治变得残暴黑暗,人民不能再容忍,起来推翻他,就叫"革命"。所以,"革命",简单地说就是变革天命,推翻前朝,自己受命称帝,实现朝代更替。

讲到这里,涉及到一个词:汤武革命。汤武革命,可以说是典型的"中国式革命"。

《周易》里,革卦上面有这么一段话:"天地革而四时成,汤武革命,顺乎天而应乎人。"孔颖达疏:"夏桀、殷纣,凶狂无度,天既震怒,人亦叛主,殷汤、周武,聪明睿智,上顺天命,下应人心,放桀鸣条,诛纣牧野,革其王命,改其恶俗,故曰汤武革命,顺乎天而应乎人。"[1]在孔颖达看来,夏桀王和商纣王凶狂无度,天怒人叛。在这样的形式下,殷汤和周武,起而革命,"上顺天命,下应人心",顺乎天而应乎人。

这是汉语"革命"这个词最早的出处。

"革命"不仅是一种行为,以及是对行为性质的判断;同时,"革命"还是一种政权合法性理论。革命的本质是什么?革命的本质是通过否定别人的命来论证自己的命,或者说论证自己政权的合法性。要论证自己政权的合法性,就必须证明你建立这个政权是通过顺乎天应乎人的"革命"取得的。中国古代王朝权力的合法性来自什么?就来自"革命"。其关键点是:首先证明前一个朝

---

[1] [清]阮元校刻:《十三经注疏·周易正义》,第124页。

代的命已经终结了,新朝之建立是顺乎天而应乎人的。列宁有一句话讲得特别好,讲出了本质:"没有革命的舆论,就没有革命的行动。"造舆论,是为行动做准备的。造舆论,是要证明我推翻前朝的行动是合法的、合理的,不是犯上作乱,不是弑君篡位。

由此,"革命"这个母词还派生出了很多子词:受命、顺命、逆命、应命,当然,还有"反革命"。革了对方的命,自己当家做主,这叫受命、顺命、应命。什么叫顺命?顺乎天;什么叫应命?应乎人。我推翻前朝既是顺天应人的,所以,我建立的政权是有合法性的,其合法性还是来源于天。我既是"顺命",则前朝对我"革命"的镇压就叫"逆命",也就是"反革命"。

汤武革命

现在回到商周之际。"革命"这个词是在商周之际出现的,这个理论是周推翻商的舆论准备。商人很迷信,他们迷信祖先神和上帝。商纣王包括夏桀,他们为什么那么残暴却又肆无忌惮、毫无顾忌,那么倒行逆施,弄得天下叛之?他们没有一点点对自己统治安危的担心吗?他们真的不担心。《荀子·非相篇》说帝辛:"长巨姣美,天下之杰也;筋力超劲,百人之敌也。"[1]《史记·殷本记》也说:"帝纣资辨捷疾,闻见甚敏,材力过人,手格猛兽。"[2]但是,他们的自负更多的是来自于对受命于天的迷信。刘向《列女传·孽

---

1 [清]王先谦撰,沈啸寰、王星贤点校:《荀子集解·非相篇》,第75页。
2 [汉]司马迁:《史记》卷三《殷本纪》,第105页。

壁传·夏桀末喜》:"龙逢进谏曰:'君无道,必亡矣。'桀曰:'日有亡乎?日亡而我亡。'"[1]商纣王也一样,以为他的权力来源于上天,来源于上帝,只要上天不改变,他的统治是不会改变的。所以商纣王倒行逆施什么都敢干,什么都不怕。

这样的迷信会造成什么后果?第一,他们自己肆无忌惮,毫无顾忌。第二,也可以对老百姓造成迷惑,老百姓也会觉得虽然我们现在已经忍无可忍,虽然我们的生活已经暗无天日,但我们没有办法推翻他,为什么?因为他的统治、他的权力的来源是上天。谁能够违反天呢?因此,即使忍无可忍我们还得忍,即使民不聊生我们还得生。所以,迷信不光是对统治者,对普通老百姓也一样,双方都有迷惑。

在这样的情形之下,周人要推翻商朝,就必须打破这个迷信,否则没人跟着他造反。谁会拿身家性命跟一个人做一件注定失败的事呢?所以周人必须造出一种舆论,一种理论,这种理论就叫"革命"。它的逻辑是:不错,你商纣王确实拥有天命,从你的祖先商汤那里,天任命给了你们这一姓,但天不仅给你"命",还有一个东西在后面等着你,这个东西就叫"革命"。天可以任命你,天也可以废除你;天可以让你任职,天也可以将你免职。所以你的统治不是永恒的,是可以被变革的。

完成这一步以后,周人又要解决第二个问题:天凭什么任命他,又凭什么免去他呢?"革命"理论就是提供这样一个说明。为了解决"受命"与"革命"问题,在祖先神和帝之外,周人在人类

---

[1] 张涛:《列女传译注》,济南:山东大学出版社,1990年,第254页。

的精神生活中加了一个东西——德。

当周人把"德"这个词挑出来之后,整个理论框架和逻辑结构就出来了:天当初任命你做天子,是因为你有"德"。但在你执政的过程里,你有两种可能,一种是不断地积"德",这样你的天命就可以永远延续下去;一种是,那些天子继任者也可能不但不积德,反而在消耗祖先的德行。当"德"消耗干净了,统治的合法性就不存在了。所以,统治的合法性来自于"德"。

周朝伟大的贡献,就在于在我们的精神生活里特别强调了"德",这个传统一直到今天没变。

我们中华民族,是世界上最强调人的德行的民族。为什么其他的民族都创立了宗教而我们没有创立宗教?跟周朝很有关系。周人在推翻商朝的过程中,主要强调的是"德"而不是"神和上帝"。强调"神和上帝",周人就无法推翻商朝。周人强调德的时候,第一,可以从商纣王的行为里面找到他的"缺德";第二,可以从周文王、周武王的行为里面找到他自己在"积德"。一个在缺德,一个在积德,最后天命自然就发生变化了。"有德"才有"天命",具备明德、具备义德者,就应受天命;凶德、暴德者,就丧失天命。周武王是明德和义德者,所以能够顺应天命;商纣王是凶德和暴德者,所以丧失天命。这就是所谓的"天命转移理论",它解决了西周政权来源的合法性问题。所以,"革命"理论的本质是什么?是政权的合法性。

所以,自从周为了推翻商朝,建立了这样一种理论之后,中国实际上就已经不再具备创立宗教的可能性了。因为整个民族的精神生活已经不靠上帝,不靠神秘的彼岸世界,而是靠我们自身的德行了。所以，大家可以注意到，我们中国人几千年来没有全民信仰的宗教，没有作为国家意识形态的一神教，但我们中国人有自己的道德体系。在有全民宗教信仰的国家里，道德体系是靠宗教建立的。我们没有全民宗教信仰，我们的道德体系靠什么？靠从在殷周之际开始的对个人德行的强调和重视。

我们看一下《论语》。孔子一再强调的是个人的德行，说来说去都是人的德行，怪力乱神他都不说。他告诉我们，人要对自己的行为负责。一个人有没有福气，要靠自己积善积德。这个传统，都是从周朝来的。

"德"这个字，在中国后来变成了什么？

第一，它是一个人的个人修养；

第二，它是社会的道德体系；

第三，它是一个国家政权、政治合法性的伦理依据。

所以我们中国人讲政治，讲的是德政。中国的政治，从周王朝开始，政治的背后就是一个字：德——德政，道德政治。政治建立在道德的基础上，政治的合法性、政治的延续都必须依靠道德。但是，这种道德政治，最终会走向革命。这也可以说是中国历史上不断改朝换代，以及中华民族在漫长的历史里国内战争最多的一个原因。道德政治没有办法解决革命的问题。道德政治，必然结果就是革命，这是一个很悲剧性的命题。

《大学》说："身修而后家齐，家齐而后国治，国治然后天下平。"[1] 修身齐家治国平天下，这就是中国古代道德政治的一个

---

[1] [宋]朱熹：《四书章句集注》，第4页。

基本框架，或者说一个基本的逻辑思路。先修身，再齐家，再治国，再平天下。这么一个看起来非常完美的逻辑思路，本身却有很多的逻辑环节是掉链子的。

哪些地方出问题了？

第一，人性本善，是一个没有被科学证明的前提；第二，就算人本性是善的，孟子也不得不承认，后天环境有很多影响，会让很多人变得不善了；第三，即使我们现在碰到一位天子，或者是一位国君，他真的能修身为圣人了，他能不能仅仅依靠这样一种愿望就能够让整个国家的政策、国家的行政系统都是善意的？

所以，德政的必然结果就是革命。儒家理论是一种理想的理论，天子、国君、皇帝，如果他是一个圣人，这个国家就有可能治好。但如果统治者不修身怎么办？就是一个恶棍怎么办？儒家理论对这个问题没有相应的制度设计。当然，他们考虑到这个问题，孔孟给出的答案，都是两个字：革命。

孔孟是革命派，首先体现在他们对商汤、周武"汤武革命"的肯定和歌颂上。其次，革命是儒家体制设计的题中应有之义：既然在道德政治体制里面无法对君权进行有效的制约，那答案只能是一个：体制外革命。

在孔孟那里，革命有两个功能。第一个功能，是说给帝王听的：你觉得我们的政治体制里面，没有什么东西约束得住你？那么如果你自己不自我约束，将来人民要起来革命的。所以，这是一种吓唬战术；第二个功能，是说给人民听的：一旦人民真起来革命了，儒家的理论会给他一个合理的名分。传统儒家在这一点上非常有良知，他给人民以革命的权力，所以中华民族受了多年封建专制独裁的压迫,但中华民族一直是一个敢于反抗的民族,中华民族骨子里有阳刚之气,有路见不平一声吼,有揭竿而起,有造反有理。因为我们的儒家理论给了我们这个东西,这是儒家理论最光彩的地方。

革命传统及其形成

中国是一个有革命传统的国家,是一个有革命习惯的国家,甚至是有革命爱好的国家。

原始的儒家,是鼓励人们起来造反的。《尚书·周书·泰誓下》:

> 古人有言曰:"抚我则后,虐我则仇。"独夫(指纣王)受洪惟作威,乃汝世仇。[1]

这是周武王灭商的时候,召集诸侯大会的战前动员。周武王没有对台下的诸侯说纣王是我们的天子,他说纣王是我们的仇人。一个臣子,直接把天子指责为仇人,这在明清以后是基本看不到的。所以,我们中国古代的制度很有意思,越到明清越专制,越独裁。

孔子是革命还是反革命,我们有一个判断的维度,那就是看他肯定什么样的人。在孔子心目中,前代的圣人有七位,分别是尧、舜、禹、汤、文、武、周公。我们看看,这七位,哪一位不是革命者?

《春秋公羊传》的革命倾向特别明显。汉代的董仲舒就是搞

---

[1] [清]阮元校刻:《十三经注疏·尚书正义》,第386页。

公羊学问的。公羊传有一个"大复仇"说,就是鼓励、赞扬、肯定复仇。《春秋公羊传》赞许三种复仇:一是国君复国君杀祖杀父之仇;二是臣子复乱贼弑君之仇;第三是个人复国君杀父之仇——如果国君把父亲杀了,你可以报仇,这在明清时期是不可想象的。在中国传统观念里,君臣义合,父子天属。一者为天理,一者为人情。君臣义合,国君如果义我就帮他,如果不义我就跟他没关系,没有无条件的忠。义在就合,义不在就不合了。但父子是天属,这没有办法改变,即便在法律上解除父子关系,血缘上你也是他的儿子。天属大于义合,结果是什么?在父亲无罪被杀的情况下,君臣之义自动消失。"父不受诛,子复仇,可也",[1]这是《公羊传》中明确说的,父亲没有罪被杀了,儿子可以向国君报仇。

一个最典型的例子,伍子胥。《公羊传》说子"不复仇,非子也",[2]伍子胥为报父兄之仇,曰"我必覆楚",后破楚,鞭王尸,终雪大耻,《春秋》褒之。太史公赞曰:"弃小义,雪大耻,名垂于后世。"[3]

很多人觉得中国古代就是君权至上,只要国君做的我们只能忍受。但真不是这样。我们反思一下:为什么从孔子开始,中华民族领先世界两千多年,为什么?因为我们民族有血性,有精神力量。一个民族没有精神力量不可能领先世界那么多年。这个精神力量是什么?就是儒家思想给予我们的正义感和血性精神。我们读历史,读《史记》所写的春秋战国时的历史,能感觉到我们

---

1 [清]阮元校刻:《十三经注疏·春秋公羊传注疏》,第5078页。
2 [清]阮元校刻:《十三经注疏·春秋公羊传注疏》,第4799页。
3 [汉]司马迁:《史记》卷六六《伍子胥列传》,第2176、2183页。

这个民族在那个时代是那么有血性。有人批判孔子，说孔子提倡奴隶道德，这是侮辱孔子。孔子讲，一个人要做大人君子；孟子讲，一个人要做大丈夫，富贵不能淫，贫贱不能移，威武不能屈。这是鼓吹奴隶道德吗？奴隶道德是自明清以后的事。

孟子对齐宣王讲："君之视臣如手足，则臣视君如腹心；君之视臣如犬马，则臣视君如国人；君之视臣如土芥，则臣视君如寇仇。"[1] 他还对齐宣王说："民为贵，社稷次之，君为轻。"[2] 这里有特别强烈的革命性，重要性依次为：老百姓第一，国家或者政权第二，国君第三。

再看看孟子这段话。

齐宣王问孟子："汤放桀，武王伐纣，有诸？"孟子很郑重地告诉他："于传有之。"齐宣王曰："臣弑其君，可乎？"此时的孟子面临两难的回答。首先，孟子不能说臣可以弑君，不然天下没有秩序了。臣不能弑君，就像我们不能说我们可以反对国家一样。但是他又不能说臣不能弑君，因为臣不能弑君，表明臣民永远没有反抗的权利了。但孟子把这个问题解决得特别好，还是我们前面讲到的，他以德来解决。孟子的回答是：

> 贼仁者谓之"贼"，贼义者谓之"残"，残贼之人谓之"一夫"。闻诛一夫纣矣，未闻弑君也。[3]

---

1 杨伯峻：《孟子译注·离娄章句下》，第171页。
2 杨伯峻：《孟子译注·尽心章句下》，第304页。
3 杨伯峻：《孟子译注·梁惠王章句下》，第39页。

孔子是革命的。孟子是革命的。还有一个人也是革命的：司马迁。司马迁为什么是革命的？司马迁写作《史记》创立了五种体例，他很严格地执行这五种体例：本纪、世家、列传、表、书。本纪，叙帝王；世家，记诸侯；列传，志人物；表，列历史大事；书，记国家典章制度。但有三个例外：第一个例外是孔子，孔子应该进入列传，可是司马迁把他列入世家，视孔子如诸侯。第二个例外是项羽，项羽没做过帝王，但司马迁把项羽列入本纪，视项羽如帝王。第三个是陈胜，一个穷苦农民，司马迁竟然也把他列入世家，视陈胜如诸侯。而且特别有意思的是，《孔子世家》之后，接着就是《陈涉世家》。

《史记》为什么有这三个例外？因为这三人都是革命家。孔子从周，是周王朝革命理论的推崇者和传播者；陈胜、项羽反秦，是秦王朝的掘墓人。司马迁这一招很厉害。我们知道，中国人一辈子做事，就求个永垂不朽，就求个历史评价。司马迁作为汉代的官方史学家，他是汉政府任命的太史令。他在他的官方史学里，给了这三个人尤其是陈胜和项羽这么高的地位，表明什么？表明他对揭竿而起的革命的肯定，对周秦孔孟以来革命传统的肯定。当一个朝代，当一个政权黑暗到无以复加的时候，当人民忍无可忍的时候，起来造反就是主持正义。所以，司马迁给予陈胜这样的评价，是从史学家的立场，从历史的角度，肯定了文王、武王、周公、孔孟以来的革命传统，这是对"革命者"的盖棺论定，更是"革命行为"和"革命理论"的最后鉴定和最高褒奖。

孔子帮助统治阶级镇压人民吗?

《论语·学而》:

> 有子曰:"其为人也孝弟,而好犯上者,鲜矣。不好犯上而好作乱者,未之有也。君子务本,本立而道生,孝弟也者,其为仁之本与?"

因为这一则,很多人认为,孔子是以提倡孝顺、恭敬来反对"犯上""作乱",统治者对人民的起义予以残酷的镇压,也被看成为孔子所赞成甚至鼓励。这又是一个可怕的误解,而对统治者来说,则可能是故意的曲解,以此使他们对人民的镇压获得来自于孔子的支持。

首先,这句话并非孔子所说,而是有子的话。有子固然是孔子的学生,但是,孔子并不能对所有学生的话负责,也不可能对学生在各种时空里说的话表态。《论语》的编纂,是孔子去世以后,并没有经过孔子的审定。

我们来看《论语·八佾》:

> 哀公问社于宰我。宰我对曰:"夏后氏以松,殷人以柏,周人以栗,曰:使民战栗。"子闻之,曰:"成事不说,遂事不谏,既往不咎。"

因为宰我对哀公说的话被孔子知道了,孔子就予以批评。我们可以想象一下,假如宰我的这番话没有被孔子听到,或听到了但孔子没有直接表态,或直接表态了但《论语》没有记载,难道我们就可以认为宰我"使民战栗"的恐怖政治,是孔子所主张的吗?

孟子说,"有子似孔子",但,有子毕竟不是孔子,孔子的学生也不是孔子。

孔子当然反对"作乱",这是一个有社会责任感的读书人都会做出的选择——谁也不喜欢社会"乱",更不会自己去"作乱",《论语·阳货》:

> 子路曰:"君子尚勇乎?"子曰:"君子义以为上。君子有勇而无义为乱,小人有勇而无义为盗。"

但孔子反对"犯上"吗?不。同样对这个崇尚勇敢的学生子路,孔子又鼓励他犯上,《论语·宪问》:

子路问事君，子曰："勿欺也，而犯之。"

这是孔子对学生，也可以说对统治阶级内部，孔子予以"犯上"的权利。

其实，孔子最了不起的地方在于，他在两千五百多年前就赋予了人民"不服从的权利"。孔子晚年，在鲁国做"国老"，为鲁哀公提供国策咨询。有一次，鲁哀公问孔子："何为则民服"——怎样做才能使百姓服从？鲁哀公这一问，关系到历来统治阶级最关心的问题，我们可以把它称之为"鲁哀公之问"。

孔子答："举直错诸枉，则民服；举枉错诸直，则民不服。"[1]

孔子的回答，以分号为界，是两句话，有点买一送一的意思。第一句话，是买一，直接回答鲁哀公的"何为则民服"：举用正直的人，置于邪曲的人之上，百姓就服从；第二句话，是送一：如果把邪曲人置于正直人之上，百姓就不服从。政治要符合公平正义，政府要维护公平正义。否则，百姓就不服从。

值得指出的是，在孔子的第一句话里，孔子对鲁哀公的回答，与鲁哀公之问，实际上还有一个错位：

鲁哀公要人民服从他，而孔子则告诉他：人民只服从公平正义。这就为第二句话预留了空间：如果统治者不公正，人民就可以不服从。

所以，重要的其实不是第一句话：指点鲁哀公如何做到让人民服从。重要的是"送一"的第二句"举枉错诸直，则民不服"——

---

[1] 《论语·为政》。

这句话的重要，在于：孔子赋予了人民不服从的权利。他其实在告诫鲁哀公：人民没有绝对服从的义务。

一千三百多年后，19世纪中叶，美国作家亨利·戴维·梭罗（Henry David Thoreau, 1817—1862）发表了著名的《论公民的不服从》，其基本观点是：一个公民如果认为法律是不公正的，就有义务拒绝服从。不服从，不仅是公民的权利，甚至是公民的义务。这一理论，后来在世界各国的非暴力抗议运动中都有使用：印度甘地（Mohandas Karamchand Gandhi, 1869—1948）领导的印度社会福利运动和独立运动、美国马丁·路德·金（Martin Luther King, Jr, 1929—1968）领导的非裔美国人民权运动、南非曼德拉（Nelson Rolihlahla Mandela, 1918—2013）领导的非国大的"蔑视不公正法令运动"等等，以及世界范围内的各种和平运动。

人民有不服从的权利，这个理念有三层意义。第一，对于一个政权来说，是不可或缺的政治理性；第二，对于一个国家的政治建构来说，是不可或缺的制度理性；第三，对于执政者来说，则是不可或缺的谦卑和良知。

其实，在此之前很多年，孔子回答鲁定公的一个问题时，就已经暗示了臣民不服从的合理性。

> 定公问："君使臣，臣事君，如之何？"孔子对曰："君使臣以礼，臣事君以忠。"[1]

---

[1]《论语·八佾》。

这里，"事君以忠"，不是"忠君"，两者在语法意义上是截然不同的。"事君以忠"是指以忠于职守的行为、方式和态度来侍奉国君，与直接的忠于君主本人不同。而"君使臣以礼"，是"臣事君以忠"的前提，其潜藏的逻辑是：如果君不能"使臣以礼"，则臣可以不事君，至少可以不"事君以忠"。

看《孟子·滕文公下》的一则记载：

> 孟子曰："昔齐景公田，招虞人以旌，不至，将杀之。志士不忘在沟壑，勇士不忘丧其元。孔子奚取焉？取非其招不往也。"[1]

齐景公打猎，用旌旗召唤虞人（猎场管理员），虞人不来，齐景公发怒要杀他。为什么这个虞人不应召呢？因为古代君王打猎时若有所召唤，要用特定的东西召唤特定身份的人：旌旗是召唤大夫的；弓是召唤士的；皮冠才是召唤虞人的，这个虞人因为齐景公不按礼的规定召唤他，他就坚持不应召，甚至为此不怕弃尸山沟，不怕掉脑袋。对于这种坚持规则的不服从，孔子很欣赏。

这个故事很好地诠释了以上"君使臣以礼，臣事君以忠"的理念，也很好地体现了中国古代臣民"不服从"的权利。对这种权利的确认和保障，体现了西周立朝之初武王、周公等大政治家的政治良知，以及他们建立的礼乐制度的制度理性。

而《论语·子路》中的"定公问"，则说明了人民有"不服

---

[1] 杨伯峻：《孟子译注·滕文公章句下》，第126页。

从权利"的理性所在:

> (定公)曰:"一言而丧邦,有诸?"孔子对曰:"言不可以若是其几也。人之言曰:'予无乐乎为君,唯其言而莫予违也。'如其善而莫之违也,不亦善乎?如不善而莫之违也,不几乎一言而丧邦乎?"

邦国之中,如果人民没有不服从的权利,结果就会"一言丧邦"。这可能是人类历史上最早论证"不服从权利"的必要性及其价值的言论。

君主"一言",竟至于丧邦,原因在于:当不允许别人违背自己的意愿或意见时,君主意愿或意见中的隐患就不可能被发现和被遏止,结果就是大家一起失陷。

对于无道君主,敢于不服从,敢于冒犯,这样的人,才配得上"大臣"的称谓,否则不过是聊备一员的"具臣"而已。"大臣者,以道事君,不可则止。"[1] 君臣义合,一位臣与君主的缘分,看道义。道义消失的地方,缘分自然终止。

孟子表现得比孔子更加激烈,他警告齐宣王:

> 君之视臣如手足,则臣视君如腹心;君之视臣如犬马,则臣视君如国人;君之视臣如土芥,则臣视君如寇仇。[2]

---

1 《论语·先进》。
2 杨伯峻:《孟子译注·离娄章句下》,第171页。

还有荀子,《子道》:

> 入孝出弟,人之小行也;上顺下笃,人之中行也;从道不从君,从义不从父,人之大行也。[1]

从孔子到孟子到荀子,先秦的儒家三大家,一致坚持并鼓吹"不服从的权利"。这是一个学派的良知,也是一个民族的生机。

实际上,当鲁哀公问孔子"何为则民服"的时候,他有意无意忽略了一个逻辑前提,那就是:人民其实可以不服。这当然瞒不过孔子。所以,孔子并不是顺承他的思路直接告诉他制服人民的方法或权谋,而是回到逻辑原点:人民可以选择服从,也可以选择不服从,这是他们的权利。而作为统治者要做的,不是制服人民,而是反省自己:我有道义的优势使他们选择对我服从吗?

中国历史上,中国文化中,确实存在为严厉镇压人民而在理论上剥夺人民"不服从权利"的主张,但是,这种主张出自法家。在他们看来,人民可以服从也可以不服从的逻辑原点是不存在的。他们的原点在:人民无权不服从,关键只在于使用何种手段让他们服从。

《商君书》中有一整套的"制民"理论,全部都是如何制服人民使之服从统治的权术。

我们看看韩非的相关论述,《二柄》:

---

[1] [清]王先谦撰,沈啸寰、王星贤点校:《荀子集解·子道篇》,第511页。

> 明主之所导制其臣者，二柄而已矣。二柄者，刑德也。

这个"刑德"是什么呢？

> 何谓刑德？曰：杀戮之谓刑，庆赏之谓德。为人臣者畏诛罚而利庆赏，故人主自用其刑德，则群臣畏其威而归其利矣。

不仅这个"刑"毫无道德属性，他的"德"也不仅不是统治阶级的德行，也不是人民的德行，而是人民贪利庆赏的猥琐之念。法家的制民治国要诀，就是利用人性中"畏诛罚而利庆赏"的弱点甚至黑暗人性，以达成君主的利益：

> 今人主非使赏罚之威利出于己也，听其臣而行其赏罚，则一国之人皆畏其臣而易其君，归其臣而去其君矣，此人主失刑德之患也。夫虎之所以能服狗者，爪牙也，使虎释其爪牙而使狗用之，则虎反服于狗矣。人主者，以刑德制臣者也，今君人者释其刑德而使臣用之，则君反制于臣矣。[1]

在韩非这样的法家人物看来，君民之间，固然是你死我活，即便是同在统治阶级内部的君臣之间，也不是一个利益共同体，不存在合作共赢的可能，只有零和游戏。所以，君主必须全面制服群臣。

这样的理念，与孔子儒家"君臣一体"的观念全然不同。在

---

1 ［清］王先慎撰，钟哲点校：《韩非子集解》，第39-40页。

此种邪恶理念之下,站在坚定建立和维护君主集权立场的法家,自然就会正面回应"鲁哀公之问"。他们的回答,不仅取消了"人民有权不服从"的选项,甚至连统治阶级制服人民方式中的道德要素都一并取消了,因为,在他们看来,人民不仅毫无理性,也毫无德性,更不会服从德性,他们只配得到暴力。韩非《五蠹》:

> 且民者固服于势,寡能怀于义。仲尼,天下圣人也,修行明道以游海内,海内说其仁,美其义,而为服役者七十人,盖贵仁者寡,能义者难也。故以天下之大,而为服役者七十人,而仁义者一人。鲁哀公,下主也,南面君国,境内之民莫敢不臣。民者固服于势,势诚易以服人,故仲尼反为臣,而哀公顾为君。仲尼非怀其义,服其势也。故以义则仲尼不服于哀公,乘势则哀公臣仲尼。[1]

人民的德性既然如此下流,于是,《说疑》:

> 故有道之主,远仁义,去智能,服之以法。[2]

除了冷冰冰的"法"——也就是"刑",仁、义,甚至"智"都不需要——有绝对的权力,无须智力。《守道》:

---

1 [清]王先慎撰,钟哲点校:《韩非子集解》,第446-447页。
2 [清]王先慎撰,钟哲点校:《韩非子集解》,第400页。

> 服虎而不以柙，禁奸而不以法，塞伪而不以符，此贲、育之所患，尧、舜之所难也。[1]

还有更加阴险的，韩非《外储说右上》：

> 夫驯鸟者断其下翎焉，断其下翎，则必恃人而食，焉得不驯乎？夫明主畜臣亦然，令臣不得不利君之禄，不得无服上之名；夫利君之禄，服上之名，焉得不服？[2]

如何应对"鲁哀公之问"，孔、孟为代表的儒家，和商、韩为代表的法家，给出了不同的回答。在他们的回答中，我们看到的，与其说是不同的政治立场，还不如说是有无政治良知。

悲哀的是，今日中国，即便在学界，也仍然有很多人，把法家的说法，误解为孔子的观点。

自己最为反对的，被人栽赃为自己主张的，思想家最大的悲哀，莫过于此。试问，除了孔子，还有哪位大思想家受此待遇？

---

[1] ［清］王先慎撰，钟哲点校：《韩非子集解》，第203页。
[2] ［清］王先慎撰，钟哲点校：《韩非子集解》，第317页。

孔子维护等级社会吗?

一

在对孔子的诸多误解里,有一个是曾经最流行的,那就是从阶级的立场,首先认定孔子是奴隶主阶级出身,所以,他必然要维护奴隶主阶级的利益,维护奴隶制度,并且站在奴隶主阶级的立场上,仇视劳动人民。《光明日报》1973年12月13日《孔子维护哪些奴隶制》一文这样说:

> 生于春秋后期的孔子,正是站在奴隶主立场,维护奴隶社会制度,庇卫奴隶主特殊权利的思想家。在当时历史条件下,他的政治主张是守旧的,落后的,反动的。有些人包括我在内曾经认为孔子是为封建社会地主阶级创

立封建主义的政治、道德、教育各种学说的进步人物,是大错特错的。杨荣国同志在他所著的《中国古代思想史》及最近发表的论文中,论定孔子是"顽固地维护奴隶制的思想家",是正确的……孔子是主张复西周王朝所制之礼,即是复西周奴隶社会的制度。

这篇文章发表于20世纪著名的"批林批孔运动"之中,而这场政治运动,对孔子的污名化,包括给孔子扣上的各种政治、文化帽子,直到今天,还是一般中国人留在心中的关于孔子的原始印象。北京大学、清华大学大批判组1974年4月3日在《人民日报》发表《孔丘其人》一文,这样评价孔子的思想和他的阶级立场:

> 孔丘出身的没落奴隶主贵族家庭,在这个社会大变革中急剧地衰落下来。他的祖先原是宋国的大贵族,后来搬到鲁国。到他父亲耶叔纥一死,孔家就更加日益没落。孔老二从小接受奴隶主阶级的反动教育,年轻时就走上了维护和复辟奴隶制的反动道路。阶级的衰败和家庭的没落,更使他顽固地、狂热地为恢复被夺去的"天堂"而斗争。"兴灭国,继绝世,举逸民",就是孔丘终生的复辟梦想。他的集中表现,便是一条"克己复礼"的反动政治路线……孔丘这个家伙对于往日奴隶主阶级的旧制度、旧秩序、旧文化十分怀念,对于当时大好的革命形势刻骨仇恨,满脑子反革命复仇思想。看到烽烟滚滚的奴隶起义,孔老二破口大骂是"强盗"和"祸害",恨不得斩尽杀绝。郑国奴隶主在一次镇压奴隶起义时,杀害

了全部参加起义的奴隶,他听到后狂叫"杀得好!"孔丘的"克己复礼",就是奴隶主屠杀有理,奴隶造反无理,他完全是奴隶解放的死对头!

上海人民出版社 1974 年出版过连环画《孔老二罪恶的一生》,八十多页,八十多幅画,八十多段文字,前四幅一开始就这样给孔子及其时代定性:

> 春秋时代,我国社会由奴隶制向封建制转化。如火如荼的奴隶起义和新兴地主阶级的夺权斗争,猛烈冲击着奴隶制统治的基础;失败的奴隶主阶级,千方百计企图恢复自己失去的"天堂"。社会上的阶级斗争,十分尖锐复杂。
>
> 就在这奴隶制崩溃、封建制兴起的社会大变革时代,奴隶主阶级的政治代表孔丘,于公元前 551 年出生在鲁国(今山东)。孔丘排行老二,所以又名仲尼,祖先本是宋国贵族,父亲孔纥是个破落的奴隶主。
>
> 孔老二念念不忘自己是奴隶主贵族的后代,他从小迷恋贵族老爷的生活,喜欢用小碗小盘做祭。
>
> 从十五岁起,孔老二就下死劲学习周朝奴隶制的典章制度,学习奴隶主贵族的"六艺"(礼、乐、射、御、书、数),梦想将来出人头地,骑在人民头上作威作福。

20 世纪中期以后,中国的基础教育实际上与传统文化经典的学习、与传统文化代表性人物比如孔子已经绝缘,"批林批孔运动"

实际上也是此后成长起来的大众第一次接触孔子；又由于改革开放之后，有关孔子的知识仍然在我们的基础教育包括大学绝大多数专业教育里阙如，"批林批孔"实际上也是一代人甚至是几代人关于孔子的最后记忆。于是，"批林批孔"中对孔子的各种污名化、丑化和野蛮定性批判，事实上成为了至今很多中国人有关孔子的基本认知。

而中国的知识阶层，无论是反思中国落后原因的新文化运动那一批文化先贤，如鲁迅、如陈独秀；还是试图引进西方理论以解决中国问题的改革开放以后的学者，都站在"面向未来"的立场上摈弃传统，视孔子为中国走向现代化的最大障碍。

前者如鲁迅，这样说孔子：

> 不错，孔夫子曾经计划过出色的治国的方法，但那都是为了治民众者，即权势者设想的方法，为民众本身的，却一点也没有。这就是"礼不下庶人"。[1]

还有陈独秀，他说：

> 若尊孔而不主张复辟，则妄人也，是不知孔子之道也。[2]

后者如李泽厚，他说：

---

1 《鲁迅全集》卷六《且介亭杂文二集·在现代中国的孔夫子》，第329页。
2 陈独秀：《独秀文存》，《复辟与尊孔》，安徽人民出版社，1987年，第116页。

> 正是这个专制主义、禁欲主义、等级主义的孔子,是封建上层建筑和意识形态的人格化的总符号,它当然是资产阶级民主革命的对象。直到今天,也仍然有不断地、彻底地肃清这个封建主义的孔子余毒的重要而艰巨的任务……它始终是中国走向工业化、现代化的严重障碍。不清醒地看到这个结构所具有的社会历史性的严重缺陷和弱点,不注意它给广大人民(不止是某个阶级)在心理上、观念上、习惯上所带来的深重印痕,将是一个巨大的错误。"[1]

> 孔子维护周礼,是保守、落后以至反动的(逆历史潮流而动)。[2]

这种对孔子的基本认知,或出于不求甚解,或出于情绪化。干春松教授指出:"这种简单化的倾向几乎为当时的激烈批评传统的人士所共有,比如将礼治看作是专制,将学习儒家经典看作是仕途的敲门砖,似乎有一些道理,但全是情绪而非学理的,这一点连新文化人士也明确承认是有意为之。因而他们所采取的语言均为激烈而夸张的……而新文化运动的基本结论一直被中国共产党所坚持,且因为中华人民共和国建立之后,为了统一人们的思想,传统的观念和西方的非马克思主义观念均被禁止传播,而儒家则一直被看作是'旧'的典型而被清理。批评儒家的言论在'文

---

1 李泽厚:《中国古代思想史论》,《孔子再评价》,人民出版社,1986年,第36-37页。
2 李泽厚:《中国古代思想史论》,《孔子再评价》,第15页。

化大革命'的政治狂潮中,被进一步放大和夸张,而孔子本人由于与林彪捆绑在一起,受到了前所未有的侮辱。"[1]

二

孔子是否维护等级社会,以及这种维护是出于公义还是出于所谓自身(包括自身所在阶级)的利益,本来是一个很复杂的问题。这个复杂问题至少包含这样几个问题和逻辑层次:

第一,等级社会在人类历史的某个阶段,在不同民族中都是一个客观存在,那么,等级社会是否在人类历史的任何一个阶段都是落后与不公正的、不合理的?这既是一个事实判断,也是一个价值判断。

第二,孔子是不问青红皂白,一概维护社会等级并且为这种等级的固化而不懈鼓吹和努力,还是通过他的努力,在实现阶级的流通,给更多下层人以上升的通道,客观上瓦解了这种固化的结构?这是一个事实判断。

第三,在孔子的诸多言论中,要找出一些维护或默认或基于那个时代等级社会而立论的言论不难,但孔子是否还有对等级社会及其问题进行批判和否定的言论?答案是肯定的。那么,我们在给孔子扣上"维护等级社会"帽子的时候,如何处理这些言论?

第四,在孔子那些"维护等级社会"的言论中,是否就是如

---

[1] 干春松:《制度儒学》,《孔子:是保守还是进取——张岱年和后"批林批孔"时期的儒学观重建》,上海人民出版社,2006年,第288页。

上文所说的"梦想将来出人头地,骑在人民头上作威作福","顽固地、狂热地为恢复被夺去的'天堂'而斗争";还是出于对社会基本规则、规范、秩序的维护甚至公正的维护?这是一个价值判断。

显然,当这四个问题呈现在我们面前的时候,稍有基本历史知识和客观理性态度的人,都会对"孔子维护等级制度"这种武断结论有所踌躇。

首先,等级制度是人类历史上长期存在并至今并未完全消除的制度。其产生之初,其实有着重大的进步意义。等级制度是从奴隶社会出现的,在封建社会更是得到完美呈现。中国作为"亚细亚生产方式"的代表之一,历史上是否存在马克思所说的那种教科书式的"奴隶制度",学术界一直持有异议,而西周以后的分封诸侯,则也被认为是典型的"封建制度",而不是什么经典意义上的奴隶制度。所以,等级社会,在孔子之前早就存在,并且是一种历史必然和进步的体现,是人类一定发展阶段中一种行之有效的管理方式和生产资料分配方式。

即使在今天,等级制度仍然是一切行政制度的基本架构模式,区别只在于是否世袭。而那种以为无论何种组织、机构都必须取消级别,或虽然有级别必须取消待遇及权力大小之别的观点,从组织运行管理的角度言,是不值一驳的,从社会公平正义的角度言,也幼稚可笑。除此之外,一个国家,也会给不同的人群以不同的但相对应的地位:比如国民待遇与超国民待遇,特赦制度和豁免权等等,这在一定条件下也有其合理性和必须性。虽然这些都不能说是"等级制度",但显然,它们与"等级制度"有着内在的同质性和相同的合理性来源。

因此,简单地从道德角度和"阶级斗争"角度来理解"等级制度"并对此做出完全负面的评价,是不合适的。

孔子确实在一定程度上维护当时的社会制度。而当时——也就是东周——所实行的制度,确实是典型的"封建制度",所以,也是典型的"等级制度",社会阶层从高到低依次分为:天子,诸侯,卿大夫,士,百姓、庶民以至于低等级的氓隶等,但问题是:

一、这种制度在当时是已经完全过时,还是仍然具有维护社会基本运作和稳定的价值?

二、在这种制度逐渐被瓦解过程中,面对下层阶级的上升,孔子是加以阻止,还是予以援手加以推进?

显然,关于第一点,这种制度在当时仍然具有相当的合理性,仍然给那个时代的社会运作甚至社会公正提供基本的制度保障,那个时代的各个阶层,仍然可以在这个制度中有获得感或仍然可以从中有所追求并实现;

关于第二点,在社会的变迁中,在下层社会的上升努力中,孔子所提供的,是促进力量而非阻碍力量。(参见本书"孔子提倡愚民吗?",第160页)

所以,孔子维护现行的社会制度,乃是出于对一种社会公正和社会秩序的维护,而不是维护什么没落阶级的利益;而他对阶层流动提供的促进作用,也并非代表所谓新兴阶层的利益诉求,而仍然是维护一种社会公平正义。其实,不仅如孔子、苏格拉底、耶稣这样的人类先知,即使是一般意义上的思想家、哲学家,其观点也都具备一定程度的超越性或普适价值,具备基本的公平正义，而不是仅仅立足于自身的利益。把思想家的思想和观点，理解为仅仅是思想家本人现实政治利益诉求，这本身就是肤浅、机械的。

所以，孔子站在哪一个阶级的立场，这是一个伪命题。孔子不站在任何一个特定阶级的立场维护这个阶级的利益；孔子只站在公平正义的立场，维护所有人的共同利益。这是一般意义上的思想家都具备的基本素质。如若不然，我们如何去看待一部人类思想史？如若古圣先贤都只是主张自己的现实利益，那他们的思想于我们今人而言，还有任何意义吗？一部思想史、哲学史还有任何意义吗？

总有人动不动就说中国古代讲等级不平等，儒家的礼十恶不赦。我回复曰——

西方中世纪及以前一直是贵族平民截然两分，至今还有爵位、女王。中国则科举之后没有血缘贵族。中国农民辛苦集聚可成地主，西方平民断无可能成为庄园主；中国贫寒子弟朝为田舍郎暮登天子堂，西方平民绝无可能跻身贵族圈——若论等级社会，古代中国和古代西方，谁是等级社会？为了维护血统纯正，西方贵族不惜哥哥娶妹妹，侄女嫁叔叔，中国古代社会主流文化则非常鄙视嫌贫爱富——哪种文化更讲究身份？

中国真正的问题，恰恰是缺少贵族以制约绝对权力；恰恰是没有贵族阶层平衡君权；恰恰是没有等级以逐层消解居高临下的权力势能。

在英国，如果没有贵族，哪有大宪章？

礼制，不是问题；

秦制，才是问题。

礼制的本质是权利；

秦制的本质是权力。

三

孔子所拥护的西周等级制度，其表现为"礼乐制度"。周朝通过礼乐制度来规范贵族的身份地位，要求贵族在衣、食、住、行等方面都要符合自己的身份，贵贱长幼之间要有差别，这是权利的保障，也是责任的明确，也是社会各类分子和谐相处的基本保障：

> 夫两贵之不能相事，两贱之不能相使，是天数也……先王恶其乱也，故制礼义以分之，使有贫、富、贵、贱之等，足以相兼临（制约）者，是养天下之本也。《书》曰："维齐非齐"（不齐才能齐），此之谓也。[1]

《孟子·滕文公上》："夫物之不齐，物之情也。"[2] 如何使不齐之万物和谐相处，实现社会稳定，是对人类智慧的考验。中国古人在这方面的杰出表现，就是"礼"和"乐"的制度建设。《乐记》："乐统同，礼辨异，""乐者为同，礼者为异。"[3]《荀子·乐

---

1 ［清］王先谦撰，沈啸寰、王星贤点校：《荀子集解·王制篇》，第151页。
2 杨伯峻：《孟子译注·滕文公章句上》，第115页。
3 ［清］阮元校刻：《十三经注疏·礼记正义》，第3315、3332页。

论》:"乐合同,礼别异。"¹ "礼""乐"的文化功能,就是通过别异合同,实现社会整合,甚至协调人与自然的关系。《荀子·礼论》:

> 礼起于何也?曰:人生而有欲,欲而不得,则不能无求,求而无度量分界,则不能不争。争则乱,乱则穷。先王恶其乱也,故制礼义以分之,以养人之欲,给人之求。使欲必不穷乎物,物必不屈于欲,两者相持而长,是礼之所起也。²

《荀子·礼论》说:"礼有三本:天地者,生之本也;先祖者,类之本也;君师者,治之本也。""上事天,下事地,尊先祖而隆君师,是礼之三本也。"³ 所谓"礼之三本",乃是给人一个身份定位:敬天法祖,尊天事鬼敬君师,后来中国人中堂上悬挂天、地、君、亲、师五个大字作为礼拜的主要对象,民国以后改"君"为"国",于中国人内心中的敬畏感,也毫无违拗。倒是将这一切推倒,不仅无法无天,也无父无君,欺师灭祖,坑蒙拐骗,无所不用其极,这是什么自由?这是孟子痛斥的禽兽:

> 人之有道也,饱食、煖衣、逸居而无教,则近于禽兽。⁴

这个"人之道"是什么?就是"礼",就是规矩,就是自知

---

1 [清]王先谦撰,沈啸寰、王星贤点校:《荀子集解·乐论篇》,第371页。
2 [清]王先谦撰,沈啸寰、王星贤点校:《荀子集解·礼论篇》,第337页。
3 [清]王先谦撰,沈啸寰、王星贤点校:《荀子集解·礼论篇》,第340页。
4 杨伯峻:《孟子译注·滕文公章句上》,第114页。

身份的敬畏！

不少人在反对礼制时，都要提到"礼不下庶人，刑不上大夫"，以此批判礼乐文化是特权文化，是司法不公的源头。其实，司法公正本来就是一个历史的过程，是不断实现的过程；其次，"礼不下庶人，刑不上大夫"并非如一般人理解的那样，是对下层人民无礼，对上层贵族无刑。《礼记·曲礼》郑玄注云：

> 礼不下庶人，为其遽于事，且不能备物。刑不上大夫，不与贤者犯法，其犯法，则在八议轻重，不在刑书。[1]

也就是说，礼不下庶人，乃是不以礼的规则要求约束无钱无闲的庶人，其实是对庶人的宽容和理解。比较一下今人：今人动辄在道德高地上斥责农民工不回乡奉养年迈的父母，动辄鼓吹不近人情的"孝文化"，这不仅是推卸国家社会的养老责任，更是对生活捉襟见肘的农民工的苛酷。

刑不上大夫，乃是大夫犯法，不交给司法部门按刑律来定罪行并实施惩罚，而是由君主召集贵族"八议轻重"，予以处罚。其区别不在于可以逃避处罚，而在于处罚场所不同，这仅仅是对贵族体面的一种优待。而顾及贵族之体面，恰恰是一种权益意识，是对君权无限绝对化的防范。

再看唐孔颖达《正义》：

---

[1] ［清］阮元校刻：《十三经注疏·礼记正义》，第2704页。

> 刑不上大夫者，制五刑三千之科条，不设大夫犯罪之目也。所以然者，大夫必用有德，若逆设其刑，则是君不知贤也。[1]

大夫之封爵，乃出于君，而国君之所以予以封爵，就是信任其德行。所以，从理论上说，一个可能犯法的人，君不可能予以封爵，而如果刑书上预设大夫犯法的条例，也就等于向人们承认：国君也可能犯错——这在执政理念上是不能容忍的。但是，这并不表明国君圣明无过错，也并不表明犯法的大夫可以免于惩处，只是一种贵族荣誉和体面而已。事实上，由于权力斗争的残酷性，对官员的处罚实际上往往比一般平民更严重——那些诛九族满门抄斩这样的处罚，恰恰往往发生在上层社会。

四

当然，我们知道，西周确实是一个身份社会或曰等级社会，人的基本权利和义务决定于他的身份。由于身份不同，人当然会在社会上有不同的地位、权利，但是，人也有追求超越自身身份而达到更高级别的意愿，正是这种追求，促进了社会的阶层流动，推动了社会进步。那么，孔子一生的事业，是否如上文所引那些批孔者所言，就是为了维护西周的等级制度，维护上层统治者的特权，而阻止下层社会的上升？

答案显然是否定的。一个最简单直接的证据，就是孔子的教育。

---

[1] ［清］阮元校刻：《十三经注疏·礼记正义》，第2705页。

西周时期,"官守学业,皆出于一,而天下以同文为治,故私门无著述文字",[1]学校由官方(天子和诸侯)办,至"周室东迁,庠序废坠,春秋二百四十年,诸侯学校之制见于经传者,亦只鲁僖公之立泮宫,郑子产不毁乡校二事,外此诸国,几未闻其有一二学校。"[2]这就是官学的衰落。与官学衰落相应的,则是先秦私学的兴起,所谓"天子失官,学在四夷",[3]正是此种情形的写照。章太炎在《国故论衡》中说:"老聃仲尼而上,学皆在官,老聃仲尼而下,学皆在家人。"[4]

先秦私学和官学相比,生源复杂是私学的重要特点,甚至是最体现私学革命性意义的特点。私学打破了贵族对文化教育的垄断,大批新兴的地主、商人、平民子弟进入私学。《荀子·法行》载:

> 南郭惠子问于子贡曰:"夫子之门,何其杂也?"子贡曰"君子正身以俟,欲来者不距,欲去者不止……是以杂也。"[5]

南郭惠子认为孔门生徒"杂",显然是从传统教育的"纯"来对比的。"纯",是指生源来自同一阶层即贵族阶层,且生源有限;而"杂"正是私学的特点:生源来自社会各个不同阶层,且规模宏大,以至于弟子三千,这样规模的教育,是官学不可想象的。孔子"弟

---

1 [清]章学诚著,王重民通解,傅杰导读,田映曦补注:《校雠通义通解》,上海古籍出版社,2009年,第1页。
2 黄绍箕:《中国教育史》卷四,1902年,第35页。
3 [清]阮元校刻:《十三经注疏·春秋左传正义》,第4526页。
4 章太炎撰,陈平原导读:《国故论衡》,上海古籍出版社,2003年,第59-60页。
5 [清]王先谦撰,沈啸寰、王星贤点校:《荀子集解·法行篇》,第519页。

子盖三千焉,身通六艺者,七十有二人"，[1] 孔子死后，"七十子之徒散游诸侯,大者为卿相师傅,小者友教士大夫"，[2] 多继承他的教育事业,私人讲学授徒。这样的教育,是知识的普及,是教育权利的下移,也是下层寒士的上升。

《吕氏春秋·尊师》中的一段记载,最能说明先秦私学的平民教育与"杂"的特点:

> 子张,鲁之鄙家也;颜涿聚,梁父之大盗也,学于孔子。段干木,晋国之大驵也,学于子夏。高何、县子石,齐国之暴者也,指于乡曲,学于子墨子。索庐参,东方之巨狡也,学于禽滑黎。此六人者,刑戮死辱之人也。今非徒免于刑戮死辱也,由此为天下名士显人,以终其寿,王公大人从而礼之。此得之于学也。[3]

"刑戮死辱之人"而"为天下名士显人"，"王公大人从而礼之"，这一转变,正是"得之于学"。

《论语·述而》里还有这样一条记载:

> 互乡难与言。童子见,门人惑。子曰:"与其进也,不与其退也,唯何甚？人洁己以进,与其洁也,不保其往也。"

---

1 [汉]司马迁：《史记》卷四七《孔子世家》，第1938页。
2 [汉]班固：《汉书》卷八八《儒林传》，第3591页。
3 张玉春等：《吕氏春秋译注·孟夏纪·尊师》，第89页。

互乡在哪里，今不可考。但属于"野人"应该没有太大问题。这个地方的人比较愚昧和蛮横，很难与他们讲道理。一个童子却受到孔子的接见，弟子们都疑惑不解。孔子说："我们要赞助他的进步，不鼓励他的后退，何必做得太过分？人家清洁自己以求进步，就要赞许他的清洁，而不要老盯着他以往的行为。"

肯定并鼓励人现在的进步，不纠缠人过去的错误，所以，"有教无类"，这个"类"，不仅是指身份，还包括诸如地域风俗和地域历史文化等等。这是圣人胸怀的一种表现，这也是孔子"泛爱众而亲仁"的表现，孔子何曾对不同身份的人有道德上的歧视和政治上的排斥？

孔子门徒中，有穷居陋巷的颜渊，"衣弊衣以耕"的曾参，居"上漏下湿""不堵之室"的原宪，还有"卞之野人"子路；那位被孟子称为"得圣人之一体"的子张，据《吕氏春秋》所言，也是鄙家出身，鄙家即野人。孔子"有教无类"，一视同仁，"有鄙夫问于我，空空如也，我叩其两端而竭焉。"[1]对"鄙夫"他也能"诲人不倦"，必从终始本末粗精上下而详尽解答，哪里有身份的歧视？

这种"杂"，用孔子自己的话讲就是"有教无类"。有教无类，这真是中国教育史上开天辟地的大事。从教育观念上讲，至少孔子承认，所有的人都有受教育的权利。在孔子之前，非贵族子弟是没有受教育权利的，孔子为我们找回来了。同时，由于孔子的有教无类，让各个阶层的人、各种出身的人都来受教育，从而极大地提高了中华民族的文化水平，促进了中华民族从一个愚昧的

---

[1] 《论语·子罕》。

时代进入文明的时代。

"有教无类"其实还有一个解释,那就是:接受了同等的教育,就会泯灭此前的身份差异而获得无差别的认同。这一点当然在孔子时代只是一个梦想或只是极少数人才能实现的梦想,但在后来的科举时代,"朝为田舍郎,暮登天子堂"却是寒门士子的基本追求。"士大夫"是一个合成词,由"大夫"和"士"合并而来,本来,大夫与士是周代社会的两个不同的阶层,大夫在前士在后,所以,"大夫士"是更早的提法。后来,士可以凭借自己的能力而取得大夫之职,便有了"士大夫"的说法。"士大夫"的说法和"大夫士"说法的区别不仅仅在于词序的颠倒,更在于晋身之路和政治制度的一种变化:出身寒门的读书人——士子可以成为国家的管理者。"大夫士"是说一种等级制度,"士大夫"是说一种晋升制度。正是这种制度,保证了中国古代社会阶层的流动性,而这一切,都要追溯到孔子。《论语·先进》篇中的这一则,实际上就是这个时代的历史先声:

> 子曰:"先进于礼乐,野人也。后进于礼乐,君子也。如用之,则吾从先进。"

孔子说,先学习礼乐后做官的,是野人;先有了官职而后学习礼乐的,是卿大夫子弟。如果要选用他们,我将选用先学习礼乐的人。

我们知道,那时普遍存在的是后者:卿大夫子弟承袭父兄庇荫,不学而先授官。照这种做法,做官的前提条件就是"出身"了。

但孔子却主张要更加侧重于任用"通过学习获得能力"的"野人",而不是"通过血缘获得身份"的"君子"(君之子)。

由于私学生源复杂,不再是单纯的贵族子弟,不仅学生的思想百种千样,复杂得多,更重要的是,促进了阶层的流动。在战国初期,就出现了布衣卿相之局和"礼贤下士"之风。那些在政坛上和外交上极为活跃的人往往都出身于士,"一个很平凡的士,通过游说,一经国君赏识,便可被提拔为执政的大臣"。[1]如孔子学生所培养的弟子田子方、段干木、吴起、李克等,皆"为王者师"。还有如卫鞅、张仪、甘茂、范雎、李斯等都由布衣而成为秦国的权要,其他各国这类情况也很常见。而在外交上大显身手的如苏秦、公孙衍等人,还有那些作为食客的士,如信陵君无忌手下的毛公、薛公,平原君赵胜手下的毛遂,孟尝君田文手下的冯谖等人,都对外交政策和政治格局起过重要影响。而这些人,都得力于先秦私学的教育下移。作为先秦私学开创者的孔子,怎么能说他"维护等级社会"呢?

---

[1] 杨宽:《战国史》,上海人民出版社,1980年,第401页、402页。

孔子该对奴隶人格负责吗？

说孔子提倡奴隶人格，是把明清以来专制深化培育出的中国国民性中的奴性，赖到了两千多年前的孔子身上了。其逻辑非常简陋：中国民众普遍存在奴性，而这种奴性来自于中国的传统文化。孔子是传统文化的代表，所以，孔子一定是奴隶人格的提倡者，是奴隶文化的源头。

在回答孔子是否提倡奴隶人格之前，我们先要确定另一个事实，那就是，中国人的国民性中确实普遍存在着奴性，深刻的奴性，这一点，新文化运动以来，以鲁迅为代表的"五四"先贤并没有说错。美国人阿瑟·亨德森·史密斯出版于1894年的《中国人的人性》中，也指出中国人国民性中的种种与奴性相辅相成的诸如麻木不仁、缺乏公心和同情心、缺乏诚信和责任心、逻辑混乱等问题。[1]

但是，这些问题，真的可以追溯到孔子，由孔子肇源，因而该由孔子负责吗？

事实上，中国人普遍存在的愚昧、自私、胆怯、奴性，其根源，在于专制政体，在于专制政体建立的权力社会，在于权力社会中无处无时不在的权力对人的绝对控制。所以，如果要找根源，那就要找到这样的制度，找到这样制度的建立者和统御者如嬴政、朱元璋、康熙乾隆……如果还一定要找到其文化上的代言人，或理论上的主张者和设计者，那也是以商鞅、韩非为代表的法家。在法家的人格库里，只有君王一人有人格，其他的所有人，包括君王出身所自的家族成员、贵族集团，都是他的奴隶，都毫无人格可言。事实上，奴隶人格的典型表现，就是无人格，无人格就是奴隶人格。

而孔子为代表的儒家，恰恰是极力在建构人格。《孟子·尽心下》："孟子曰：'仁也者，人也。合而言之，道也。'"[2]孔子的"仁"学体系，就是"人的觉醒"，人的觉醒，就是人格的自觉，《大学》所讲的"明明德"，就是人格的倡明。而孔子的人格理想，一言以蔽之，就是"君子人格"，而"成人"——完善人格，正是孔门一直关心讨论的人生大问题。《论语·宪问》：

---

1 [美]阿瑟·亨德森·史密斯著，姚锦镕译：《中国人的人性》，北京：中国和平出版社，2006年。该书论述中国人国民性问题的专章有：第十章论述心智混乱；第十一章论述麻木不仁；第十三章论述缺乏公心；第二十一章论述缺乏同情心；第二十三章论述相互责任和遵制守法；第二十五章论述诚信缺失。
2 杨伯峻：《孟子译注·尽心章句下》，第305页。

> 子路问成人，子曰："若臧武仲之知，公绰之不欲，卞庄子之勇，冉求之艺，文之以礼乐，亦可以为成人矣。"曰："今之成人者何必然？见利思义，见危授命，久要不忘平生之言，亦可以为成人矣。"

子路问怎样才是个完人。孔子说："像臧武仲那样明智，孟公绰那样不贪，卞庄子那样勇敢，冉求那样多才多艺，再用礼乐来文饰，也就可以成为完人了。"又说："可现在做一个完人何必一定这样呢？只要他见到财利时能想到道义，遇到国家危难而愿付出生命，久处穷困也不忘平日的诺言，也就可以算是一个完人了。"臧武仲、孟公绰、卞庄子皆鲁国大夫。臧武仲知取舍之间，明智；孟公绰不贪少欲，仁德；卞庄子曾一人搏虎，勇敢；冉求，孔子弟子，多才艺（孔子所指的才艺，与今人不同在于，这些"艺"相对于"道"而言，乃是"道"之具形）。可见孔子的成人标准——或人格典范，应该是既有"道"（仁智勇三达德）的高度，还有"艺"的感性。

讲到"成"，看这一则，《论语·泰伯》：

> 子曰："兴于《诗》，立于礼，成于乐。"

何为"兴于《诗》"？《论语·阳货》：

> 子曰："小子何莫学夫《诗》？《诗》可以兴，可以观，可以群，可以怨；迩之事父，远之事君；多识于鸟兽草木之名。"

"兴"，兴者，醒也，起立也，《诗经·卫风·氓》"夙兴夜寐"。兴即是觉醒，是人格意识的觉醒，是生命力的觉醒，是道德意识的建立。而后面的另外三个字"观""群""怨"，则分别意指价值判断力（道德分辨）、责任担当（伦理义务）和独立自主（自由意志）。这样的人，这样的人格，何等纯粹高尚！

讲到"三达德"的仁智勇，《论语》中两次并置而论。

《子罕》：

> 子曰："知者不惑，仁者不忧，勇者不惧。"

《宪问》：

> 子曰："君子道者三，我无能焉：仁者不忧，知者不惑，勇者不惧。"子贡曰："夫子自道也。"

这两处区别在于，孔子表述的智者、仁者、勇者——在后一则中他讲的不再是一种抽象的品德，而是具体的人及其人格。孔子显然是用一种极其向慕的口吻在说这样的人，并且，他还明谦虚实自况地说自己就是这样的人，聪明的子贡看出这点，直接揭穿了说："夫子自道也。"

"知耻"是人格觉醒的基本标志，也是一个人有无人格的基本标准。这一点，不仅以所谓"耻文化"为特征的中国文化如此，以所谓"罪文化"为特征的基督教文明也是如此，按照《圣经》的说法，人类历史的开篇就是亚当夏娃吃了智慧树上的果子开始觉得羞耻。孔门日常讨论里，就有"耻感"问题，《论语·宪问》：

宪问耻，子曰："邦有道，谷。邦无道，谷，耻也。"

类似的如《论语·泰伯》：

子曰："……邦有道，贫且贱焉，耻也。邦无道，富且贵焉，耻也。"

有了这种耻感，也就相应地产生崇高感、荣誉感，孔子说"君子上达，小人下达"，君子上达，便是一种人格的升华。《论语·学而》：

子贡曰："贫而无谄，富而无骄，何如？"子曰："可也。未若贫而乐（道），富而好礼者也。"子贡曰："《诗》云：'如切如磋，如琢如磨'，其斯之谓与？"子曰："赐也！始可与言《诗》已矣，告诸往而知来者。"

当子贡自豪自负地拿"贫而无谄，富而无骄"来向孔子提问时，事实是他在向孔子验证自己的修为，并希望在老师那里获得表扬。他之所以有这样良好的自我感觉，是因为世界上更多存在的是"贫而谄，富而骄"，而他已经超越这些，所以，这段师生对话，实际上讲了人格三层次——除了这里的两个层次外，孔子还指出了一个更高的层次：贫而乐道，富而好礼。无谄，无骄，只是对不良人生的否定与拒绝；乐道，好礼，则是对道德人生的追求与实践。

有意思的是，子贡马上就联想到《诗经》中的句子"如切如磋，如琢如磨"，人格的提升就如同琢玉：先切，再琢，再磨，一步一步趋于晶莹剔透的造化之境。

孔子对于君子人格的建构，特别体现在他对"士"和"儒"的人格重构中。在孔子之前和之时，"士"只是上层社会中的底层，由于其缺乏稳定的社会地位和经济收入，他们总是处在"患得患失"的心理状态中，这样的阶层，是很难有独立的人格追求的。其中的落魄者，完全失去向上可能的"士"，则沦落为"儒"。儒的形象当时非常糟糕，孔子适齐，景公欲重用之，而晏婴不可。晏婴对孔子的不良印象，其实多出于对儒的历史偏见以及现实中儒的整体社会形象：

> 夫儒者滑稽而不可轨法。倨傲自顺，不可以为下；崇丧遂哀，破产厚葬，不可以为俗；游说乞贷，不可以为国。[1]

晏婴说：儒么，能言善辩，这种人不是法律能管得住的。他们傲慢、自大，这也不是一个做下属的好人选；他们讲究厚葬，靡费钱财，这也不能成为齐国的风俗；他们周游列国，追求做官，这样的人也不大靠得住。儒者的这种整体生态、气质和社会形象，甚至在孔子以后很久，都很难改变，《墨子》有《非儒》，其中有曰：

1　[汉]司马迁：《史记》卷四七《孔子世家》，第1911页。

繁饰礼乐以淫人，久丧伪哀以谩亲，立命缓贫而高浩居，倍本弃事而安怠傲，贪于饮食，惰于作务，陷于饥寒，危于冻馁，无以违之。是若人气，鼸鼠藏，而羝羊视，贲彘起。君子笑之，怒曰："散人焉知良儒！"夫夏乞麦禾，五谷既收，大丧是随，子姓皆从，得厌饮食。毕治数丧，足以至矣。因人之家翠以为，恃人之野以为尊，富人有丧，乃大说喜，曰："此衣食之端也！"[1]

墨子说：儒用繁杂的礼乐去迷乱人，长期服丧假装哀伤以欺骗死去的双亲，造出"命"的说法，安于贫困以傲世，背本弃事而安于懈怠傲慢，贪于饮食，懒于劳作，陷于饥寒，有冻馁的危险，没法逃避。就像乞丐，像田鼠偷藏食物，像公羊一样贪婪地看着，像阉猪一样跃起。君子嘲笑他们，他们就说："庸人怎能知道良儒呢！"夏天乞食麦子和稻子，五谷收齐了，跟着就有人大举丧事，子孙都跟着去，吃饱喝足。办完了几次丧事，就足够了。依仗人家而尊贵，依仗人家田野的收入而富足。富人有丧，就非常欢喜，说："这是衣食的来源啊！"

这一段对儒者的痛詈确实严厉，但也是一般人对儒者的印象。这样的儒者，是没有人格的。章太炎《国故论衡·原儒》中对儒者有如是分类：

> 儒有三科，达名、类名、私名。所谓达名，殆公族术士之意。儒士即术士。所谓类名，殆知礼乐射御书数之人，皆为国家

---

[1] ［清］孙诒让：《墨子閒诂》，第291-293页。

桢干。所谓私名,与今人所云甚近。即《七略》所谓"儒家者流,盖出于司徒之官,助人君顺阴阳明教化者也。游文于六经之中,留意于仁义之际,祖述尧舜,宪章文武,宗师仲尼,以重其言,于道为最高。"[1]

所谓达名,即算命打卦、风水巫医……晏子、墨子所指斥者。所谓类名,即各级官员、公务员。所谓私名,即知识分子,道义承担者。钱穆先生曾说:

> 惟自孔子以后,而儒业始大变。孔子告子夏:"汝为君子儒,毋为小人儒。"可见儒业已先有。惟孔子欲其弟子为道义儒,勿仅为职业儒,其告子夏者即此意。[2]

我们再来看看《孔子家语·儒行解》中,孔子塑造的儒者形象:

> 儒有不宝金玉,而忠信以为宝;不祈土地,而仁义以为土地;不求多积,多文以为富。难得而易禄也,易禄而难畜也。非时不见,不亦难得乎?非义不合,不亦难畜乎?先劳而后禄,不亦易禄乎?其近人情,有如此者。

儒者不以金玉为宝,而以忠实诚信为宝;不求土地,而将仁

---

[1] 章太炎撰,陈平原导读:《国故论衡》,第104–107页。
[2] 钱穆:《孔子传》,第8页。

义当作土地；不求多积财物，而以学识广博作为富有。这种人难以求得，却不在乎俸禄多少；容易支付俸禄，却又很难蓄养。不到一定的时机，他不会出来效力，不是难得吗？不符合正义他就不会合作，不是难以蓄养吗？要求自己先有功劳而后享受俸禄，这不就是容易付酬吗？他们就是这样合情合理地与人相处。

儒有委之以财货而不贪，淹之以乐好而不淫，劫之以众而不惧，阻之以兵而不慑。见利不亏其义，见死不更其守……儒有可亲而不可劫，可近而不可迫，可杀而不可辱……

儒者接受别人的财物但并不贪求，有爱好却不会邪淫，被人多势众胁迫不会畏惧，被兵器威吓也不会动摇。见到利不会损害义；宁愿死也不改变自己的操守……儒者可以亲善而不能被要挟，可以和他接近而不能受逼迫，可以接受死亡而不会接受侮辱……

儒有上不臣天子，下不事诸侯。慎静尚宽，底厉廉隅。强毅以与人，博学以知服。虽以分国，视之如锱铢，弗肯臣仕。其规为有如此者。[1]

儒者有时候上不臣天子，下不事诸侯。谨慎安静，崇尚阔大，磨炼品行，廉洁方正。刚强坚定却又善与人交，涉猎广博却又知道认取正道。即使封他做诸侯，也视同锱铢，不肯称臣也不去做官。

---

[1] 王国轩、王秀梅译注：《孔子家语·儒行解》，第 41-43 页。

他们就是这样以正道来规范自己的行为。

孔子以后，正由于孔子对士和儒的人格进行重新塑造，对其社会身份、社会功能的重新定义，知识分子因此才不再是专家，不再是专业技术人员，职责也不再是从事某些专业技术性的工作，而是"祖述尧舜，宪章文武"，担当天下，担当道义，这样的任重道远的君子儒，是有大人格的：

> 曾子曰："可以托六尺之孤，可以寄百里之命，临大节而不可夺也。君子人与？君子人也！"[1]

> 曾子曰："士不可以不弘毅，任重而道远。仁以为己任，不亦重乎？死而后已，不亦远乎？"[2]

> 子曰："三军可夺帅也，匹夫不可夺志也。"[3]

有人曾经问孟子："士何事？"

> 孟子曰："尚志"。曰："何谓尚志？"曰："仁义而已矣。杀一无罪非仁也，非其有而取之非义也。居恶在？仁是也；路恶在？义是也。居仁由义，大人之事备矣。"[4]

---

[1] 《论语·泰伯》。
[2] 同上。
[3] 《论语·子罕》。
[4] 杨伯峻：《孟子译注·尽心章句上》，第292页。

这样的儒者，是独立不倚，内心自足的。

有人说孔子，"他的作品从未为中国人内心提供一个可以对抗世俗权力的价值体系，提供的是一切围绕权力转。"他这种说法，换一个主语，就没有问题了，把"孔子"换成法家的任何一个人都行，唯独这样说孔子，是对孔子人生实践和孔子思想情怀的无视。

从人生实践上讲，孔子自己一生固然不拒绝和诸侯及其权势合作（这是推行道义的途经），但孔子本人从来没有放弃过自己的原则，从来没有辱没自己的良知！这也是人们常说他终生不得志的原因。他对学生的教诲，更从来没有主张"围绕权力转"，他的学生冉求为季氏聚敛，子曰："非吾徒也，小子鸣鼓而攻之，可也。"[1] 季氏将伐颛臾，冉有、季路见孔子，估计是为此向孔子疏通，孔子对他们严加斥责。[2]

《论语·先进》：

> 季子然问："仲由、冉求可谓大臣与？"子曰："吾以子为异之问，曾由与求之问，所谓大臣者，以道事君，不可则止。

---

1 《论语·先进》。
2 《论语·季氏》。原文：季氏将伐颛臾。冉有、季路见于孔子曰："季氏将有事于颛臾。"孔子曰："求！无乃尔是过与？夫颛臾，昔者先王以为东蒙主，且在邦域之中矣，是社稷之臣也。何以伐为？"冉有曰："夫子欲之，吾二臣者皆不欲也。"孔子曰："求！周任有言曰：'陈力就列，不能者止。'危而不持，颠而不扶，则将焉用彼相矣？且尔言过矣。虎兕出于柙，龟玉毁于椟中，是谁之过与？"冉有曰："今夫颛臾，固而近于费。今不取，后世必为子孙忧。"孔子曰："求！君子疾夫舍曰欲之而必为之辞。丘也闻有国有家者，不患寡而患不均，不患贫而患不安。盖均无贫，和无寡，安无倾。夫如是，故远人不服，则修文德以来之。既来之，则安之。今由与求也，相夫子，远人不服而不能来也，邦分崩离析而不能守也，而谋动干戈于邦内。吾恐季孙之忧，不在颛臾，而在萧墙之内也。"

今由与求也,可谓具臣矣。"曰:"然则从之者与?"子曰:"弑父与君,亦不从也!"

"以道事君,不可则止"——哪里是什么围绕权力转?!荀子讲"从道不从君,从义不从父",也正是孔子的主张。其实,除了"从道不从君,从义不从父",还有一个"从仁不从师",《论语·卫灵公》:

子曰:"当仁不让于师。"

天地君亲师——除了天地,人间的君亲师,都不足以牢笼我们!这是何等伟岸高峻不可奴蓄的人格!

所以,孔子恰恰是"为中国人的内心提供一个可以对抗世俗权力的价值体系"的人:

子曰:"志于道,据于德,依于仁,游于艺。"[1]

子曰:"兴于《诗》,立于礼,成于乐。"[2]

首先,孔子为我们开出的内心依赖中,是道、德、仁、艺、诗、礼、乐,没有世俗权力,没有体制依附。其次,此道、德、仁、艺、

---

1 《论语·述而》。
2 《论语·泰伯》。

诗、礼、乐，是一个完满的生命支撑，可以给我们的生命提供完美的形态；给我们的生活提供完备的依据；给我们的人生提供完满的价值。从形上之道，到体道之艺，真善美俱备，据此，我们完全有能力抵制世俗权力的利诱、威逼，以及生活的贫寒，所以：

> 子曰："富与贵，是人之所欲也，不以其道得之，不处也。贫与贱，是人之所恶也，不以其道得之，不去也。君子去仁，恶乎成名？君子无终食之间违仁，造次必于是，颠沛必于是。"[1]

可见，在孔子那里，支撑着"人"的，不是权势及其兑现给我们的富贵，而是"仁"，除此之外，无以成就君子的人生。

《论语·述而》，子曰："饭疏食，饮水，曲肱而枕之，乐亦在其中矣。不义而富且贵，于我如浮云。"这样的人生，哪里需要什么权势与富贵来加持！

孔子为我们的人格，找到了一个坚实的支撑，那就是："仁"。在这样的思想体系下，才有孟子的"大丈夫"人格，而孟子的"大丈夫"人格，恰恰是建立在对权势反抗的前提之下，是对"以顺为正"的"妾妇之道"的扬弃：

> 景春曰："公孙衍、张仪岂不诚大丈夫哉？一怒而诸侯惧，安居而天下熄。"孟子曰："是焉得为大丈夫乎？子未学礼乎？丈夫之冠也，父命之；女子之嫁也，母命之，往送之门，戒之曰：

---

[1] 《论语·里仁》。

'往之女家，必敬必戒，无违夫子！'以顺为正者，妾妇之道也。居天下之广居，立天下之正位，行天下之大道；得志，与民由之；不得志，独行其道。富贵不能淫，贫贱不能移，威武不能屈，此之谓大丈夫。"[1]

有意思的是，孟子并不否定"妾妇之道"，妾妇之道是妾妇必须遵守的道，而大丈夫，则是另外的道，这个"道"的最关键内涵，恰恰是妾妇之道的反面，不是"顺"，是独立不倚。

孔子讲，一个人要做君子；孟子讲，一个人要做大丈夫，富贵不能淫，贫贱不能移，威武不能屈。

孔子讲"杀身成仁"；孟子讲"舍生取义"，这样的人格，怎么可能是奴隶人格？！

---

[1] 杨伯峻：《孟子译注·滕文公章句下》，第128页。

孔子主张暴力杀戮吗？

20世纪70年代，一本关于孔子事迹的连环画中提到，郑国"奴隶"在萑苻泽暴动，被子太叔镇压后，孔子"大声喊好，叫嚷什么：'对奴隶太宽大，他们就要造反，只有严厉镇压，才能斩草除根！'"[1]

《左传·昭公二十年》有记载这段历史：

> 郑子产有疾，谓子大叔曰："我死，子必为政。唯有德者能以宽服民，其次莫如猛。夫火烈，民望而畏之，故鲜死焉；水懦弱，民狎而玩之，则多死焉，故宽难。"疾数月而卒。大叔为政，不忍猛而宽。郑国多盗，取人

---

[1] 萧甘编文：《孔老二罪恶的一生》，上海人民出版社，1974年。

于萑苻之泽。大叔悔之,曰:"吾早从夫子,不及此。"兴徒兵以攻萑苻之盗,尽杀之,盗少止。

仲尼曰:"善哉!政宽则民慢,慢则纠之以猛。猛则民残,残则施之以宽。宽以济猛,猛以济宽,政是以和。《诗》曰:'民亦劳止,汔可小康;惠此中国,以绥四方',施之以宽也。'毋从诡随,以谨无良;式遏寇虐,惨不畏明',纠之以猛也。'柔远能迩,以定我王',平之以和也。又曰:'不竞不絿,不刚不柔,布政优优,百禄是遒',和之至也。"及子产卒,仲尼闻之,出涕曰:"古之遗爱也。"[1]

因为孔子的"善哉"紧接在子太叔对萑苻之盗的"尽杀之"之后,所以,确实很容易会被人误解为孔子对这次杀戮叫好。但是,仔细揣摩文义,孔子的"善哉"之叹,其实是对子产言论的评价,而不是对子太叔平定萑苻之盗的评价。因为,孔子之言之后,下面紧接着"及子产卒",显然表明,孔子的这番话,是说在子产死之前——也就是说,孔子这段话,只能是对子产言论的评价,而不可能是对数年之后对子太叔政治的评价。说子太叔平定萑苻之乱是在数年之后,是基于这样的合理推测:在子产这段遗言之后几个月,子产才死,子产死后,子太叔行政"不忍猛而宽"以至于产生"多盗"的后果,然后再发兵平息,整个过程总还得一两年吧。《左传》中关于子太叔之后悔以及最终不得不发兵平息萑苻之盗这样的叙述,应该是作为子产遗言的印证而作的"插叙"——

---

[1] [清]阮元校刻:《十三经注疏·春秋左传正义》,第4549—4550页。

这是《左传》中常见的"修辞"手法,目的是为了证明子产的政治观点和政治远见。熟悉《左传》叙事方式修辞特点的人,应该可以辨别。

其实呢,假如我们"不为观念问题忘记现实问题",那么,还有两个问题:

一、这些萑苻之盗是否就是我们"阶级斗争"观念下造反有理的"奴隶"?这种主观认定凭的是什么?

二、世俗政权是否有权力也有义务对诸如盗匪施以诛戮?这种对境内盗匪的平定行为与"仁政"并不矛盾,甚至是仁政的一部分,因为保护守法百姓不受强盗土匪的侵害是为政者的义务。

在历史上,孔子是否赞成暴力对待民众,确实是一个很大的问题,这既涉及到一般人对孔子的理解,更涉及到儒家文化的特质,以及以儒家文化为基本特色的中国传统文化中政治文化的特质。直言之,对孔子的理解或误解,不仅涉及到孔子,还涉及到中国传统文化的基本良知。

其实,纵观孔子一生,孔子从来没有主张过暴力杀戮的政治。他的最经典也最为人所知的言论是:

> 道之以政,齐之以刑,民免而无耻。道之以德,齐之以礼,有耻且格。[1]

对于民众,用政策去引导,用刑罚去整顿,虽然能使他们暂

---

1 《论语·为政》。

时幸免罪过,但是他们还是没有羞耻之心。反之,若用道德去引导,用礼节去整顿,他们不但会有羞耻之心,而且还会自觉地走正路。

《论语》有一章叫《为政》,章名取自这样的话:

> 子曰:"为政以德,譬如北辰,居其所而众星共之。"

还是在这一章,有一则"哀公问":

> 哀公问曰:"何为则民服?"孔子对曰:"举直错诸枉,则民服;举枉错诸直,则民不服。"

让人民服从的施政方针里,没有暴力的选项。甚至,哪怕是暴力恐吓也不可以,《论语·八佾》:

> 哀公问社于宰我。宰我对曰:"夏后氏以松,殷人以柏,周人以栗,曰:使民战栗。"子闻之,曰:"成事不说,遂事不谏,既往不咎。"

宰我的话,前面都是对的,错只错在最后一句:"使民战栗。"难道政治或政府是要人民害怕而战栗的吗?如果一个政府是通过恐怖政策来压服人民的,那它简直不就是黑社会、恐怖组织吗?所以,孔子很生气。

在《论语》的第二十章,《尧曰》里,孔子有这样的话:

> 不教而杀谓之虐；不戒视成谓之暴；慢令致期谓之贼；犹之与人也，出纳之吝谓之有司。

治理国家，管理人民，不是通过教化致善而是专主杀戮制恶，不是通过告诫制止而是专等罪成用刑，这是暴虐。

孔子最痛恨的就是动辄杀人的野蛮政治，《论语·颜渊》：

> 季康子问政于孔子曰："如杀无道以就有道，何如？"孔子对曰："子为政，焉用杀？子欲善，而民善矣。君子之德风，小人之德草。草上之风，必偃。"

季康子问孔子如何为政："如果通过杀戮无道的坏人来迫使人民走上正道，如何呢？"孔子回答说："您执政，哪里用得着杀人呢？您要从善，百姓也会从善的。君子之德如同风，小人之德如同草。风往哪个方向吹，草往哪个方向倒。"

在《孔子家语·好生》里，记载了这样一个故事：有一次，鲁哀公问了孔子一个很学术很无聊的问题："昔者舜冠何冠乎？"——过去舜戴什么样的帽子啊？孔子不对——孔子不予理睬。弄得鲁哀公很不满也很不解："寡人有问于子而子无言，何也？"——您为什么不理我呢？孔子含蓄地揶揄道："以君之问不先其大者，故方思所以为对。"——因为你问这么一个无聊的小问题，却对大问题不闻不问，我在想如何回答你。公曰："其大何乎？"——那么，什么是大问题呢？孔子告诉鲁哀公：

> 舜之为君也，其政好生而恶杀，其任授贤而替不肖，德若天地而静虚，化若四时而变物，是以四海承风，畅于异类，异类四方之夷狄也凤翔麟至，鸟兽驯德，驯顺无他也，好生故也。君舍此道，而冠冕是问，是以缓对。[1]

舜之时，德若天地，化若四时，四海承风，畅于异类，凤翔麟至，鸟兽驯德，你知道为什么吗？——无他，好生故也——没有别的什么诀窍，就是两个字：好生。这样的大道你不问，却要问他戴什么帽子这样的无聊问题，所以，我懒得回答你。

我们知道，孔子做过鲁国司寇，那可是"杀人"的岗位。但是，我们看看他如何处理一个案件：

> 孔子为鲁司寇，有父子讼者，孔子拘之，三月不别。其父请止，孔子舍之。

父亲告儿子不孝，孔子把儿子拘留，却三个月不加判决。后来父亲要求撤诉，孔子就放了这个不孝之子。季桓子很不高兴，更不理解，说："孔司寇骗我啊，以前他曾经告诉我，治理国家一定以孝为先。现在，我正要惩罚一个不孝的家伙，以此教导人民孝道，他却把他放了。为什么啊？"

季桓子的不解和不满是可以理解的。孝，在孔子那里，是何等重要，是"人之本"啊。人之本都丧失的家伙，我们为什么不

---

[1] 王国轩、王秀梅译注：《孔子家语·好生》，第109-110页。

好好收拾他？孔子的理由如下：

> 上失其道而杀其下，非理也。不教以孝而听其狱，是杀不辜。[1]

原来，在孔子的眼里，即便是不孝这样的大罪，只要是由于统治阶级失于教化造成的，罪也在统治阶级，而不孝之人，则是"无辜"的。那么谁要承担其罪呢？统治者。孔子这个大司寇不喜欢把百姓都看成什么"寇"，他也不想用刑律手段来对付这些人，他更希望用教化。有一天，在审案之后，孔子感叹道：

> 听讼，吾犹人也。必也使无讼乎！[2]

孔子这位司法专家如何解释古代的"五刑"呢？面对冉有的"古者三皇五帝不用五刑，信乎"之问，孔子的回答是："圣人之设防，贵其不犯也，制五刑而不用，所以为至治也……是以上有制度，则民知所止，民知所止，则不犯。"接下来，孔子更是从统治者自身的问题出发，指出庶民犯罪的根源都在于统治者自身的道德缺陷和制度缺陷：或在于他们上梁不正，自身不仁不义、不忠不孝、贪婪无节，或在于他们不施教化而滥用刑罚。如果统治者做好了，制度设计完善了，则——

---

[1] 王国轩、王秀梅译注：《孔子家语·始诛》，第18–19页。
[2] 《论语·颜渊》。

> 故虽有奸邪贼盗靡法妄行之狱，而无陷刑之民……
> 故虽有不孝之狱，而无陷刑之民……
> 故虽有弑上之狱，而无陷刑之民……
> 故虽有斗变之狱，而无陷刑之民……
> 故虽有淫乱之狱，而无陷刑之民……

最后，孔子告诫我们：

> 此五者，刑罚之所以生，各有源焉。不豫塞其源，而辄绳之以刑，是谓为民设阱而陷之。[1]

孔子尤其反对用严刑峻法。《汉书·刑法志》上引述孔子的话：

> 今之听狱者，求所以杀之。古之听狱者，求所以生之。[2]

孔子对当时"求所以杀之"的司法制度及当政者提出严正批评。再看看孔子的学生是如何贯彻孔子的主张的。高柴在卫国做掌管刑狱的士师。他曾经依法判决砍了一个人的脚。后来卫国发生了蒯聩之乱，高柴被人追捕，逃跑到城门口，却发现看守城门的正是那个被他砍了脚的人。这个人当然不会开门放他逃走，但还是把他藏了起来躲过了追捕。

---

[1] 王国轩、王秀梅译注：《孔子家语·五刑解》，第347–348页。
[2] ［汉］班固：《汉书》卷二三《刑法志》，第1109页。

追捕高柴的人走了。高柴走出来,对那人说:"过去,我因为不能损害法令而判决砍断了你的脚,现在我被追捕之时,这正是你报仇雪恨的时候,但你几次三番指点我逃命躲藏,为什么呢?"那人说:"我的脚被砍,本来是我罪有应得,这是没办法逃避的事。只是,当初您用法令来治我罪时,您把我的案子压在后面,先将别人治罪,我心里就明白:您不想判决我犯罪,却又没找到宽赦我的理由。您的目的就是把我的案子放一放,再想想看我还能不能免于刑罚。当确定判决我有罪,即将行刑时,您脸色忧愁不乐。看到您这样的脸色,我就又知道了您的心思:您是同情我。但您哪是偏爱我?您是天生的君子,您既有法律的原则,又有君子的仁慈。您这样的表现完全是出于自然本性。这就是我之所以让您逃脱的原因啊。"

孔子听说了这件事,说:"高柴做官做得多么好啊!他在使用刑罚时,对任何人都是一个标准。心怀仁义宽恕则树立恩德,严刑峻法就与人结下仇怨。公正地执行法令,大概就只有高柴吧。"[1]

高柴依法砍了此人的脚,却没有违背仁慈之道,他没有滥用刑罚。恰恰相反,他在看到有人受到法律惩罚时,内心非常痛苦。此人受刑而无怨,因为他感受到了司法官的仁慈和公正。

另一个故事是有关孔子的另一个弟子曾参的:

孟氏使阳肤为士师,问于曾子。曾子曰:"上失其道,

---

[1] 王国轩、王秀梅译注:《孔子家语·致思》,第76页。

民散久矣。如得其情,则哀矜而勿喜!"[1]

曾子的弟子阳肤受命担任士师,临上任前,来向老师曾子请教如何做好这样的官。曾子告诉他说:"当政的人失去道义,百姓的人心也离散很久了。你作为司法官,如果你侦察到了百姓犯罪的事实,你应当哀伤怜悯他们,而决不要因为自己破了案而沾沾自喜!"

是的,当一个国家混乱到人民无法按正道来生存,无法合法守法地生存时,他们的犯罪,引起我们的,可不就是这悲天悯人之情?

当曾子说这样的话时,他的内心,一定是充满博大的悲悯吧?这种情怀显然深受老师孔子的影响。

而有这种情感的人,怎么可能是对人民有杀戮之心的人?

孔子、曾子和孟子为代表的儒家犯罪学,有这样的观点:老百姓犯法犯罪,往往是当政者逼迫的,往往是形势逼迫的,尤其是在不合理、不公正的社会体系里,这种被逼犯罪尤为普遍。而社会原因导致的犯罪,不能仅仅通过对犯罪个体的惩罚来实现社会正义。恰恰相反,在惩罚犯罪的同时,我们要通过对犯罪个体的悲悯和理解,来努力改变社会现状,实现社会进步。

这样的理论,是心怀杀戮之念的人能建构出来的?

孔子在司法上的"仁道"思想,在中国历史上产生了很大影响。虽然在孔子之前,《尚书》中就有"罪疑唯轻,功疑唯重","与

---

[1] 《论语·子张》。

其杀不辜，宁失不经"[1]的说法，但孔子对中国古代司法的影响才是最值得我们关注的，这种"仁道"，在古代中国的黑暗司法里，是人民的一丝喘息。

北宋欧阳修在《泷冈阡表》中，写他父亲在为吏时，夜里审读案件卷宗，常常废书而叹。妻子问他为什么叹息，他说："这是一件死刑案，我一直在为他找一线生机，却实在找不到啊！"妻子说："能从案卷中为他找到生路吗？"他说："寻求生路而不得，那么，死刑犯和我都没有遗憾啊！假如真的从中找到一两点理由可以使他免死呢，那就正好证明了不去寻求为他求生，这个死者就死而有恨啊。唉！像我这样常常想办法让犯人活下来，却常常只能看着他死去，更何况一般人办案，只求早点判他死呢。"

后来，欧阳修主持科考，出的考题就是"刑赏忠厚之至论"。在收上来的考卷里，他看到有一份卷子上写着这样的话：

> 可以赏，可以无赏，赏之，过乎仁。
> 可以罚，可以无罚，罚之，过乎义。
> 过乎仁，不失为君子。
> 过乎义，则流而入乎忍人。
> 故仁可过也，义不可过也。

欧阳修想判这份卷子为第一名，后来因为怀疑是好友曾巩的，为避嫌疑，改为第二名。但是，拆封以后发现，这个考生的名字叫：

---

[1] ［清］阮元校刻：《十三经注疏·尚书正义》，第285页。

苏轼。

更有意思的是,苏轼在这篇文章里还杜撰了一个典故:

> 当尧之时,皋陶为士,将杀人,皋陶曰杀之三,尧曰宥之者三。[1]

苏轼文字铿锵,言之凿凿,以致博学的文章泰斗欧阳修都被他震住了,不敢置喙。后来欧公问苏轼典故的出处,苏轼笑着说:"以理推之,应该是有的吧!"

东坡先生以什么"理"来推导的呢?就是孔子的理。欧阳修为什么又承认这个杜撰的故事中包含的道理呢?也是因为,在孔子那里,就是这个理。

孔子在鲁国做司寇,前后不过四个年头。他不仅取得了现实的成功,他最伟大的贡献,是为几千年的中国封建司法,提供了一种伟大的人道传统,那就是——"无讼"与"仁道"!

但是,在韩非笔下,孔子则全然换了一副面孔:杀气腾腾,狰狞可怕。

韩非子倡杀,与孔子"好生而恶杀"正好相反,但是韩非却编出很多孔子倡杀的故事。《韩非子·内储说上·七术》:

> 鲁哀公问于仲尼曰:"《春秋》之记曰:'冬十二月霣霜不杀菽。'何为记此?"仲尼对曰:"此言可以杀而不杀也。

---

[1] 孔凡礼点校,《苏轼文集·省试刑赏忠厚之至论》,北京:中华书局,1986年,第33-34页。

夫宜杀而不杀，桃李冬实。天失道，草木犹犯干之，而况于人君乎？"

殷之法，刑弃灰于街者。子贡以为重，问之仲尼，仲尼曰："知治之道也。夫弃灰于街必掩人，掩人，人必怒，怒则斗，斗必三族相残也。此残三族之道也，虽刑之可也。且夫重罚者，人之所恶也，而无弃灰，人之所易也。使人行之所易，而无离所恶，此治之道。"

一曰：殷之法，弃灰于公道者断其手。子贡曰："弃灰之罪轻，断手之罚重，古人何太毅也？"曰："无弃灰，所易也，断手，所恶也，行所易，不关所恶，古人以为易，故行之。"

……鲁人烧积泽。天北风，火南倚，恐烧国，哀公惧，自将众趣救火。左右无人，尽逐兽而火不救，乃召问仲尼，仲尼曰："夫逐兽者乐而无罚，救火者苦而无赏，此火之所以无救也。"哀公曰："善。"仲尼曰："事急，不及以赏；救火者尽赏之，则国不足以赏于人。请徒行罚。"哀公曰："善。"于是仲尼乃下令曰："不救火者，比降北之罪；逐兽者，比入禁之罪。"令下未遍而火已救矣。[1]

对韩非子来说，他如此编造，并非道德问题，他只是在编一个寓言——这是那个时代所有操持文字、宣传自家思想者都会做的事：借他人之口，说自己心事。借孔子这样有说服力的人说自家的意思，那时候人人都干，连庄子那么冷傲的人都忍不住一干

---

[1] ［清］王先慎撰，钟哲点校：《韩非子集解》，第223–229页。

再干。但是,可怕的是,韩非编造的这些故事,被人当成真实历史了,最严重的就是编在《荀子》中的孔子杀少正卯的故事(参见本书"孔子杀了少正卯吗?",第191页)。

孔子的"亲亲互隐"是腐败温床吗?

中国现行刑事诉讼法有"人人都有作证的义务"的规定。但 2011 年 8 月 24 日第十一届全国人大常委会第二十二次会议首次审议的《刑事诉讼法修正案(草案)》中,在增加证人强制出庭作证条文的同时,有一条说明:配偶、父母、子女除外。

这是中国传统的"亲亲互隐"思想在法律上的重新体现。

说它是"重新体现",是因为至少从西汉开始,中国的法律就有了"亲亲得相首匿"的规定。汉宣帝地节四年(公元前 66 年)下诏明确规定:"父子之亲,夫妇之道,天性也。虽有患祸,犹蒙死而存之。诚爱结于心,仁厚之至也,岂能违之哉!自今子首匿父母,妻匿夫,孙匿大父母,皆勿坐。其父母匿子,夫匿妻,大父母匿孙,罪殊死,皆上请廷尉以闻。"[1]

由于这段诏书深刻体现了中国的传统文化以及对人类普世价值的深切维护,其后中国历代法律,都有遵循此种价值的类似规定。民国时期的《中华民国刑事诉讼法》也不例外,并延续至台湾地区目前的"刑事诉讼法典"。

说它体现了人类的共同价值,是因为很多国家的法律也有相关的"互隐"条例,如意大利、法国、韩国、日本等。[2]

"亲亲互隐"思想,来源于孔子。《论语·子路》:

> 叶公语孔子曰:"吾党有直躬者,其父攘羊而子证之。"孔子曰:"吾党之直者异于是:父为子隐,子为父隐,直在其中矣。"

楚国在春秋时期是一个被北方"文化歧视"的国家,因此,

---

[1] [汉]班固:《汉书》卷八《宣帝纪》,第265页。
[2] 参阅:刘练军《窝藏罪立法应体现"亲亲相隐"传统》(《东方早报》2013年4月2日,A23版):如我国台湾地区的刑法第167条规定:"配偶、五亲等内之血亲或三亲等内之姻亲图利犯人或依法逮捕拘禁之脱逃人,而犯有第164条(即有关窝藏罪之规定)或第165条(即妨害刑事证据罪)之罪者,减轻或免除其刑。"
复如《日本刑法典》第105条规定,犯人或者逃脱人的亲属,为了犯人或者逃脱人的利益而犯前两条罪行的,可以免除刑罚。而其前两条即第103条和第104条所规定的"藏匿犯人罪"与"隐灭证据罪"。
再如《德国刑法典》第158条前三款列举了"阻扰刑罚"的几种情形,但接着其第六款规定:"为使家属免于刑法处罚而为上述行为的,不处罚。"
其他如韩国、法国、意大利等国家的刑法典,对罪犯亲属均有类似之规定。英美等判例法国家,虽不像大陆法系国家这样在实体法上有类似规定,但其证据法和刑事诉讼法对罪犯亲属均有类似之免责条款。

楚国北方重镇负函的主政者叶公，带着明显的文化自卑，向来自北方，代表北方文化最高境界的孔子炫耀自己的政绩以及楚国的文明程度。但是，他万万没有想到，他所沾沾自喜的"文明"却被孔子毫不留情地揶揄了一番，在孔子看来，他所夸示的"文明"，其实非常野蛮。

这是一个聚讼纷纭的问题，直到今天，法律界还在为此争论。甚至有一些法学专家批评孔子，说他的观点影响司法公正，甚至导致司法腐败。邓晓芒教授斩钉截铁地说："'亲亲互隐'确实是因纵容包庇亲属而导致腐败的一个根源。"[1]武汉大学郭齐勇先生为此还主编了《儒家伦理争鸣集——以"亲亲互隐"为中心》一书，搜集了当代中国学者对这个问题的是是非非。

对"亲亲互隐"会导致腐败这样的观点，其实并没有事实证明，实行互隐制度的国家和地区比无此规定的国家和地区更腐败，无法证明其腐败乃是由于"亲亲互隐"，或者不实行"亲亲互隐"就能够在很大程度上抑制腐败。例子其实就在我们身边：在2011年8月24日第十一届全国人大常委会第二十二次会议首次审议的《刑事诉讼法修正案（草案）》关于"强制作证"附加说明"配偶、父母、子女除外"之前，我们并没有实行"亲亲互隐"，在很长一段时间里，尤其是"文革"期间，父子、夫妻、兄弟、恋人、朋友之间的互相揭发非常普遍，那时的报纸也经常报道此类"大义灭亲"事迹。英国《卫报》2013年3月28日曾刊登一名"文革"中因告发母亲、导致母亲被枪毙的儿子的忏悔和赎罪的文章，2013年8月7日《新

---

[1] 邓晓芒：《对儒家"亲亲互隐"的判决性实验》，《南风窗》2010年第23期，第96页。

京报》也予以报道。可是,我们能说2011年之前的中国腐败情况不严重,或者说,因为家庭成员之间的互相告发而减少了吗?

这种鼓励或强迫亲属之间互相告发,不但没有迎来所谓的政治和社会的清明,恰恰破坏了人与人之间最基本的善意和互信,最终导致一个民族的道德滑坡。破坏道德并不能增加法律运行的有效性,恰恰相反,道德的大面积滑坡会大大增加法律的成本,且在增加了高额成本之后所获得的最大值,也只能是孔子所说的"民免而无耻"——虽然慑于法律而遵纪守法,内心里却并不认可体面的生活,更不会追求体面的生活。

其实,孔子讲"亲亲互隐",并非包庇枉法,不是庸俗的帮亲不帮理,更不是不要公平正义。我们来看他对叔向的评价,《左传·昭公十四年》:

> 晋邢侯与雍子争鄐田,久而无成。士景伯如楚,叔鱼摄理。韩宣子命断旧狱,罪在雍子。雍子纳其女于叔鱼,叔鱼蔽罪邢侯。邢侯怒,杀叔鱼与雍子于朝。宣子问其罪于叔向。叔向曰:"三人同罪,施生戮死可也。雍子自知其罪,而赂以买直;鲋也鬻狱,邢侯专杀,其罪一也。己恶而掠美为昏,贪以败官为墨,杀人不忌为贼。夏书曰:昏、墨、贼,杀。皋陶之刑也,请从之。"乃施邢侯而尸雍子与叔鱼于市。
>
> 仲尼曰:"叔向,古之遗直也。治国制刑,不隐于亲。三数叔鱼之恶,不为末减。曰义也夫,可谓直矣!平丘之会,数其贿也,以宽卫国,晋不为暴。归鲁季孙,称其诈也,以宽鲁国,晋不为虐。邢侯之狱,言其贪也,以正刑书,晋不

为颇。三言而除三恶，加三利。杀亲益荣，犹义也夫！"[1]

晋国邢侯与雍子争夺鄐地的田产，很长时间也没有结案。偏偏司法官士景伯去楚国了，叔鱼临时代理司法官职务，韩宣子命令他审断过去的积案，而这个案子罪在雍子。雍子为了打赢官司，就把他的女儿献给叔鱼，叔鱼便断邢侯有罪。邢侯愤怒，在官府的大堂上将叔鱼与雍子都杀了。韩宣子向叔向（叔鱼的哥哥）请教应判邢侯什么罪。叔向说："三人应当受同样的刑罚，活着的受刑，死了的戮尸。雍子明知自己有罪，却用女儿去贿赂来换取胜诉，而叔鱼出卖司法，邢侯擅自杀人，所以他们都犯罪了。自己有罪过而掠取美名就是昏，贪婪而败坏司法就是墨，杀人而无顾忌就是贼。'昏、墨、贼，都是死罪'，这是自皋陶时即有的刑法。请遵照执行吧。"于是杀了邢侯并把其尸与雍子和叔鱼的尸体公开在市场上示众。

孔子说："叔向，真是古代流传下来的正直之人啊。治理国家制定刑法，不包庇亲属。三次指责叔鱼的罪恶，不为他减轻开脱。这是合乎道义，可谓正直了。在平丘会盟的时候，指责叔鱼贪财，以宽免卫国，晋国以此做到了不残暴；遣返鲁国季孙，指责叔鱼欺诈，以宽免鲁国，晋国以此做到了不虐杀。邢侯这个案子，又指明叔鱼的贪婪，以公正执行刑法，晋国以此做到了公正不偏。叔向这三次言论，除掉了三种罪恶，增加了三种利好。杀了亲人而名声更加彰荣，这也是道义啊！"

---

1 ［清］阮元校刻：《十三经注疏·春秋左传正义》，第 4508—4509 页。

叔向在弟弟叔鱼（羊舌鲋）枉法被杀之后，不仅直斥其"贪以败官"，"言其贪"，而且在此前一年，还"数其贿"，"称其诈"。孔子对叔向的这个"不因亲而隐其恶"的做法给予很高的评价，称他是"古之遗直"，对他的"治国制刑，不隐于亲"的做法，称"可谓直矣"，予以充分肯定。

其实，孔子所说"父为子隐，子为父隐"，其具体语境是在叶公说到"父攘羊而子证之"这样的极端案例时提出来的。我们来做一个比较细碎的个案分析。父亲偷羊，儿子知情，儿子有两种选择：

一、儿子告发，法官据此判决，羊回到了原主人那里，公正得以维护。但是，父子之间的天伦亲情受到了损害。

二、儿子沉默，偷羊之事不能被揭发。羊的主人受到了损失，公正受到了损害。但是，父子的天伦亲情得到了维护。

两种选择，各有利弊。那么，且让我们"两害相权取其轻，两利相权取其重"，来做个判断。

假如儿子不作证，对社会、法律损害不大甚至没有损害。理由如下：

一、法庭可以通过其他渠道获取证据，一样可以判决。

二、即使由于证据不足，不能破案和判决，一只羊失窃，也不是严重的案件，社会危害不大。

三、一两次案件由于证据不足而不能得到公正判决，并不会损害法律的权威，也不会影响法律的公正。

严格地说，法律不是（也不能）惩罚所有的犯罪，而是（也只能）惩罚那些证据确凿的犯罪。这话反过来说，是这样的：法律不能惩罚那些没有证据的犯罪。这样理解和运行法律，不但不会降低法律的威严，恰恰维护了法律的严肃。

相反，假如儿子作证，对父子亲情则损害很大。理由如下：

一、鼓励甚至强迫儿子出来指证父亲，就必然严重损害这对父子的亲情，这种伤害远远超过一只羊的损失。

二、更糟糕的是这种案例的示范作用：连父子都可以互相告发，会让人们痛苦地接受这样的事实：父子之间，也不可相信。这就彻底颠覆了人伦，让人生活在社会如同生活在丛林，人心会因此冷酷。

三、相对于一两个具体案件是否能够公正处理的"公正"，父子"天伦亲情"是人类更原始、更基本的价值，这种价值一旦被破坏，社会的基本细胞都要受破坏。直言之，在"价值"的词典里，有着无数的词，比如道、德、仁、义、忠、恕、礼、智、信、诚、勇、公平、正义、自由、民主……等等，它们可能属于不同的体系，也可能具有不同的分量。其实，"价值"一词本身，即包含着"价值大小分别"的意思，所以，面对不同的价值，尤其是当它们发生冲突时，我们需要的是"估量"出价值的大小轻重。不同的价值，其位阶是不同的。有的价值是派生的，有的价值是源头的；有的价值是枝节的，有的价值是根本的；有的价值是边缘的，有的价值是核心的。坏的价值与好的价值容易做取舍，而同样属于正面价值的两者，在不得已而取舍时，就要考察这两者的价值位阶。汉宣帝诏书中对人类"天性"的维护和尊重，体现的就是对人类原始道德根基的维护意识，非常值得我们后人敬仰。

而一两件案件的错判或有罪而侥幸脱逃，并不能对法律的整体尊严产生威胁，更不会颠覆人们对于道德和社会的基本信心。

即使仅仅从法律角度而言，也有两条原则：

一、不能用违法的手段获取证据。假如把法律比喻为一条河流，那么，犯罪只是弄脏了河水；而用违法手段获取证据，就是弄脏了水源。所以，用违法手段获取证据，比犯罪更恶劣。

二、不能用破坏基本价值的方式和代价获取证据。举一个极端的例子：当罪犯把违法证据吞入肚子时，为了抢救证据，能否当场剖开他的肚子取证？答案当然是否定的。因为，剖开一个嫌疑犯的肚子杀死他，就是破坏了基本的价值。同样，法律如果规定父子告发的义务，以此获得破案的效率和判决的公正，就是用破坏"核心价值"的方法来实现"边际价值"。

因此，就这个法律问题而言，就不仅需要考虑法律意志的实现，还要考虑价值的维护；不仅要体现实在法成文法，更要尊崇和维护自然法。

判断问题，不仅需要本专业的知识，还要具备价值判断力；不仅要考虑某一部分的价值，还要考虑整体的价值；不仅要考虑一时的价值，还要考虑永恒的价值。

我们还可以看看西方思想家对此问题的思考。柏拉图的《游叙弗伦》中，记述了苏格拉底与游叙弗伦有关虔敬的一次论辩。其间，游叙弗伦提到他因为父亲过失杀人而要去法庭控告和揭发父亲。游叙弗伦的观点是：人们只需看看这个杀人者杀人到底在理不在理。要是在理，就随他去；要是不在理，就得告他，哪怕这个杀人者是与我们共用一个炉灶，同用一个餐桌。而苏格拉底则认为，是外人还是家人，在是否揭发上是有区别的。争论的最后，以游叙弗伦失败而告终。[1]

再看看孟德斯鸠在《论法的精神》中，对两个古代法律《勃艮第法》和《西哥特法》的相关恶法的抨击：

> 勃艮第王贡德鲍规定，盗窃者的妻或子，如果不揭发这个盗窃罪行，就降为奴隶。这项法律是违反人性的。妻子怎能告发她的丈夫呢？儿子怎能告发他的父亲呢？为了要对一种罪恶的行为进行报复，法律竟规定出一种更为罪恶的行为。
>
> 列赛逊突斯的法律准许与人通奸的妻子的子女或是她的丈夫的子女控告她，并对家中的奴隶进行拷问。这真是一项罪恶的法律。它为了保存风纪，反而破坏人性，而人性却是风纪的泉源。[2]

人性是风纪的泉源，人性也是公正的泉源，人性就是自然法。

---

1 ［古希腊］柏拉图著，严群译：《游叙弗伦》，北京：商务印书馆，2003年，第12-36页。
2 ［法］孟德斯鸠著，张雁深译：《论法的精神》下册，北京：商务印书馆，1963年，第176页。

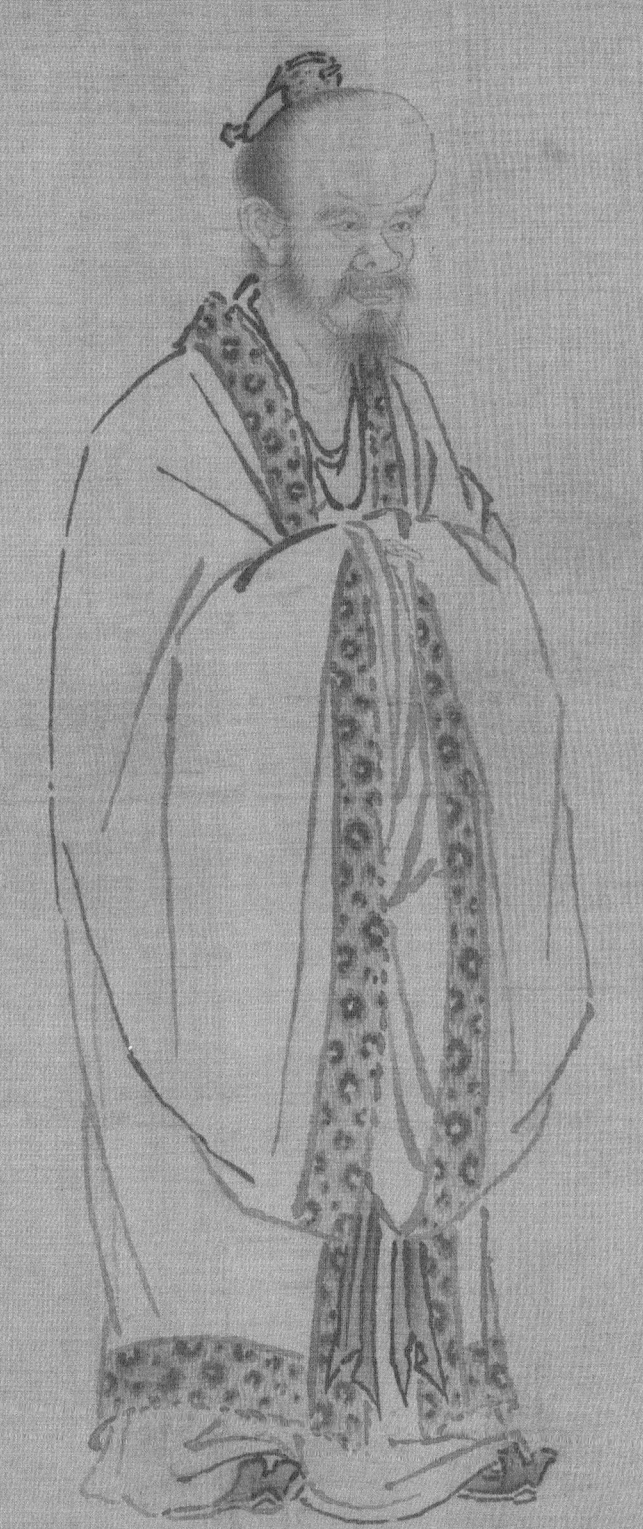

孔子。作者：【南宋】马远。北京故宫博物院藏。

聖蹟圖跋

右聖蹟圖自禱尼山至漢高過魯
僞紀通二十九事蓋前都憲四明
張公式之為御史時取晦菴先生
所纂史記世家及家語孔叢子諸
書所載夫子出處之大節而為之
也
寅長汝南何公廷瑞守徽時偶得

與數輩實傑增入之通為一帙方鋟
梓而公捐館矣於乎惜哉廼是令
同寅監郡長壽高君泉貴谿徐君
鳳四明施君應麟節推金華李君
怿各出已俸助成公志蒲以廣其
傳也極之曹味罪無所逃然於專
崇先聖知心實惓惓為新圖皆無
贊詞不惟不眠作而亦不敢作尚

有以俟夫吾黨之善於形容聖人
者
皆弘治丁巳季春月朔日
吉府重刊

皆寬永上章敦祥仲夏吉辰 洛陽下嘉休刊行

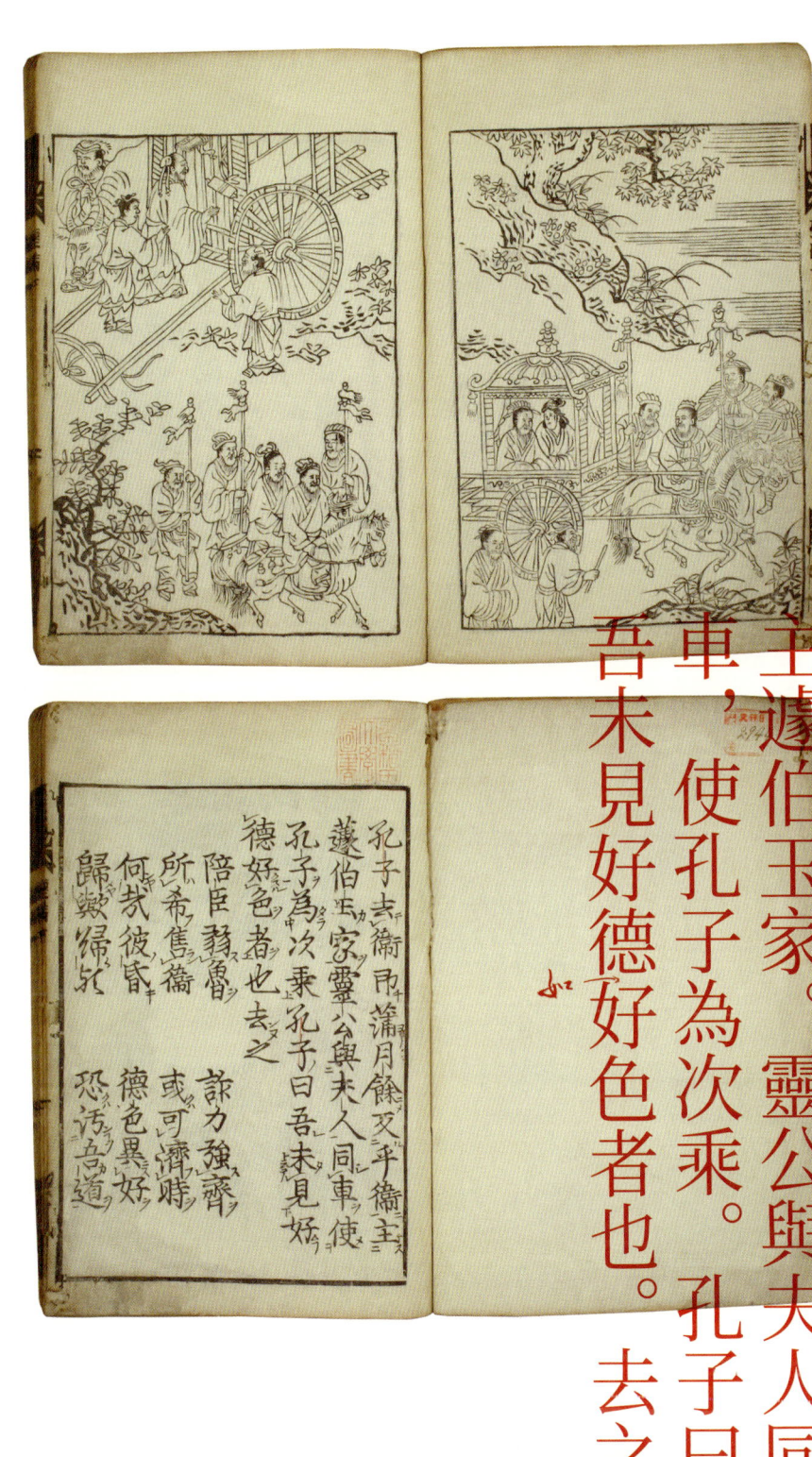

孔子去衛，過蒲，月餘，反乎衛，主蘧伯玉家。靈公與夫人同車，使孔子為次乘。孔子曰：吾未見好德好色者也。去之

陪臣發魯　諫力強齊
所希雋僑　或可濟時
何求彼昏　德色異好
歸歟歸歟　恐活吾道

孔子与颜回。美国纽约大都会博物馆藏，先圣小像。

孔子与颜回。北京故宫博物院藏,至圣小像。

【明】彩绘绢本《圣迹图》,作者不详。山东曲阜孔庙藏。

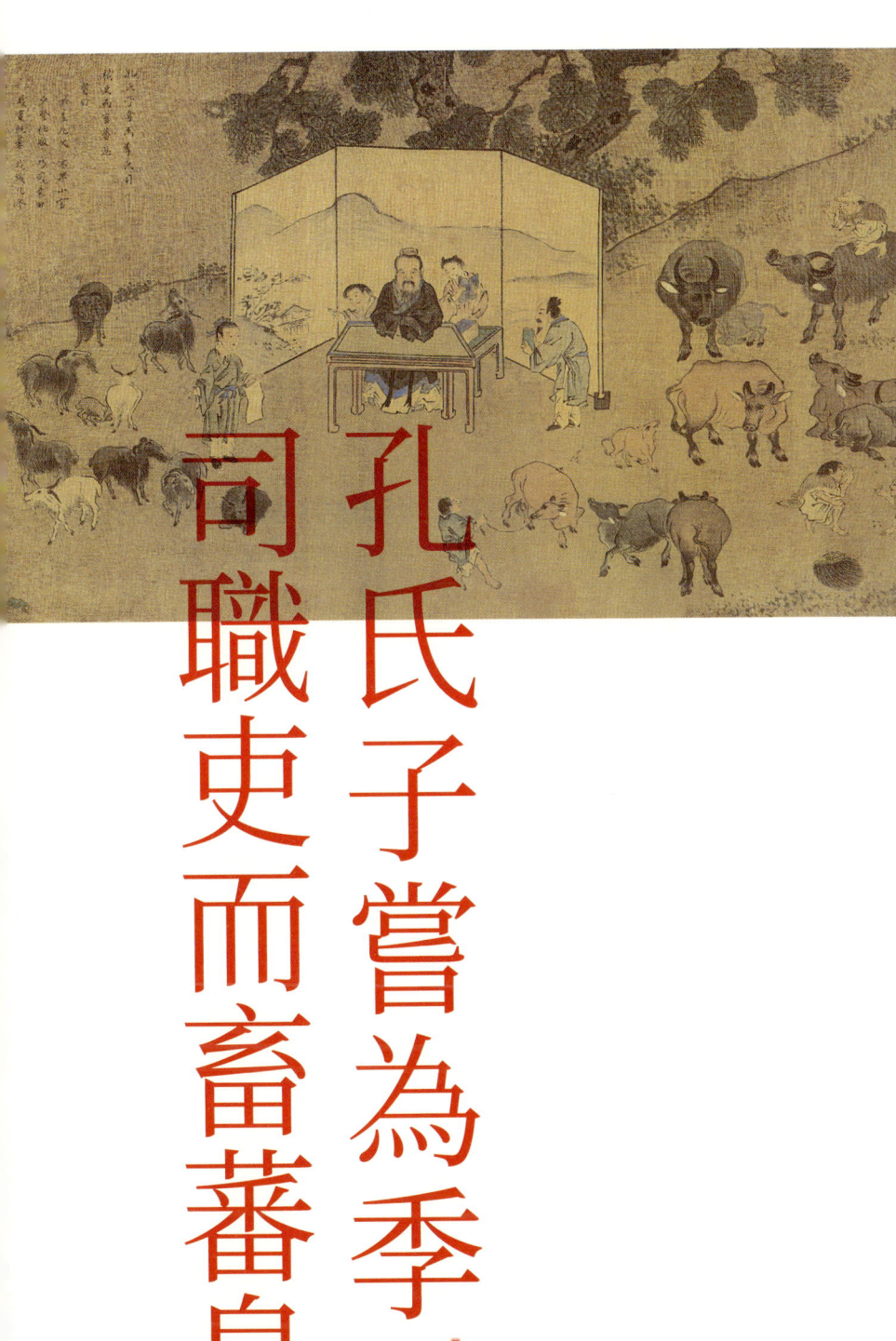

孔氏子嘗為季氏司職吏而畜蕃息

孔子對曰此肅慎氏之矢也。

【明】彩绘绢本《圣迹图》,作者不详。山东曲阜孔庙藏。

【明】正统九年（1444年）张楷手绘本《圣迹图》跋。
是中国目前发现的最早的孔子圣迹图。中国孔子基金会藏。

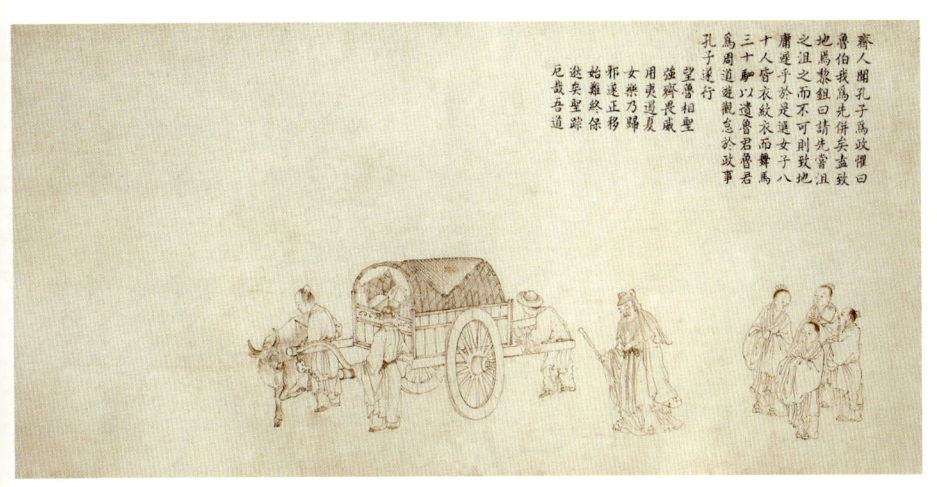

齐人闻孔子为政惧曰鲁伯我为政必霸矣盍致地焉黎鉏曰请先尝沮之沮之而不可则致地庸迟乎于是选女子八十人皆衣文衣而舞马三十驷以遗鲁君鲁君与季桓子微服往观再三将受焉乃语鲁君为周道游观怠於政事孔子遂行堂鲁相望强乡奏丧威用乐乃归邪臂乱移女挽正归逖樊終保终矣吾道

【明】正统九年（1444年）张楷手绘本《圣迹图》局部，孔子去鲁。

扫码听一曲
《幽兰》

琴家：朱晞，国家级非物质文化遗产古琴艺术（虞山琴派）代表性传承人。

《幽兰》又名《猗兰》，相传孔子所作。汉蔡邕《琴操》云："《猗兰操》者，孔子所作也。孔子历聘诸侯，诸侯莫能任。自卫反鲁，过隐谷之中，见芗兰独茂，喟然叹曰：'夫兰当为王者香，今乃独茂，与众草为伍，譬犹贤者不逢时，与鄙夫为伦也。'乃止车援琴鼓之云：'习习谷风，以阴以雨。之子于归，远送于野。何彼苍天，不得其所，逍遥九州，无所定处。世人暗蔽，不知贤者。年纪逝迈，一身将老。'自伤不逢时，托辞于芗兰云。"

【說明】

本組簡共存八枚。竹簡兩端均修削成梯形，簡長二六·四釐米。編綫兩道，編綫間距為九·六釐米。子思係孔子之孫。《漢書·藝文志》記有《子思子》二十三篇，班固注謂子思「名伋，孔子孫，為魯繆公師」。《史記·孔子世家》記「子思作《中庸》」。本篇原無篇題，據簡文擬加。

魯穆公昏（問）於子思曰[一]：「可（何）女（如）而可胃（謂）忠臣？」子思曰：「亙（恆）再（稱）其君之亞（惡）者，可胃（謂）忠臣矣。」公不敓（悅），旱（揖）而退之。成孫弋見，公曰：「向（嚮）者虐（吾）昏（問）忠臣於子思，子思曰：『亙（恆）再（稱）其君之亞（惡）者，可胃（謂）忠臣矣。』旱（寡）人惑安（焉），而未之得也。」成孫弋曰：「噫（噫），善才（哉），言睧（乎）！夫為其□之古（故）殺其身者，交录（祿）舍（爵）者也。亙（恆）□□□之亞（惡）□□录（祿）舍（爵）者□□義而遠录（祿）舍（爵），非子思，虐（吾）亞（惡）昏（聞）之矣[二]。」八

【注釋】

[一] 魯穆公，也作魯繆公，「穆」「繆」兩字古通。

[二] 裘按：自「夫為其囗」以下一段簡文文中有缺文，據文義似可釋讀並補字如下：夫為其囗之故殺其身者，效祿爵者也。恆[稱其君]之惡[者，遠]祿爵者[也]。
[為]義而遠祿爵，非子思，吾惡聞之矣！

魯穆公問子思釋文對照。圖文均選自荆門市博物館編《郭店楚墓竹簡》，北京：文物出版社，1998年5月第1版。

【郭店楚墓竹简】鲁穆公问子思。1993年出土于湖北荆门市郭店纪山楚墓群一号墓，当时出土竹简八百余枚。纪山楚墓群是东周时期楚国贵族墓地，往南约9公里即东周楚国都城纪南城。

開宗明義章第一

仲尼居曾子侍子曰先王有至德要道以順天下民用
和睦上下無怨汝知之乎曾子避席曰參不敏何足以
知之子曰夫孝德之本也教之所由生也復坐吾語汝
身體髮膚受之父母不敢毀傷孝之始也立身行道揚
名於後世以顯父母孝之終也夫孝始　親中於

中原懷復志昔嘗云風鶴四方動
越孝經成抑是頌乎抑刺乎
軍後　　　　　　　　　　　　　　　
昔冊舊稱馬和之繪圖乃入石渠寶笈上等今以幾
暇重觀冊後諸人所識皆以為高宗書詔畫苑設像
立儀且拥巾都筆馬和之名則成書時屬之和之夫
乃失於考證也說已成書因冊中以識訣疑求是
之言至於諸人纍嘉陵以孝治天下中興之主達於
中國四方鄉風云云免言過其實夫高宗被金源
兩逼僅保江南又不能復中原近二帝男斯數語能
無汗顏乎玆識之以存公論
癸巳新春下浣御筆

仲尼居曾子侍

《石渠宝笈初编》著录《宋高宗书孝经马和之绘图》。台北故宫博物院藏。

子路。绢本设色长卷《孔子弟子像》局部。作者:【唐】阎立本。首都博物馆藏。

孔子歧视女性吗?

《论语·阳货》记孔子如下一句话:

> 子曰:"唯女子与小人为难养也,近之则不孙,远之则怨。"

孔子的这句话由于曾被理解为"女人和小人是难以相处的",而被当作孔子蔑视女人的证据,并广为流传,夫子几乎成了全体女性的公敌,女权主义者更是对此大加鞭挞。

其实,无论从语义和语境的角度、从孔子对女人一贯态度的角度,还是从逻辑的角度,这句话都不可简单理解为孔子歧视女性,更不可由此要孔子对中国历史上女性的被欺压负责。

从语义学上分析

必须指出的是,如果我们把孔子的话理解为"女人和小人是难以相处的",用一个逻辑学上的全称指称"女人",一棍子打翻一船女人,有很大的问题。

事实上,在《论语》注释者中,一直有人把这个"女子"理解为特称,也就是"某些"女人。"女子与小人"的表述里,"小人"既是人中一部分,"女子"也就只有解释为"女人中的一部分"或"某些女人"才能对等。

朱熹《论语集注》没有专门解释"女子",却专门解释了"小人":"此小人,亦谓仆隶下人也。"接下来,朱熹说:"君子之于臣妾,庄以莅之,慈以畜之,则无二者之患矣。"[1] 显然,朱熹把这个"女子"——我们一般以为泛指天下所有女性的词,已解释为一个特定的群体了:君子身边或家庭中的"仆妾"。

钱穆《论语新解》则这样解释:

> 此章女子小人指家中仆妾言。妾视仆尤近,故女子在小人前。因其指仆妾,故称养。待之近,则狎而不逊。远,则怨恨必作。善御仆妾,亦齐家之一事。

接下来,钱穆这样翻译这句"子曰":

---

1 [宋]朱熹:《四书章句集注》,第183页。

只有家里的妾侍和仆人最难养。你若和他们近了,他将不知有逊让;你若和他们远了,他便会怨恨你。[1]

钱穆解此"女子"为"妾侍",与朱子一样,都并没有将此"女子"当作一般全体女性解释。

清华大学廖名春教授,在2012年第5届世界儒学大会上提交论文《〈论语〉"唯女子与小人为难养也"章新解》,在梳理历史上对此的种种训释后,他提出,"女子与小人"中,"与小人"应该是后置定语,乃是对"女子"的限定,意为"像小人一样的女人"。

我以为,这是一个很好的思路,但是,还需要做一些修订。

男女是性别的分类,君子小人是地位或思想道德趣味境界的分类,两者是交叉关系,小人里面既有男人也有女人,男人中的小人就是小人,不能解释为"男人中像小人的",女人中的小人也就是小人,不能也不必表述为"女人中像小人的"。所以,我以为,"女子与小人"应该是"女人中那些认同小人的",生活中这类女人尽有,本质上是好人,善良勤劳,但是,却认同一些小人的趣味、爱好,琐碎、小气、狭隘,这样的女子,当然"难养"——难于对待了。

从语境学上分析

如果我们能够进入孔子说话的语境,也许更能理解这句话的

---

[1] 钱穆:《论语新解》,第419页。

意义。

《论语》是孔子死后人们编的夫子语录,并没有经过他自己审定。他的弟子们也很活泼,没有把自己的老师塑造得道貌岸然,高大完美。虽然他们在编"一本正经",但他们自己一点也不一本正经,老夫子生前的那些或严肃或调侃,或语重心长或心不在焉,或深思熟虑或随意咳唾,都被他们记录下来,斑斑在案而流传千古。所以,《论语》有格言,却不是格言集,把《论语》看作世故老人的人生经验谈和道德训示录,是黑格尔大哲人的走眼,更是今天很多鸡汤小厨的无珠。《论语》记录的当然主要是孔子的"语",是弟子们怀着对老师的炽热的敬爱之情,"论"——回忆、揣摩、讨论老师留下的——"语",但他们记录老师这些"语"的动机,却是为了复活老师的"人",在回忆老师的音容笑貌中一次又一次沐浴于老师的温暖。有人说,"论"读如"伦",义亦如"伦",乃"伦理"之意,"论语"就是伦理之语。我觉得,《论语》的编辑者没有这么严肃,《论语》中很多"语"与"伦"是无关的。

我们看看《论语》中那些一点都不"伦"的"语",然后自然就会明白,弟子们在一起"论"这样的"语",显然不仅仅是这"语"里有什么教益,而更重要的,可能是他们觉得,回味老师的这些"语",老师就生动地活了:

伯牛有疾,子问之,自牖执其手,曰:"亡之,命矣夫!斯人也而有斯疾也!斯人也而有斯疾也!"[1]

---

[1] 《论语·雍也》。

伯牛生了病，孔子去探望他，从窗户握着伯牛的手，说："要失去他了，这是命吧！这样的人竟有这样的病啊！这样的人竟有了这样的病啊！"

子曰："觚不觚，觚哉？觚哉？"[1]

觚不像觚的样子，这是觚吗？这是觚吗？

子曰："凤鸟不至，河不出图，吾已矣夫！"[2]

凤鸟不飞来，黄河不出图，我这一生也将要完了！

这些句子，哪里是什么人生教诲？我们看到的，不是圣人的智慧和强大，恰恰相反，是圣人的脆弱和无奈——无论是面对他人的不幸还是自己的命运，无论是面对历史还是现实，圣人，其实是脆弱的。我相信，弟子们一边写下这些，一边心中充满对老师的疼爱和不忍。是的，他们热爱孔子，不是因为他强大，而是因为他伟大——伟大的人，是真实的人，他并不掩饰自己的软弱和无力，他不需要装作强大和战无不胜。事实上，他总是被生活中的各种东西伤害，因为他并非披盔戴甲，他和我们一样以血肉之躯面对世间刀剑。但正因为他并非披盔戴甲武装到牙齿，我们才能拥抱他，感受他的体温和心跳。

---

1 《论语·雍也》。
2 《论语·子罕》。

再看：

"唐棣之华，偏其反而。岂不尔思？室是远而。"子曰："未之思也，夫何远之有？"[1]

古诗说："唐棣树的花，翩翩摇曳。难道我不想你？你住得太远。"孔子说："这是没有真正想念啊。如果真想有什么遥远不遥远的呢？"

这是轻松的调侃，还是一片幽思无从说起？孔子当初说此话时，弟子们一定交头接耳；弟子们现在回忆并记录时，也一定是数声叹息。

再看：

子曰："由之瑟，奚为于丘之门？"门人不敬子路。子曰："由也升堂矣，未入于室也。"[2]

孔子说："仲由的那种瑟声，为什么在我这里弹呢？"弟子们（因此）不尊敬子路。孔子便说："仲由啊，在学习上已经达到'升堂'的程度了，只是还没做到'入室'。"

这是对一个骄骄不屈的学生烦躁之时的过激之言，由此还引发了严重后果，事后不得不予以弥缝。

---

1 《论语·子罕》。
2 《论语·先进》。

当然，引起最严重后果的，我觉得还应该是夫子的这句关于"女人难养"的话。其实，我觉得，也许我们根本无须费劲为夫子辩诬，女人们也无需对夫子耿耿于怀：夫子只是偶然未费思量冲口而出发个牢骚罢了！孔子曾经说过子路"无所取材"，骂过宰予"朽木不可雕，粪土之墙不可圬"，开除过冉求并呼吁众弟子"鸣鼓而攻之"，你以为这是孔子对他这三个弟子的真实和全面的评价和态度？非也，只是夫子一时气急，发脾气说气话罢了。

孔子和夫人亓官氏关系似乎不很融洽，也许这就是某一天他和夫人冲突了，冲口而出这句话，只是一个受了气的丈夫发句牢骚，真的没有那么严重。在和夫人的关系上，孔子和苏格拉底非常像。苏格拉底也常常被自己的夫人弄得无可奈何，自嘲自叹。

孔子，是圣人。但是，他也有发脾气说气话的时候。

我们凡人，要允许圣人发发脾气，并且，第一，不要把圣人的脾气话当圣旨，对自己有利时沾沾自喜；第二，也不要因为圣人发脾气而生气。圣人，有时也需要凡人的宽容。

孔子对女性的真实态度

事实上，很多现实中的女人是孔子非常敬爱和关爱的，比如他自己的母亲，自己的女儿、侄女。孔子这样强调孝道的人，总不至于把自己的母亲也裹挟其中，予以如此贬低。

孔子对待女性，相当温和；对女性的评价，相当理性。

首先，我们来看《论语》中涉及到孔子对女性评价的记载。

《论语》中，"女"字而作女性讲的，除"唯女子与小人难养也"

一句之外，只有《微子》篇的"齐人归女乐"一则，但不涉及孔子对女性的评价。对"女乐"的态度与对女人的态度不是一个逻辑层面，正如对"小白脸"的态度与对男人的态度不是同一逻辑层面一样。

除此之外，还有"妇"字两见。一则是《宪问》里的："岂若匹夫匹妇之为谅也"，也无涉孔子对所有女性的评价，正如"匹夫"不涉及到对所有男性的评价一样。

另一则是《论语·泰伯》中：

> 舜有臣五人而天下治。武王曰："予有乱臣十人。"孔子曰："才难，不其然乎？唐虞之际，于斯为盛。有妇人焉，九人而已。三分天下有其二，以服事殷，周之德，其可谓至德也已矣。"

钱穆《论语新解》解释"有妇人焉"曰：

> 有妇人焉：十人中有一妇人，或说乃文母太姒，或说武王妻邑姜。当以指邑姜为是。九人而已：妇女不正式参加朝廷。[1]

武王笼而统之曰"十人"，孔子专门指出这十人之中有一个妇人。可见孔子对女人事业和德性的关注。之所以孔子说"九人而已"，并非剔除女人在"人才"之外，而是排除在"人臣"之外：邑姜是武王之妻，非武王之臣。

---

[1] 钱穆：《论语新解》，第323页。

其次，我们来看其他与孔子有关的典籍中体现出来的孔子对待女性的态度。我们举《诗经》为例。《诗经》是孔子整理删述的，并且成为孔子私学的必修课。

历史上的一些伟大的女性，为孔子所称赏并献上尊敬。比如，被孔子高度肯定的周朝，就有模范女性——不仅事业，而且在德性上都足称模范。古公亶父娶太姜生王季，王季娶太任生文王，文王娶太姒生武王，这三位女人，在孔子删定的《诗经》里都有诗歌歌颂，她们在我们的文化认同里有很高的地位，获得普遍的尊敬。

按照周人的理解，周民族的昌盛就是得益于两位妻子：太姜与太任。关于太姜、太任婆媳二人的德行，《列女传》有载：

> 太姜有色而贞顺，率导诸子，至于成童，靡有过失，太王（即古公亶父）谋事必于太姜，迁徙必与。[1]

这女人是直接参预国政的，太王经常拿国事来与太姜商讨而后施行。而这位太姜的三儿媳太任，与婆婆相比，毫不逊色：

> 太任之性，端壹诚庄，维德之行。及其有身，目不视恶色，耳不听淫声，口不出傲言，能以胎教子，而生文王。[2]

---

[1] 《史记》卷四《周本纪》，张守节《史记正义》引《列女传》，北京：中华书局，1982年，第115页。
[2] ［汉］司马迁：《史记》卷四《周本纪》，张守节《史记正义》引《列女传》，第115页。

如果太姜的角色更多的是贤妻,那么太任更多的是良母。这位良母就是通过对子女的教育(她可能是世界上第一位重视胎教的卓异非凡的母亲),并通过子女而改变了世界的。司马迁说:"周之兴也以姜原及大任。"[1] 孔子所倾心向慕公开表示"从之"的周,原来是兴自女人啊!

古公亶父娶太姜生王季,王季娶太任生文王,文王娶太姒生武王,圣人继代而生,周之兴盛,其有以乎!在孔子整理删述并被孔子一言以蔽之而肯定为"思无邪"的《诗经》中,诗人这样倾心赞美周朝的三位女人,《大雅·大明》[2]:

> 挚仲氏任,自彼殷商。
> 来嫁于周,曰嫔于京。
> 乃及王季,维德之行。
> 大任有身,生此文王。

挚国的任氏次女,从那殷商大邦嫁来周族,在周族的京都做贤惠的媳妇,配嫁王季,与丈夫共行仁义之德。后来她有了身孕,生下了文王。

而在"文王初载",当年轻有为的文王在圣母的教育下茁壮成长,才智、道德日臻完满之时,也有一个"天作之合"的美满姻缘在等着他:

---

1 [汉]司马迁:《史记》卷四九《外戚世家》,第1967页。
2 [清]阮元校刻:《十三经注疏·毛诗正义》,第1090-1091页。

> 在洽之阳，在渭之涘。
> 文王嘉止，大邦有子。

在洽水北面的渭水之畔，与文王这样的圣人相匹偶的淑女也初长成，她就是太姒。这位生长于大邦的女子，注定要与文王成就美满姻缘：

> 有命自天，命此文王。
> 于周于京，缵女维莘。
> 长子维行，笃生武王。

有一个命令来自天上，它命令文王，改号为周，易邑为京，莘君之女太姒，做了他的继妃。他们的长子有德而亡故了，德行厚重的他们又生下了武王。

> 思齐大任，文王之母。
> 思媚周姜，京室之妇。
> 太姒嗣徽音，则百斯男。[1]

那总是想着与伟大婆婆太姜同德同行的太任，就是文王的母亲。她思慕太姜的德行，在周之京邑做着相夫的贤妻。而那太姒，又

---

1 ［清］阮元校刻：《十三经注疏·毛诗正义》，《大雅·思齐》，第1111页。

继承婆婆太任的美好名声,她自己生下了十个儿子,而同时,她又是文王所有儿子的共同母亲。

说周之兴起,与太姜、太任、太姒三位女人关系重大,不算过分吧。孔子在整理和传授《诗经》的时候,他岂能对这样的女子有任何不敬?

再看看《诗经》中一般女人的形象。《关雎》为"风"始,《鹿鸣》为"小雅"始,《文王》为"大雅"始,《清庙》为"颂"始。"四始"之首,是《关雎》,其地位非同一般,因为它还是《诗经》三百篇之始。为什么把这样一首诗放在开卷第一篇?《诗序》说:

> 《关雎》,后妃之德也,风之始也。所以风天下而正夫妇也。[1]

夫妇为人伦之始,故《诗经》以《关雎》始,希望以此影响天下,矫正天下夫妻关系。一部《诗经》三百零五首,为何都称"思无邪"?因为有后妃之德罩其首:

> 关关雎鸠,在河之洲。
> 窈窕淑女,君子好逑。[2]

难道孔子的"唯女子与小人为难养也"之女子,还包括"君

---

[1] [清]阮元校刻:《十三经注疏·毛诗正义》,第562页。
[2] [清]阮元校刻:《十三经注疏·毛诗正义》,第570页。

子好逑"这样的"淑女"吗?

当然,《诗经》对历史上名声不佳的女子也不吝挞伐之笔,乃至于偏激地说:

> 哲夫成城,哲妇倾城。[1]

好男人是屏障国家安全的长城,而美女人却把这长城弄倾坍了。甚至更加偏执地说:

> 乱匪降其天,生自妇人。[2]

但是,这里的"妇人""哲妇",都是特指或直接针对某一特定事件而发议论,不可遽然看作是对所有女人的道德判断。《诗经》中有更多描写女人美丽可爱的诗篇,有更多为女人鸣不平谴责男人的诗篇,有更多歌颂女人美德才华见识的诗篇。

正如男人中有君子小人之分一样,女人中也有淑女泼妇、贞女淫妇之别。司马迁《史记·外戚世家》揆诸历史,而发感慨,说得非常公允:

> 自古受命帝王及继体守文之君,非独内德茂也,盖亦有外戚之助焉。夏之兴也以涂山,而桀之放也以末喜。殷之兴

---

[1] [清]阮元校刻:《十三经注疏·毛诗正义》,《大雅·瞻卬》,第1244-1245页。
[2] 同上。

也以有娀，纣之杀也嬖妲己。周之兴也以姜原及大任，而幽王之禽也淫于褒姒。故《易》基《乾坤》，《诗》始《关雎》，《书》美釐降，《春秋》讥不亲迎。夫妇之际，人道之大伦也。礼之用，惟婚姻为兢兢。夫乐调而四时和，阴阳之变，万物之统也。可不慎与？[1]

可见，不仅孔子不会在一般意义上贬低女性，儒家整体都没有这种思想。请看儒家的经典如何评估女性社会角色的重要，以及我们应该如何尊重女性——"《易》基《乾坤》，《诗》始《关雎》，《书》美釐降，《春秋》讥不亲迎"！

所以，孔子绝无可能在他的意识里面，有对天下女人"一视同仁"的歧视和贬低。

由上所述，我的结论是：孔子不可能一棍子打翻一船女人，用全称的方式否定天下所有女人。

中国古代女子地位低吗？

甚至有人说，因为孔子说了这句话，造成了中国古代女子的受压迫，孔子是女人地位低的罪魁祸首。

这种以古人一两句话而把后世的一些问题归因于古人的说法，本来就是一个伪命题。而且这个伪命题实际上还面临多个逻辑层面的缺陷。

---

1 ［汉］司马迁：《史记》卷四九《外戚世家》，第1967页。

首先，中国古代女子地位真的是我们今人想象的那么低吗？我们知道，"男尊女卑"这种说法，实际上更多的只是一种哲学意义上的对男女两性性质和功能的形而上的表述，即使这种说法我们把它降低落实到两性的社会权利界定，一种社会权利的操作性实践，也只会在一些狭义的关系和场合中才可以付诸实践。因为男性与女性的关系，不仅仅是夫妇关系，还有诸如母子、父女、兄妹、舅妇婆媳等等复杂情况，所以，所谓的"男尊女卑"，即使是在权利界定的意义上，也只是传统文化中涉及女子地位的某一方面（即夫妇）的价值估定。即使在后来"夫为妻纲"（这种"三纲"思想本来就不是孔子所主张）已经获得认同的时候，评价女子在古代社会生活中的实际地位，还需要以下几个价值维度考虑：

第一，夫妇伦常的角度。如《诗经·关雎》所说的君子淑女之般配，二者其实是平等的，琴瑟和鸣一直用来比喻和谐平等的夫妻关系。汉语"妻"字的本义里，即有夫妻平齐之意，妻者，齐也。这个"齐"，是平等的意思，齐备的意思，也是齐心的意思。"齐家"之"齐"也是这个"齐"。一般男人，与其妻是平等的，只有天子、皇帝，才"天子无妻"，他们太高大了，没有人敢跟他们"齐"，所以他们的匹配叫作"后"。这个"后"，《说文》段注即说，"后之言後"，"后即後之假借"。而一般男人，是要与妻平齐、齐心、协力同行的。

《孔子家语·大婚解》记孔子对鲁哀公的谈话如下：

> 孔子对曰："古之政，爱人为大；所以治爱人，礼为大；所以治礼，敬为大；敬之至矣，大婚为大；大婚至矣，冕而

亲迎。亲迎者，敬之也。是故君子兴敬为亲，舍敬则是遗亲也。弗亲弗敬，弗尊也。爱与敬，其政之本与？"

公曰："寡人愿有言也。然冕而亲迎，不已重乎？"

孔子愀然作色而对曰："合二姓之好，以继先圣之后，以为天下宗庙社稷之主，君何谓已重焉？"

公曰："寡人实固，不固安得闻此言乎！寡人欲问，不能为辞，请少进。"

孔子曰："天地不合，万物不生。大婚，万世之嗣也，君何谓已重焉？"

孔子遂言曰："内以治宗庙之礼，足以配天地之神；出以治直言之礼，足以立上下之敬。物耻则足以振之，国耻则足以兴之。故为政先乎礼，礼其政之本与！"

孔子遂言曰："昔三代明王，必敬妻子也，盖有道焉。妻也者，亲之主也。子也者，亲之后也。敢不敬与？是故，君子无不敬。敬也者，敬身为大。身也者，亲之支也，敢不敬与？不敬其身，是伤其亲；伤其亲，是伤其本也；伤其本，则支从之而亡。三者，百姓之象也。身以及身，子以及子，妃以及妃，君以修此三者，则大化忾乎天下矣，昔太王之道也。如此，国家顺矣。"[1]

《家语》这一段源自《礼记·哀公问》，大意如下：

孔子说："古人治理政事，爱人最为重要；要做到爱人，施行礼仪最重要；要施行礼仪，恭敬最为重要；最恭敬的事，以天

---

[1] 王国轩、王秀梅译注：《孔子家语·大婚解》，第33-35页。

子诸侯的婚姻最为重要。结婚的时候，天子诸侯要穿上冕服亲自去迎接。亲自迎接，是表示敬慕的感情。所以君子要用敬慕的感情和她相亲相爱。如果没有敬意，就是遗弃了相爱的感情。不亲不敬，双方就不能互相尊重。爱与敬，大概是治国的根本吧！"

哀公说："我还想问问您，天子诸侯穿冕服亲自去迎亲，不是太隆重了吗？"

孔子脸色更加严肃地回答说："婚姻是两个不同姓氏的和好，以延续祖宗的后嗣，使之成为天地、宗庙、社稷祭祀的主人。您怎么能说太隆重了呢？"

哀公说："我这个人很浅陋，不浅陋，怎能听到您这番话呢？我想问，又找不到合适的言辞，请慢慢给我讲一讲吧。"

孔子说："天地阴阳不交合，万物就不会生长。天子诸侯的婚姻，是诞生使社稷延续万代的后嗣的大事，怎么能说太隆重了呢？"

孔子接着又说："夫妇对内主持宗庙祭祀的礼仪，足以与天地之神相配；对外掌管发布政教号令，能够确立君臣上下之间的恭敬之礼。事情不合礼可以改变，国家有丧乱可以振兴。所以治理政事先要有礼，礼不就是执政的根本吗？"

孔子继续说："从前夏商周三代圣明的君主治理政事，必定敬重他们的妻子儿女，这是有道理的。妻子是祭祀宗祧的主体，儿子是传宗接代的人，能不敬重吗？所以君子对妻儿没有不敬重的。敬这件事，敬重自身最为重要。自身，是亲人的后代，能够不敬重吗？不敬重自身，就是伤害了亲人；伤害了亲人，就是伤害了根本；伤害了根本，支属就要随之灭绝。自身、妻子、儿女这三者，百姓也像国君一样都是有的。由自身想到百姓之身，由自己的儿子想到百姓的儿子，由自己的妻子想到百姓的妻子，国君能做到这三方面的敬重，那么教化就通行天下了，这是从前太王实行的治国方法。能够这样，国家就顺畅了。"

孔子这段话，明确提及"昔三代明王，必敬妻子"，并且把妻子在家庭中的地位抬到"妻也者，亲之主也"的高度，孔子何曾歧视女性？孔子何曾贬低妻子？孔子何曾鼓吹丈夫对妻子拥有绝对权力？

第二，家庭生活的角度。这一方面已经有相当多的学者论证过，作为妻子或母亲，女子在家庭中的地位其实非常之受尊重。林语堂先生曾说：

> 凡较能熟悉中国人民生活者，则尤能确信所谓压迫妇女乃为西方的一种独断的批判，非产生于了解中国生活者之知识。所谓"被压迫女性"这一个名词，决不能适用于中国的母亲身份和家庭中至高之主脑。任何人不信吾言，可读读《红楼梦》，这是中国家庭生活的纪事碑。你且看看祖母"贾母"的地位身份，再看凤姐和她丈夫的关系，或者他夫妇间的关系（如父亲贾政和他的夫人，允称为最正常的典型关系），然后明白治理家庭者究为男人抑或女人。[1]

第三，母子孝道的角度。作为女子，一旦成为母亲，她还受到"孝

---

[1] 林语堂著，黄嘉德译：《吾国与吾民·妇女生活，家庭和婚姻》，长沙：湖南文艺出版社，2016年，第124页。

道"这一几乎中国文化中的绝对价值的保护。

孔子要为中国古代女子地位低负责吗?

中国古代妇女地位,是孔子一两句话可以决定的吗?或者,我们可以换成这样的问题:古代圣贤的一两句话,可以决定未来社会的面貌吗?

我们来看看西方古代圣贤如何谈女性及其地位。

《圣经》创世纪中因为女人被蛇所诱惑吃了智慧树的果子,被耶和华宣判:

> 你必恋慕你丈夫。你丈夫必管辖你。[1]

《圣经·新约·以弗所书》之五:

> 你们做妻子的,当顺服自己的丈夫,如同顺服主。因为丈夫是妻子的头,如同基督是教会的头,他又是教会全体的救主。教会怎样顺服基督,妻子也要怎样凡事顺服丈夫。[2]

《彼得前书》之三中也有类似言论:

---

1 中国基督教三自爱国运动委员会,中国基督教协会编:《圣经》,2009年,第3页。
2 中国基督教协会编:《圣经》,1997年,第372页。

你们做妻子的要顺服自己的丈夫……就如撒拉听从亚伯拉罕,称他为主。[1]

苏格拉底说:

总的来说,女人劣于男人。[2]

柏拉图说:

感谢主赐给我恩宠,没有把我造成女人。

女人是世上作恶多端或胆小怕事的男人退化而来。[3]

柏拉图还说过:一个男人可能会因为胆怯或不正经,下辈子被罚做女人。在《理想国》一书中,他说,未来的统治者、导师不应接近女人、奴隶和下等人——这是不是与一般人认为的孔子说"唯女子与小人为难养也"很近似?

再看公元前4世纪的《律法》一书中记载:

女人天生的道德潜能劣于男人,因此她相应地就是个更

---

1 中国基督教协会编:《圣经》,1997年,第451页。
2 [古希腊]柏拉图著,刘勉、郭永刚译:《理想国》,北京:华龄出版社,1996年,第181页。
3 陈村富等编著:《古希腊名著精要·蒂迈欧篇》,杭州:浙江人民出版社,1989年版,第118页。

大的危险,也许要比男人危险一倍。[1]

亚里士多德说:

> 女人是残缺不全的男人。
> 我们必须把女人的性格看成是一种自然的缺陷。[2]

> 男人天生高贵,女人天生低贱;男人统治,女人被统治。
> 男人是主动的,他很活跃,在政治、商业和文化中有创造性。男性塑造社会和世界。在另一方面,女人是被动的。她天性就是呆在家中的。她是等待着活跃的男性原则塑造的物质。当然,在任何尺度上,活跃的成分总是地位更高、更神圣。因此男人在生殖中起主要作用,而女人只是他的种子的被动孵化器。[3]

上述《圣经》及希腊先贤对于女人的议论,如果我们和孔子做一个比较,至少可以看出两点:

第一,他们对女人的言论,比起孔子的"难养"之论,要严厉得多。

第二,孔子的"难养"之言,带有明显的情绪,是一种感慨或叹息,而苏格拉底、柏拉图、亚里士多德则是冷静理性的判断,《圣经》

---

[1] 转引自李银河:《女性主义》,济南:山东人民出版社,2005年,第8页。
[2] 转引自[美]莫蒂默·艾德勒、查尔斯·范多伦编,《西方思想宝库》编委会译:《西方思想宝库》,长春:吉林人民出版社,1988年,第61页。
[3] 转引自李银河:《女性主义》,第8页。

更是一种必须执行的"命令",不容置疑。

那么,问题来了:当今天的我们相信西方女性曾经并一直获得过比中国女性更高的地位,并由此谴责我们的文化,把中国女人较低的地位归罪于孔子的只言片语时,他们如何评价西方女性较高地位的获得与《圣经》及三位古希腊圣贤的言论之间的关系?

对这样的问题,怎么回答不重要,重要的是:无论你给出什么答案,这个答案都会指向这样的结论:女性的地位,与人类历史的发展阶段有关,与一两个圣贤的言论无关。

孔子是权势者捧起来的吗？

鲁迅先生是我素来敬仰的伟大人物，他被毛泽东评价为"现代中国的圣人"。但是这位现代中国的圣人，对于古代中国的圣人——孔子，却有这样的说法：

> 总而言之，孔夫子之在中国，是权势者们捧起来的，是那些权势者或想做权势者们的圣人，和一般的民众并无什么关系……孔子这人，其实是自从死了以后，也总是当着"敲门砖"的差使的。[1]

其实，人到了一定程度，不免被利用，不免被人捧，鲁迅本人岂能免于这等命运？

---

1 《鲁迅全集》卷六《且介亭杂文二集·在现代中国的孔夫子》，第 327-328 页。

但是，被人"捧"，并不能证明就是因为"捧"而"起来"的，恰恰相反，倒是因为他们早经"起来"，具有"捧"的价值，才被捧的。鲁迅先生死后也颇被追捧，甚至是中国最高权势在捧，但是你能说鲁迅本无价值，只是因为有权势来"捧"了，才突然"起来"了么？不。鲁迅自有自身的杰出和瑰丽、深刻和广博，这是"捧"的前提。

而孔子，更是如此：他自身的伟大和崇高使其具备了一般人不具备的号召力和凝聚力，这是他两千多年一直为一个民族追捧的原因。所以，鲁迅这句话，对了一小半：权势者捧孔子；却错了一多半：孔子不是捧起来的，他自己早就三十而立，挺立于天地之间，何尝要人捧，更何待权势者捧。在中国，下层人，受迫害者，被压迫者，更是把孔子作为自己的守护神，作为世间正道正义的守护神，并对孔子供奉无限的敬意和爱护。孔子是一个民族共同捧在那里、供在那里的圣人。孔子死后，鲁哀公发来诔文，称孔子为"尼父"，算是最早"捧"孔子的"权势者"，但却被孔子的学生子贡——也是孔子治丧委员会主任——斥责和拒绝。这帮学生，最先把孔子当作父亲，以父丧之礼安葬孔子，祭祀孔子。在权势者之前，这些学生，已经把孔子捧起来了。

对于统治者来说，他们固然需要一个教化人民的偶像；但对于下层人民来说，他们也需要一个高于政统的道统，需要一个高于权势的道义，需要一个评价权势的标准，需要一个起诉暴政的理由——孔子就是这样的一个"理由"——人民制约、反抗、推翻暴政的天理之由。当历代那些骨鲠士大夫和人民对着暴君喊出"无道昏君"这四个字并挺身反抗或揭竿而起的时候，他们依据的这个"道",正是孔子之道。无孔子之道,就是昏君暴君,就该被推翻。孟子说:"贼仁者谓之'贼',贼义者谓之'残'。残贼之人谓之'一夫'。闻诛一夫纣矣,未闻弑君也。"[1]这个"仁义",就是孔子的"仁义",就是孔子之道。残贼孔子之道,就是独夫民贼,人民就有推翻他的权力。

在中国文化里,在中国政治伦理里,孔子,是道统的核心象征,是社会正义的基本诠释,是苦难民众的最后希望,是人民反抗暴政的合法性来源。

细揣鲁迅先生的意思,主要是说统治阶级以孔子教化人民,甚至驯化人民,便于统治。其实,即使从教化的角度看,教化也是社会治理的必要手段,是道德伦理的实现途径。基督教不是教化?佛教不是教化?基督教和佛教在传播过程中,不也都得力于权势的信奉和推广?极而言之,"文化"不就是"教化"么?文化之"化",与"教化"之"化",有什么不同吗?

当然,需要说明的是,鲁迅先生的这句话,是杂文中的话,并非论文中的话。杂文与论文的区别,是:杂文只是表达一种观点,甚至一种情绪;而论文是描述一个事实。我们引用鲁迅的这句话,也只能说:鲁迅先生有这样的观点,而不能说:鲁迅先生揭示了一个事实。

今天,还有一些学者,打着还原历史的旗号,宣称"孔子就是一个普通人",只有立足于此,才能认识真正的孔子,所谓"去圣乃得真孔子"。这是很肤浅的无知与傲慢。

---

1 杨伯峻:《孟子译注·梁惠王章句下》,第39页。

中国历史上，孔子被说成是"大成至圣先师"，是"万世师表"，是"圣人"，这是对孔子伟大人格和自身所达到的崇高境界的认知，更是对孔子所倡导的价值观的认同。而说孔子是一个普通人，如果不是出于对孔子杰出人格的抹杀和无知，就是一个毫无意义的说法。因为，如果这种说法只是说明孔子就是一个人，当然就有人之七情六欲喜怒哀乐，照这种说法的逻辑，则人类社会的所有个体，包括孔子、苏格拉底、耶稣，释迦牟尼，无不是普通人。但这种表述有什么意义吗？

而就人之不同境界和不同贡献而言，相对于芸芸众生之"普通人"，人类中总有一些杰出的个体，笼统地把他们都称之为"普通人"，抹杀他们的独特个性和特殊贡献，不仅是对事实的蔑视，还是一种严重的价值观错误。

我们无法抹杀孔子作为一个人事实上所达到的境界，他的三十而立四十不惑五十知天命六十耳顺七十从心所欲不逾矩，并非一般普通人能望其项背；他对自己时代和整个人类及其未来所投入的热情和关心，也非一般普通人所愿投注，他思想的深刻及其对人类历史的影响，也非一般普通人所可企及。正是在这些地方，孔子、苏格拉底、佛陀和耶稣这样的人，相对于芸芸众生，出乎其类，拔乎其萃，优入圣域。

孟子认为孔子是历代圣贤之"集大成"，对孔子的评价是："自有生民以来，未有孔子也。"同篇《孟子·公孙丑上》，还载有孔子的三个弟子对孔子的评价：

曰："宰我、子贡、有若，智足以知圣人，汙不至阿其所好。

宰我曰：'以予观于夫子，贤于尧、舜远矣。'子贡曰：'见其礼而知其政，闻其乐而知其德，由百世之后，等百世之王，莫之能违也。自生民以来，未有夫子也。'有若曰：'岂惟民哉？麒麟之于走兽，凤凰之于飞鸟，太山之于丘垤，河海之于行潦，类也。圣人之于民，亦类也。出于其类，拔乎其萃，自生民以来，未有盛于孔子也。'"[1]

司马迁《孔子世家》评价孔子：

太史公曰：诗有之："高山仰止，景行行止。"虽不能至，然心向往之。余读孔氏书，想见其为人。适鲁，观仲尼庙堂车服礼器，诸生以时习礼其家，余祇回留之不能去云。天下君王至于贤人众矣，当时则荣，没则已焉。孔子布衣，传十余世，学者宗之。自天子王侯，中国言六艺者折中于夫子，可谓至圣矣！[2]

今日那些面对孔子哓哓狂辩肆意贬低的学者，就对孔子的了解而言，自视如子贡、宰予、有若何！就学问见识言，自视如孟子、司马迁何！

西人也曾感叹"上帝死了"，甚至期待"上帝死了"，要重估一切价值。黑格尔和尼采都表达过这样的意见或描述过这样的

1　杨伯峻：《孟子译注·公孙丑章句上》，第58页。
2　[汉]司马迁：《史记》卷四七《孔子世家》，第1947页。

事实。尼采认为，上帝的死亡，或是自然的死亡，或是人类的谋杀。而其本质原因，乃是上帝之无能、救赎之无效和人类之绝望。

而问题是，上帝死了，人类用什么来替代上帝呢？尼采给出的答案是：超人。超人是什么？超人是尼采所倡导的权力意志的化身，于是，谋杀了上帝之后，人间从此没有了灵魂不朽，没有了来世，没有了救赎，没有了同情，没有了爱与慈悲，只有权力意志。

这个思路，和意识到自己落后于世界的近代中国的很多思路是一致的，所以，我们喊出了类似于"上帝死了"的口号——"打孔家店"，换个说法也就是"孔子死了"。这与先秦法家（主要实践国秦国也是整体上落后于山东六国）的思路也是一致的，法家喊出的口号就是"打倒仁义道德"，其实也是"打倒孔子"或"孔子死了"。但是，权力意志下的世界，真是我们希望的么？上帝死了，超人希特勒出现了。希特勒一出现，世界几千万人随着上帝死了。而在先秦的中国，孔子死了，超人秦始皇出现了，几百万人甚至包括超人鼓吹者商鞅、韩非、李斯也随着孔子死了。

要上帝，还是要超人？是西方的问题。在中国，这个问题是：要孔子，还是要嬴政？

作为学者，套用秦晖教授的一个说法：我们是去刺秦王，还是去刺孔子？

黑格尔其实在尼采之前就说过"上帝死了"的话。但是，晚年的黑格尔不但不再提"上帝死了"的命题，而且赋予宗教和上帝以至高无上的地位："上帝（神）是一切之始和一切之终。一切源出于此，一切复归于此。上帝（神）是核心（Mittelpunkt），它赋予一切以生命，使一切生命形体具有精神和灵魂，并维系其存在。在宗教中，人将自身置于同此核心的既定关系中，而这一关系则将其他一切关系淹没。"[1]

这是一个学者的最终觉悟。

孟子所表彰的子贡等三人"智足以知圣人，污不至阿其所好"，确实非常重要。其实，很多时候，我们眼中无圣无贤，乃是我们智不足以知圣人，而德又不足以敬畏圣人。"去圣乃得真孔子"，是典型的小人之学。君子之学如何？君子之学是：体圣乃得真孔子！学会体悟向慕圣人的境界，本身就是学问的核心。

"文革"时，人们尽量贬低孔子，想把孔子说得如何不堪，如何可恶，如何讨厌，谁都拒绝他，谁都嘲讽他，谁都打击他，谁都想踹他一脚，这是我们民族的悲哀。孔子当然会有人不喜欢他，因为一个正直的人肯定会有人不喜欢他，但孔子一生获得的尊敬远远超过一般人。我在《孔子生前处处碰壁吗？》一文中已经予以辨析（参见本书第60页）。

我们必须相信一个基本事实：这个世界上总有一些人比我们高，总有一些人比我们更纯粹，比我们更高尚。孔子是这样的人，苏格拉底是这样的人，耶稣是这样的人，释迦牟尼是这样的人。我们总要有这样的相信，然后才能往上走。不能把所有人都搞成和我们是一样的所谓普通人，我蝇营狗苟，天下所有人都蝇营狗苟；我好逸恶劳，天下所有人都好逸恶劳；我自私自利，天下所有人都自私自利，这实际上是一种潜意识：给自己的平庸甚至堕落找

---

[1] ［德］黑格尔著，魏庆征译：《宗教哲学》上卷，北京：中国社会科学出版社，1999年，第4页。

借口。

孔子，其在人类历史上的崇高地位，不是哪些人"捧起来"的；同样，他的伟大，也不是一些人可以"棒杀"的。不独孔子如此，佛陀、耶稣，莫不如此。对这样的伟大人物，保持我们的敬畏，不仅可以检验我们的德性，也可以测试我们的智商。郁达夫在《怀鲁迅》一文中说过："没有伟大的人物出现的民族，是世界上最可怜的生物之群；有了伟大的人物而不知拥护、爱戴、崇仰的国家，是没有希望的奴隶之邦。"[1] 同样是人类的先知，当西人把耶稣奉得高高，把苏格拉底敬在心头之时，我们却对孔子肆意贬低，这是什么样的民族卑弱心态？

---

1 郁达夫：《郁达夫文集·第四卷 散文》，广州：花城出版社，1991年，第162-163页。

孔子是人还是神?

曾经,有一位澳大利亚学者质问我:"难道孔子没有缺点吗?"我反问:"难道耶稣没有缺点吗?"他张口结舌。

我知道,作为一个信奉基督教的学者,他的内心,有两种不同的思维方式。学者求真,求历史真相,试图把历史人物,包括孔子、耶稣都历史化,化为"人"。而作为基督徒,他有虔诚的信仰,在心底里把耶稣看作"神"。显然,这位澳洲的学者,对待孔子和耶稣使用了双重思维:他要把孔子"历史化"为"人",而同时,他把耶稣"神圣化"为"神"。

但是他忘了一个基本史实:孔子也好,耶稣也好,他们在成圣成神之前,都是"人"。为什么西方的耶稣可以"神化",而中国的孔子不可以"圣化"?

我接着说:"您问我孔子有无缺点,我可以坦然告诉您,孔子一定有缺点。但是,我问您耶稣有无缺点,您敢说他有缺点吗?"

为什么我要把耶稣拿来和孔子比较?

很简单,他们二人(注意:是人!)都是公认的人类的先知。

作为人,孔子去世之时,已经七十三岁;而耶稣被杀之时,才三十多岁,人格的完成和个性的成熟,虽不能纯以年龄来判断,但是,既然孔子和耶稣具备同样伟大的天赋,那么,时间的要素就是需要考虑的了。孔子十五志学,三十而立,四十不惑,五十知天命,六十耳顺,七十从心所欲不逾矩,前一阶段发展到后一阶段,都需要时间,需要有时间来积累阅历和见识。假如孔子在三十岁就去世,则后面更高的人生境界就无从攀登和超越。

而个性的完善和认知的提升,也需要时间来修正和扩容。个性的完美和认知的高超,一个很重要的参考就是他们获得的当时人们的认可和爱戴。孔子和耶稣都有巨大的人格魅力,都以此聚集了大量信徒。但是,如果一定要说孔子有缺点,那么,寿终正寝哀荣备至的孔子,总不能说比被钉死十字架的耶稣和被判死刑服毒而死的苏格拉底缺点更多。

我做这样的比较并非要在佛陀、耶稣、苏格拉底和孔子之间做个褒贬;恰恰相反,我只是用这种"历史批判法"来证明,对孔子、佛陀、耶稣这类代表人类信仰和人文源头的人物,做这样的"历史学批判"和"科学认识",是非常肤浅并极端有害的。他们其实已经超越了科学和历史,他们在人类信仰的层次上,他们在那样的高度上俯瞰着我们——微笑。简单地用科学方法和现代历史学方法,把这类人物历史化,是非常危险的,会引发伦理学灾难。

我反问那位澳洲学者的那句话:"难道耶稣没缺点吗?"并非在反唇相讥,要说明耶稣也有缺点;恰恰相反,我的意思是:纠缠于他们作为人的缺点,有意义吗?他们在我们现在自以为是的所谓科学主义之前,就已经不再是"人"了——他们早已"神圣化"了。这就是文化。不懂得这一点,就不懂文化。文化有它的功能,这个功能,就是为人类提供价值及价值判断标准甚至经典判例。文化还有它实现这个功能的方式,那就是:把那些为天地立心为生民立命的伟大人物神圣化,从而建立一个一元的绝对的信仰对象。使信仰"绝对化""神圣化",就是文化实现自我功能的基本方式之一。"神圣化"这些人物,目的乃是"神圣化"人类信仰,因为没有"绝对化"和"神圣化",就不会有真正的信仰。

所以,如孔子,如耶稣,如佛陀,都不可过分历史化,因为,他们本来就是历史人物,我们把他们神圣化,是在建立文化的功能。如果我们今天再逆向回去,这是对人类文化史的摧毁,对人类信仰体系的摧毁。

认知物理世界,人类需要科学理性;但提升自己德性,人类需要文化信仰,而信仰,往往建立在非理性的基础上,或者说,信仰建立在伦理理性而非物理理性的基础上。

物理理性是基于事实的理性,伦理理性是基于价值的理性;物理理性的逻辑是:因为有事实,所以我相信;伦理理性的逻辑是:因为有价值,所以我相信。

信仰之信,与科学之信、历史学之信(现代历史学实际上是历史科学,或科学化的历史学),有着绝大的不同,那就是,科学之信,乃是对事实的信;而信仰之信,乃是对价值的信。科学之信,乃是先有确凿事实，然后信，这种信，其实只是客观认知，并无主观成分，只与事实有关，与观念无关。而信仰之信，乃是对不确定东西的确定的信：那是观念之信，起关键作用的并非确凿"实有"的事实，而是理想中"应有"的价值：我们必须有一个念头（主观的），才能安身立命，于是我们就信了这个念头了。

今天，学者用现代的科学方法来研究历史文化，把历史文化看作是一个基本事实，或者说，他们觉得历史研究就是去考订历史事实。对于历史研究来说，考订事实，非常重要，非常必要，但，这不是历史学的全部。历史不是曾经发生过的那些事的总和，而是那些事和对那些事的观念的总和。奥地利哲学家维特根斯坦（Ludwig Wittgenstein, 1889—1951）说："世界是事实的总和，而不是事物的总和。"[1] 维特根斯坦所说的"事实"，我的理解，就应该包含人们头脑里的观念。比如，鬼神不是"科学"的事实，但是，它们在人类文化史上却是一个客观的存在，它们在观念上存在，是文化"观念"的事实。这种事实，可以因为我们现在用科学的方法发现鬼神并非事实存在，就没有文化的意义吗？文化史上有关鬼神的观念就不但没有价值而且虚妄无知吗？鬼神的观念就没有在事实上影响我们的历史吗？

所以，对一些历史人物绝对化神圣化，是文化发挥自我功能的一种必然方式。其实道德并无现实的理据，科学至今并没有用自己的方法证明实行道德是个体合乎理性的选择，这也许就是比我们更现代、科技更发达的西方，对上帝的信仰一直是社会基石的

---

[1] ［奥］维特根斯坦著，郭英译：《逻辑哲学论》，北京：商务印书馆，1985年，第22页。

原因吧。在科学证明道德对于理性的人的价值之前，对孔子、佛陀、耶稣这样的历史人物神圣化仍然是必要的。在科学可以向理性的人证明实行道德是有利的之前，对孔子、佛陀、耶稣这样的人物去神圣化，是很危险的事情。

用所谓"历史批判法"，用所谓现代科学的方法和逻辑的方法去研究和确定一个所谓"真实"的、作为"普通人"的孔子，并对他做什么"去粗取精，去伪存真"的工作，然后以一种后来者的优越感，自作聪明，"剔除其糟粕，汲取其精华"，这不仅是真正的无知，而且还是一种傲慢，是自以为掌握了逻辑利器和科学杀手锏的现代学者的自大。作为历史学者，不仅仅需要科学精神，还需要有敬畏，需要对人类伟大人物的敬畏，对人类文化创造——包括神圣化孔子、耶稣这类文化行为的敬畏。而这种敬畏，其实也是历史科学的一部分。因为，对孔子这样的人神圣化，也是历史事实的一部分，是我们需要了解并理解的一部分。

我们知道，有关孔子的著作都是在他死后才出现的。所以，德国哲学家雅斯贝尔斯反对用文字历史学的批判方法来获得孔子的所谓历史的真实面貌：

> 依照这样的方法是没有可能获得历史的真实面貌的……如果我们想要从已相互叠加的多层面中，经过扬弃而获得这些伟人本来的真面目的话，反而会发现他们离我们更远了。因为并不存在完全可信的历史记载。几乎流传下来的每一点在历史上都可能是值得怀疑的。这种思维的结果很可能会使我们怀疑到这些大师的真实存在——像是在佛陀与耶稣身上

发生过的一样——因为要去除所有神话和传说的话,那在他们身上几乎是一无所剩了。这一结论的荒谬性产生了对批判方法的怀疑。

单纯批判的结果不会使我们认识到任何的东西,并且会使他们的实在性消失得无影无踪。

这四位大师(孔子、佛陀、苏格拉底、耶稣——引者注)早在科学批判法产生之前便在整个传统中占据了极高的地位……人们可以看到,这些哲学家至少在活着的时候就已经产生影响了。这种影响力最初是由活生生的人那里产生的,并非来自想象。并且我们在体验这一无可置疑的影响力时,自己的身心也会深深受到震撼。这一渗透到我们内心的影响力,对于我们来讲至今仍然是这样一个事实,即它不是理性所能证明的,而是一个在心灵上令人信服的暗示。[1]

今天很多学者会对《史记·孔子世家》中有关孔子博学多识的记载产生强烈的质疑,同时因为他们觉得他们的智识可以识破其中的虚妄,于是他们就觉得他们比司马迁有知识优势甚至有认知优越感。其实,比如孔子解释掘井得羊的故事,司马迁就一定信吗?司马迁的意思可能是:何必不信。孔子本人其实也是如此。"祭如在,祭神如神在",既然是"如在",他显然是不信鬼神"实在"的。不信鬼神"实在",为何还要去祭祀且"如在"?孔子

---

[1] [德]雅斯贝尔斯著,李雪涛主译:《大哲学家》(修订版),北京:社会科学文献出版社,2010年,第189页、191页。

的意思可能也是：何必不信。

科学是针对事实的，不得不信。但是，文化有时是针对价值的，面对很多从科学角度看来"不信"之事，有时需要"何必不信"的豁达。古圣先贤固然没有我们今天这么多科学知识，但基本常识也是有的。很多事，从常识出发，他们也是不信的，但，何必不信？为何在信与不信之间要有一个何必不信？无他，神道设教而已。荀子曰："其在君子，以为人道也，其在百姓，以为鬼事也。"[1] 鬼事，其实不过是人道。用科学的方法扫除一切"迷信"，正信也就不存在了。因为，信仰之信，本来就不是科学之信；信仰之信，就是对不确定的东西的坚定的信。疑古派认为历史是层累式生成的，他们说对了；但他们由此出发，去抽丝剥茧找最初的那个事实，他们就错了。他们忘记了，文化的发展本来就是演绎的。科学，发现一个事实，就永远是那个事实；而文化，则是一个观念，滋生出更多的观念。

我们当然需要科学，但科学的文化观，就是认识文化的价值以及它实现价值的方式。科学在文化这里，对历史上的文化现象，包括神话迷信，都要有一个真正科学的认知，那就是：上帝也好，鬼神也好，它可能不是事实，但它们是一个价值。所以，科学必须不仅认识和认同事实，还要认识和认同价值。事实有多种：物理事实、人文事实，还有心理事实。心理事实是：是否有鬼神其实并不重要，重要的是对很多相信鬼神的人来说，他们"相信"鬼神，并且鬼神对他们的生活产生了"实在的"影响。

1　[清]王先谦撰，沈啸寰、王星贤点校：《荀子集解·礼论篇》，第366页。

所以，文化的功能以及它发挥功能的方式，决定了人类必须把一些杰出人物"神圣化"，东西方文化莫不如此，且西方文化尤其为甚——中国的孔子，虽被尊为"圣人"，他还是人，且他还是另外一个人——叔梁纥的儿子；而西方的耶稣，已经是神，并且是上帝的独子了。认识不到这一点，动辄把这些神圣人物"历史化"，乃是庄子所讲的，"不该不遍，一曲之士"[1]的见识，而用他们自诩的所谓历史批判法，把演绎而来的丰富的文化史层层剥卸，去寻找所谓最后的那一点事实，这简直是对文化的"强拆"与挖坟掘墓。

---

1 ［清］王先谦：《庄子集解》，第345页。

附录 1

主要参考文献

1——［汉］司马迁：《史记》，北京：中华书局，1982年版。

2——［汉］班固：《汉书》，北京：中华书局，1962年版。

3——［汉］许慎撰，［清］段玉裁注：《说文解字注》，上海 古籍出版社，1981年版。

4——［汉］刘向撰，向宗鲁校证：《说苑校证》，北京：中华书局，1987年版。

5——［北魏］郦道元著，陈桥驿校证：《水经注校证》，北京：中华书局，2007年版。

6——［唐］令狐德棻：《周书》，北京：中华书局，1971年版。

7——［宋］张载著，章锡琛点校：《张载集》，北京：中华书局，1978年版。

8——［宋］黎靖德编，王星贤点校：《朱子语类》，北京：中华书局，1988年版。

9——［宋］洪兴祖：《楚辞补注》，北京：中华书局，1983年版。

10——［宋］范晔撰、［唐］李贤等注:《后汉书》，北京：中华书局，1965年版。

11——［宋］朱熹:《四书章句集注》，北京：中华书局，2012年版。

12——［明］李贽:《藏书》，北京：中华书局，1959年版。

13——［明］李贽:《焚书 续焚书》，北京：中华书局，1975年版。

14——［清］阮元校刻:《十三经注疏》，北京：中华书局，2009年版。

15——［清］崔适:《史记探源》，北京：中华书局，1986年版。

16——［清］章学诚著，王重民通解，傅杰导读，田映曦补注:《校雠通义通解》，上海古籍出版社，2009年版。

17——［清］陈立:《白虎通疏证》，北京：中华书局，1994年版。

18——［清］王先谦撰，沈啸寰、王星贤点校:《荀子集解》，北京：中华书局，1988年版。

19——［清］孙诒让:《墨子閒诂》，北京：中华书局，2001年版。

20——［清］王先慎撰，钟哲点校:《韩非子集解》，北京：中华书局，1998年版。

21——［清］苏舆撰，钟哲点校:《春秋繁露义证》，北京：中华书局，1992年版。

22——［清］康有为撰，姜义华、张荣华编校:《康有为全集》，北京：中国人民大学出版社，2007年版。

23——杨伯峻:《孟子译注》，北京：中华书局，1960年版。

24——黄晖撰:《论衡校释》，北京：中华书局，1990年版。

25——缪文远：《战国策新校注》，成都：巴蜀书社，1987年版。

26——蒋礼鸿撰：《商君书锥指》，北京：中华书局，1986年版。

27——张涛：《列女传译注》，济南：山东大学出版社，1990年版。

28——王国轩、王秀梅译注：《孔子家语·》，北京：中华书局，2011年版。

29——何宁：《淮南子集释》，北京：中华书局，1998年版。

30——程树德撰，程俊英、蒋见元点校：《论语集释》，北京：中华书局，1990年版。

31——黎翔凤撰，梁运华整理：《管子校注》，北京：中华书局，2004年版。

32——杨朝明、宋立林主编：《孔子家语通解》，济南：齐鲁书社，2013年版。

33——张玉春：《吕氏春秋译注》，哈尔滨：黑龙江人民出版社，2003年版。

34——刘钊：《郭店楚简校释》，福建人民出版社，2005年版。

35——孔凡礼点校：《苏轼文集》，北京：中华书局，1986年版。

36——钱穆：《论语新解》，北京：三联书店，2012年版。

37——鲍鹏山：《论语导读》，北京：中国青年出版社，2017年版。

38——［清］徐继畬：《瀛寰志略》，上海书店出版社，2001年版。

39——［清］王韬：《弢园文录外编》，上海书店出版社，2002年版。

40——［清］梁启超著，朱维铮导读：《清代学术概论》，上海古籍出版社，1998年版。

41——"走向世界丛书"，钟叔和主编，［清］薛福成著：《出使英法义比四国日记》，长沙：岳麓书社，1985年版。

42—— 章太炎撰，陈平原导读：《国故论衡》，上海古籍出版社，2003年版。

43—— 《郭嵩焘日记》，长沙：湖南人民出版社，1982年版。

44—— 《中国近代思想家文库》郭嵩焘卷，北京：中国人民大学出版社，2014年版。

45—— 顾廷龙、戴逸主编：《李鸿章全集》，合肥：安徽教育出版社，2008年版。

46—— 《孙中山全集》第一卷，北京：中华书局，2006年版。

47—— 《张申府文集》，石家庄：河北人民出版社，2005年版。

48—— 张申府：《所思》，北京：生活·读书·新知三联书店，1986年版。

49—— 梁漱溟：《东西文化及其哲学》，北京：商务印书馆，1999年版。

50—— 鲁迅：《鲁迅全集》，北京：人民出版社，2005年版。

51—— 侯外庐：《中国古代社会史论》，北京：人民出版社，1955年版。

52—— 陈独秀：《独秀文存》，合肥：安徽人民出版社，1987年版。

53—— 郁达夫：《郁达夫文集》，广州：花城出版社，1991年版。

54—— 林语堂著，黄嘉德译：《吾国与吾民》，长沙：湖南文艺出版社，2016年版。

55—— 青年杂志社编辑：《新青年·第3卷》，上海书店（影印），1988年版。

56—— 徐复观：《中国思想史论集》，台湾学生书局，1993年版。

57—— 冯天瑜等：《中华文化史》，上海人民出版社1990年版。

58—— 赵纪彬：《关于孔子杀少正卯问题》，北京：人民出版社，1974年版。

59—— 钱穆：《孔子传》，北京：三联书店，2005年版。

60—— 刘方炜：《孔子纪》，桂林：广西师范大学出版社，2009年版。

61—— 鲍鹏山：《孔子传》，北京：中国青年出版社，2013年版。

62—— 李泽厚：《中国古代思想史论》，北京：人民出版社，1986年版。

63—— 干春松：《制度儒学》，上海人民出版社，2006年版。

64—— 杨宽：《中国古代陵寝制度史研究》，上海人民出版，2016年版。

65—— 王东：《五四精神新论》，北京：中国青年出版社，2009年版。

66—— 张国硕、陈朝云、王保国主编：《中国古代文明探索》，郑州：中州古籍出版社，2006年版。

67—— 萧甘编文：《孔老二罪恶的一生》，上海人民出版社，1974年版。

68—— 陈村富等编著：《古希腊名著精要》，杭州：浙江人民出版社，1989年版。

69—— 李银河：《女性主义》，济南：山东人民出版社，2005年版。

70—— 郭齐勇主编：《儒家伦理争鸣集——以"亲亲互隐"为中心》，武汉：湖北教育出版社，2004年版。

71—— 刘练军：《窝藏罪立法应体现"亲亲互隐"传统》，《东方早报》2013年4月2日。

72—— 邓晓芒：《对儒家"亲亲互隐"的判决性实验》，《南风窗》2010年第23期。

73—— 中国孔子基金会主办：《孔子研究》，2004年第3期。

74—— 卢建平、王坚、赵骏：《中国代表张彭春与〈世界人权宣言〉》，《人权》，2003 年第 6 期。

75—— 《毛泽东选集》第四卷，北京：人民出版社，1991 年。

76—— ［古希腊］柏拉图著，严群译：《游叙弗伦》，北京：商务印书馆，2003 年版。

77—— ［古希腊］柏拉图著，刘勉、郭永刚译：《理想国》，北京：华龄出版社，1996 年版。

78—— ［法］孟德斯鸠著，张雁深译：《论法的精神》，北京，商务印书馆，1963 年版。

79—— ［奥］维特根斯坦著，郭英译：《逻辑哲学论》，北京：商务印书馆，1985 年版。

80—— ［德］黑格尔著，魏庆征译：《宗教哲学》，北京，中国社会科学出版社，1999 年版。

81—— ［德］卡尔·雅思贝尔斯著，李雪涛主译：《大哲学家》，北京：社会科学文献出版社，2010 年版。

82—— ［德］卡尔·雅斯贝尔斯著，魏楚雄、俞新天译：《历史的起源与目标》，北京：华夏出版社，1989 年版。

83—— ［美］阿瑟·亨德森·史密斯著，姚锦镕译：《中国人的人性》，北京：中国和平出版社，2006 年版。

84—— ［美］莫蒂默·艾德勒、查尔斯·范多伦编，《西方思想宝库》编委会译：《西方思想宝库》，长春：吉林人民出版社，1988 年版。

85—— 中国基督教三自爱国运动委员会，中国基督教协会编：《圣经》，2009 年版。

86—— 中国基督教协会编：《圣经》，1997 年版。

附录 2

孔子时代各国形势图

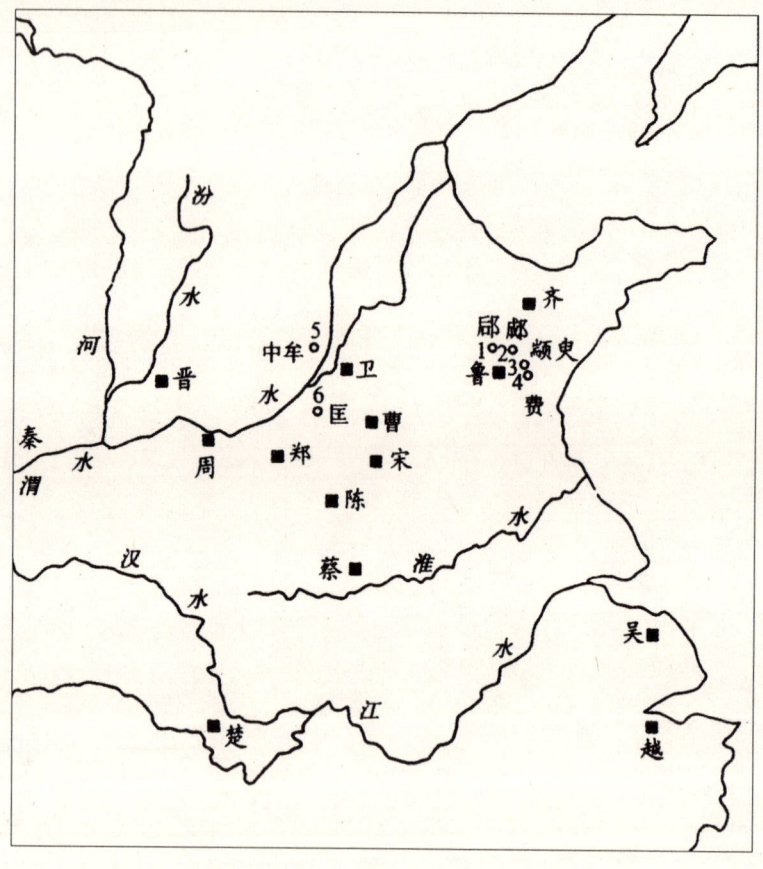

孔子生平年表

公元前 551 年 （鲁襄公二十二年）	阳历 9 月 28 日孔子生于鲁国昌平乡陬邑（今山东曲阜市南辛镇鲁源村）。
公元前 549 年 （鲁襄公二十四年）	孔子 3 岁。父亲叔梁纥去世。
公元前 537 年 （鲁昭公五年）	孔子 15 岁。后自谓"吾十有五志于学"。
公元前 535 年 （鲁昭公七年）	孔子 17 岁。母亲颜徵在去世。孔子合葬父母。穿丧服赴鲁国大夫季孙氏宴，被其家臣阳货拒之门外。
公元前 533 年 （鲁昭公九年）	孔子 19 岁。服丧期满后前往宋国。在宋娶亓官氏为妻。
公元前 532 年 （鲁昭公十年）	孔子 20 岁。回鲁，生子孔鲤，因鲁昭公贺以鲤鱼，故名，字伯鱼。出任季孙氏家委吏之职，管理仓库。
公元前 531 年 （鲁昭公十一年）	孔子 21 岁，任季孙氏家乘田之职，管理畜牧。
公元前 525 年 （鲁昭公十七年）	孔子 27 岁。郯国国君郯子访鲁。孔子前往求教，学古官名。
公元前 522 年 （鲁昭公二十年）	孔子 30 岁。后自谓"三十而立"。齐国国君齐景公、名臣晏婴访鲁，参与接见；辞季孙氏家职务，授徒设教，创办私学。
公元前 518 年 （鲁昭公二十四年）	孔子 34 岁。获鲁昭公支持，往周朝国都洛邑，问学于老子。
公元前 517 年 （鲁昭公二十五年）	孔子 35 岁，回国。鲁国发生"八佾舞于庭"事件，昭公在与鲁三家权力之争中失败，流亡齐国。孔子亦赴齐。过泰山，感慨"苛政猛于虎"。齐景公问政于孔子。
公元前 515 年 （鲁昭公二十七年）	孔子 37 岁。返鲁。自此直至 51 岁出仕前，致力于私学，有教无类。史称孔子弟子三千，贤者七十二（或七十七）。
公元前 512 年 （鲁昭公三十年）	孔子 40 岁。后自谓"四十不惑"。

公元前 505 年 （鲁定公五年）	孔子 47 岁。阳货通过控制季孙氏进而掌控鲁国大权。孔子路遇阳货，婉拒其出仕要求。
公元前 502 年 （鲁定公八年）	孔子 50 岁。后自谓"五十而知天命"。鲁三家攻阳货，阳货失势，奔齐奔晋。
公元前 501 年 （鲁定公九年）	孔子 51 岁。出仕，任鲁国中都宰，政绩显著。
公元前 500 年 （鲁定公十年）	孔子 52 岁。由鲁国中都宰升任小司空。再升任大司寇。行摄相事。相鲁定公赴齐鲁夹谷之会。
公元前 498 年 （鲁定公十二年）	孔子 54 岁。"堕三都"以强公室。堕郈，堕费，继又堕成弗克，中途而废。
公元前 497 年 （鲁定公十三年）	孔子 55 岁。齐国赠鲁国美女良马。孔子辞官，去鲁适卫，开始长达 14 年的周游列国。先后辗转于卫、曹、宋、郑、陈、蔡、楚等七国。
公元前 496 年 （鲁定公十四年）	孔子 56 岁。仕卫，卫灵公"致粟六万"。见卫灵公夫人南子。
公元前 492 年 （鲁哀公三年）	孔子 60 岁。在陈，后自谓"六十而耳顺"。过宋，遇司马桓魋欲杀之险，微服去。季孙氏召孔子弟子冉求返鲁。
公元前 489 年 （鲁哀公六年）	孔子 63 岁。适楚，途经陈、蔡间，与弟子被围困于荒野，绝粮七日。
公元前 484 年 （鲁哀公十一年）	孔子 68 岁。鲁季康子召孔子，结束周游列国，返鲁。之前，孔子妻亓官氏已卒。此后，进入其晚年教育生涯，并致力古代文献的整理和研究。
公元前 482 年 （鲁哀公十三年）	孔子 70 岁。自谓"七十而从心所欲，不逾矩"。是年，孔子之子孔鲤卒。
公元前 481 年 （鲁哀公十四年）	孔子 71 岁。弟子颜回病卒。是年，鲁西狩获麟，孔子《春秋》绝笔。
公元前 480 年 （鲁哀公十五年）	孔子 72 岁。弟子子路战死于卫。
公元前 479 年 （鲁哀公十六年）	孔子 73 岁，卒。弟子为孔子服丧三年，子贡为其守墓六年。

孔子七十七弟子一览表

序号	姓名	字	国籍	小孔子几岁	入学时期
1	颜回	子渊	鲁	30岁	第二期
2	闵损	子骞	鲁	15岁	第一期
3	冉耕	伯牛	鲁	7岁	第一期
4	冉雍	仲弓	鲁	29岁	第二期
5	宰予	子我	鲁	29岁	第二期
6	端木赐	子贡	卫	31岁	第二期
7	冉求	子有	鲁	29岁	第二期
8	仲由	子路,又季路	鲁	9岁	第一期
9	言偃	子游	吴,或鲁	45岁	第四期
10	卜商	子夏	卫	44岁	第四期
11	颛孙师	子张	陈,或鲁	48岁	第四期
12	曾参	子舆	鲁	46岁	第四期
13	澹台灭明	子羽	鲁	39岁,或49岁	第四期
14	宓不齐	子贱	鲁	30岁,或40岁	第二期（或第四期）
15	原宪	子思	鲁,或宋	36岁	第三期
16	公冶长	子长	齐,或鲁	未详	第二期
17	南宫括	子容	鲁	未详	未详
18	公晳哀	季次	齐	未详	未详
19	曾点	晳	鲁	未详	未详
20	颜无繇	路	鲁	6岁	第一期
21	商瞿	子木	鲁	29岁	第二期
22	高柴	子羔,又季羔	卫,或齐	30岁,或40岁	第二期（或第三期）
23	漆雕开（启）	子开	鲁,或蔡	11岁	第一期

24	公伯寮	子周	鲁	未详	未详
25	司马耕	子牛	宋	未详	第三期
26	樊须	子迟	齐，或鲁	36岁	第三期
27	有若	子有	鲁	43岁，或36岁	第四期（或第三期）
28	公西赤	子华	鲁	42岁	第四期
29	巫马施（期）	子旗	鲁，或陈	30岁	第二期
30	梁鳣	叔鱼	鲁	29岁，或39岁	第二期（或第三期）
31	颜幸	子柳	鲁	46岁	第四期
32	冉孺	子鲁	鲁	50岁	第四期
33	曹恤	子循	未详	50岁	第四期
34	伯虔	子析	未详	50岁	第四期
35	公孙龙	子石	楚，或卫	53岁	第四期
36	冉季	子产	鲁	未详	未详
37	公祖句兹	子之	未详	未详	未详
38	秦祖	子南	秦	未详	未详
39	漆雕哆	子敛	鲁	未详	未详
40	颜高（刻）	子骄	鲁	50岁	第四期
41	漆雕徒父	未详	鲁	未详	未详
42	壤驷赤	子徒	秦	未详	未详
43	商泽	子季	未详	未详	未详
44	石作蜀	子明	未详	未详	未详
45	任不齐	子选	楚	未详	未详
46	公良孺	子正	陈	未详	第三期
47	后处	子里	齐	未详	未详
48	秦冉	开	未详	未详	未详
49	公夏首	子乘	鲁	未详	未详
50	奚容葴	子晳	卫	未详	未详
51	公肩定	子中	鲁，或晋	未详	未详
52	颜祖（相）	子襄	鲁	未详	未详

53	鄡单	子家	未详	未详	未详
54	句井疆	子疆	卫	未详	未详
55	罕父黑	子索	未详	未详	未详
56	秦商	子丕	鲁	4岁	第一期
57	申党	周	鲁	未详	未详
58	颜之仆	子叔	鲁	未详	未详
59	荣旂	子祈	未详	未详	未详
60	县成	子祺	鲁	未详	未详
61	左人郢	子行	鲁	未详	未详
62	燕伋	子思	未详	未详	未详
63	郑国	子徒	未详	未详	未详
64	秦非	子之	鲁	未详	未详
65	施之常	子恒	未详	未详	未详
66	颜哙	子声	鲁	未详	未详
67	步叔乘	子车	齐	未详	未详
68	原亢	籍	未详	未详	未详
69	乐欬（咳）	子声	鲁	未详	未详
70	廉絜（洁）	庸	卫	未详	未详
71	叔仲会	子期	晋，或鲁	50岁，或54岁	第四期
72	颜何	冉	鲁	未详	未详
73	狄黑	皙	未详	未详	未详
74	邦巽	子敛	鲁	未详	未详
75	孔忠	子蔑	鲁	未详	未详
76	公西舆如	子上	未详	未详	未详
77	公西蒇	子上	鲁	未详	未详

注：孔子学生分四期：

第一期：孔子37岁以前。

第二期：孔子37-55岁。

第三期：孔子55-68岁。

第四期：孔子68岁以后。

原版后记

本书收辑的,是《儒风大家》上的专栏文章,专栏名称是:"被误解的孔子"。此次作为《孔子原来》的副标题,再恰当不过。

孔子之被误解,在他生前就已经发生,《论语》中记载的那些隐士就误解他,当时的大人物晏子就误解他,晏子的误解还产生了严重的切实的后果,那就是孔子不得不离开齐国。

其实,《论语》第一篇第一则,一句"人不知而不愠",孔子就在告诉我们,他已经被人误解惯了,从而练出了一个"不患人之不己知"的境界。他的"六十耳顺",其实也是一个一直被误解的人最后百炼成钢了,不,是百炼钢变为绕指柔。

即使是他的学生,在对他的尊崇中,也还是有着误解,比如《论语·八佾》:

哀公问社于宰我。宰我对曰："夏后氏以松，殷人以柏，周人以栗，曰：使民战栗。"子闻之，曰："成事不说，遂事不谏，既往不咎。"

这种"使民战栗"的混账话，如果说在孔子死后，孔子就无法纠正。而显而易见的是，宰予一定认为这种对历史和政治的理解，是合乎夫子之道的。

再看那个曾经被同学们抬高到老师孔子位置的有子——《论语》第一语是孔子的，第二语就是有子的，而这个作为《论语》开篇第二则的"有子曰"，就有一个很大的问题，《论语·学而》：

有子曰："其为人也孝弟，而好犯上者，鲜矣。不好犯上而好作乱者，未之有也。君子务本，本立而道生。孝弟也者，其为仁之本与？"

"作乱"固然不可以，但是，绝对的不允许"犯上"，岂不会演变为"权力意志"横行？有子这话肯定不能代表孔子的见解。这有《论语·宪问》中这则为证：

子路问事君。子曰："勿欺也，而犯之。"

这些只是我在《论语》中随手举的例子。《论语》最终纂成，并未经孔子审阅，里面一定有误解孔子之处。

韩非曾经疑惑："孔墨之后，儒分为八，墨离为三，取舍相反不同，

而皆自谓真孔墨。孔墨不可复生,将谁使定后世之学乎?"(《韩非子·显学篇》)

墨子,作为孔门后学,竟然最后成为对孔子批评最为严厉也最无基本敬意的人。在墨子对孔子的严厉里,就包含着对孔子的深深误解。

韩非本人,对孔子的误解更多,当然,在他编造的有关孔子的故事或寓言里,他对孔子的误解,很多是故意的,是要借助这位文化巨人来做他的代言。他笔下的孔子,简直就是一个鼓吹严刑峻法以杀代政的法王。正如我本书说到的,孔子杀少正卯的故事,就是韩非的寓言。

而汉朝的董仲舒,岂不更是开门揖盗,让法家、阴阳家等等权谋诡诈、怪力乱神一起来模糊孔子的面目?

当然,我写作这组文章,用意并不是要检讨孔子在古代史上的悲剧性扭曲,也不是做孔子的接受史研究。我关注的,乃是20世纪——具体地说是新文化运动以后一直到20世纪70年代甚至直到今天,很多人对孔子的误解。在这段时间里,孔子既被当成是古代中国黑暗的根源,还被看成是中国走进现代化的障碍。这涉及到的,已经不是仅仅对孔子一个人的评价,而是对中国传统文化的整体价值的评估。这些误解都有着明显的主题先行的特点:在现实中发现问题,有了痛点,然后去孔子那里去找只言片语的根源。

《儒风大家》是中国孔子基金会主管,中国儒学年鉴社主办的杂志。这本杂志,从创刊号到我这个专栏结束,每一期都有我的文章。这次结集这个主题而成一书,也是表达对这本杂志的感激。

当然，我要提到这本杂志的总编辑王大千先生。近十年来，大千先生成为我最好的朋友、兄弟。大千先生去年不幸作古，对我，是痛不可言！

《儒风大家》的主编李路先生是我多年前认识的朋友，最近几年他加入我创办的"花时间读书社"，跟我读《语》《孟》，每次开课，他从济南赶到北京，从不请假缺课。我惊讶他持之以恒从不懈怠，叹美他心性的稳定和笃实。同时作为主编，他编发我的这组文章，又更多了一份细心与关照。连续好多年的专栏，责编都换了好几个，有他在，这个专栏就这样持续不断地开下来了。

因为图书与专栏写作要求不同，本书编辑过程中，应编辑要求，所有注释都经衣抚生博士重新校对并予以规范，这是需要耐心需要专业能力的工作，衣抚生博士正好两者兼备，我非常幸运，也非常感谢他。

专栏文章的写作绵延数年之久，很多文章不仅有原编辑的斧凿痕迹，还有我交稿之后甚至发表之后再补充的材料和观点，后期的编辑工作相当烦难。是本书的责编吴晓梅女士和她的助手马绒姑娘的细心耐心，使本书得以呈现这样基本完善的面貌。

最后，我要向牟钟鉴先生致以衷心的感谢。这个专栏延续期间，他予以鼓励鞭策；这本书出版之际，他又惠赐序言，对拙著给予表扬和理解。他的序，让我倍感荣幸。

鲍鹏山

2020 年 2 月修订于
浦东偏安斋

『孔子三来』系列后记

《孔子归来》,是我在央视"百家讲坛"《孔子是怎样炼成的》讲座的文字稿,是对孔子一生行事和心事、行迹和心迹的描述,可以看作是孔子的生平传记。

《孔子如来》是我在《光明日报》专栏"老鲍谭古"中的主要内容,是对孔子个性、人格、思想之解读和阐释,也可以把它看作是对《论语》的现代解读。所谓现代解读,就是发现《论语》的现代价值——就我的理解,孔子的思想,和现代社会、现代政治及现代个人伦理,都完全直通,毫不违拗。

由此而又有了《孔子原来》——这是《儒风大家》上专栏"被误解的孔子"的结集。这组文章的写作初衷,就是还原孔子思想,希望汰除历史上尤其是近百年来覆盖在孔子身上的各种尘埃,包括那些无意有意乃至于恶意泼到孔子身上的脏水。直言之，孔子思想中的现代性，比起把他看作老古董老顽固的那些人，要多得多。现代性不是时间的概念，而是制度的概念，是由制度而派生的文化与观念。生活在现代的人不一定比古代的人更有现代性。今日，身体在现代而脑子在古代，身处现代法而脑子全是王法，身子在共和国而脑子在帝国的人，比比皆是。而孔子偏偏不是帝国时代的人——他生活在秦朝之前，他头脑中还真没有秦制的垃圾。

这三本书以前都出版过，这次以"孔子三来"的丛书名收入"鲍鹏山作品典藏系列"集束出版。当初的写作有不同的侧重点，这次书名刻意做了统一，也希望读者能从三个方面全面理解孔子。

为典藏本"孔子三来"，责任编辑花很多时间和心血，通过不同渠道，收集到包括藏在海外图书馆的多种孔子事迹古籍版本图片、绘画，最后选出一百多幅，插印到三本书中，不仅丰富了文本，让书美轮美奂，极富艺术气质，在编排上也很用心，三本书插图各有侧重，既不重复，又互为观照，自成一体，可为孔子文化史、接受史留存珍贵资料。

特别感谢我的朋友梦雨女士，她策划、订制的8米唐卡长卷《孔子圣迹图》，不仅极有创意而且极其精美。她特意请人专门拍照，拿来做"孔子三来"的环衬。特别感谢著名琴家朱晞先生，贡献他演奏的《文王操》《幽兰》两支琴曲，让读者可以在书中听闻孔子。

也感谢方曦闽、范向朋、汪雷生、周密、向维、杨家刚等诸位先生、女士，热情呼应责任编辑要求，馈赠、收集大量插图素材。

鲍鹏山

2020年10月，上海偏安斋

图书在版编目（CIP）数据

孔子原来 / 鲍鹏山著. — 北京：中国青年出版社，2020.11
（2024.12重印）
ISBN 978-7-5153-6183-3

Ⅰ.①孔… Ⅱ.①鲍… Ⅲ.①孔丘（前551—前479）—人物研究 Ⅳ.①B222.25

中国版本图书馆CIP数据核字（2020）第181383号

策　　划：吴晓梅工作室
责任编辑：马　绒
书籍设计：瞿中华

出版发行：中国青年出版社
社　　址：北京市东四十二条21号
网　　址：www.cyp.com.cn
编辑中心：010-57350510
营销中心：010-57350370
经　　销：新华书店
印　　刷：北京科信印刷有限公司
规　　格：880mm×1230mm　1/32
印　　张：10
插　　页：16
字　　数：200千字
版　　次：2021年1月北京第1版
印　　次：2024年12月北京第2次印刷
定　　价：96.00元

本图书如有印装质量问题，请凭购书发票与质检部联系调换
联系电话：（010）57350337